INHALTSVERZEICHNIS

KAPITEL 6:
EIN ÖKOLOGISCHES EUROPA 187

KAPITEL 7:
EIN FREIES EUROPA 215

KAPITEL 8:
EIN VEREINTES EUROPA 236

PROLOG

Europa! Dieser Kontinent, dieses politische Projekt, diese Idee begleitet uns schon seit vielen Jahren. Seit uns 2014 eine erste Forschungsreise quer durch den Kontinent führte, hat uns das Schicksal dieses besonderen Ortes und die Anziehungskraft der Europäischen Idee nicht mehr losgelassen. Mit zwei Interrail-Tickets in der Tasche waren wir damals in 14 Ländern unterwegs, von Berlin bis Sevilla, von Stockholm bis Neapel, von Thessaloniki bis Warschau. Es war eine Reise, die unser Leben veränderte. Zu jener Zeit entwickelten wir nicht nur die Free-Interrail Idee, die heute als DiscoverEU-Programm und offizieller Teil von Erasmus Hunderttausenden jungen Menschen eine Europaerfahrung ermöglicht, wir begegneten allem voran Menschen, ihren Geschichten und Perspektiven, die uns bis heute nachhaltig beeindrucken. Die Faszination Europas ist uns seitdem eine treue Begleiterin. Unsere Reisen, vielmehr aber noch die Begegnungen, Gespräche und vielen Beobachtungen haben uns in der Überzeugung bestärkt, dass die Europäische Idee – die Vision eines friedlich geeinten, offenen, vielfältigen und demokratischen Kontinents – eines der wichtigsten Menschheitsprojekte ist und bleibt. Gleichzeitig steht diese Idee zunehmend unter Druck, von innen wie von außen. An allen Ecken und Enden knirscht das europäische Fundament und damit auch das des politischen Projektes.

Seit 2014 hat sich die Lage verändert, und vieles hat sich verschlechtert. Als wir 2019 und wiederum Anfang 2020 (wenige Wochen vor den Reiseeinschränkungen durch die Covid-19-Pandemie) unterwegs waren, begegnete uns ein anderer Kontinent als noch ein halbes Jahrzehnt zuvor. Wir haben keinen

Zweifel an der Annahme, dass die EU kein stabiles Haus mehr ist: Nationalistische und populistische Bewegungen untergraben sie, Freiheitsrechte und die Rechtsstaatlichkeit sind in Gefahr, die Abstiegsängste und Zukunftssorgen vieler Bürgerinnen real. Statt 28 Staaten sind jetzt nur noch 27 vereint unter dem Dach der Europäischen Union. Und über allem schwebt das Damoklesschwert der Klimakrise mit ihrer existenziellen Bedrohung für zukünftige Generationen und für unsere Mitgeschöpfe. Diese und viele weitere Sorgen sind nicht einfach zu adressieren und noch viel schwerer zu lösen.

Aber auch in einem anderen Sinne hat sich der Kontinent seit 2014 weiterentwickelt. Neben all den Herausforderungen konnten wir Entwicklungen beobachten, die uns Mut und Optimismus schenkten. Uns begegnete ein gestärktes politisches Bewusstsein. Das Engagement für eine gerechte und geeinte Gesellschaft und Politik ist auf einem neuen Level angekommen. Angetrieben von den Ideen und der Zukunftssehnsucht der jungen Generation. Diesem neuen Geist, diesem politischen, kulturellen und ökonomischen Aufbruch – wir könnten ihn die *neue Europäische Renaissance* nennen –, ist dieses Buch gewidmet.

Dieses Buch selbst ist das Resultat einer Zusammenarbeit über Grenzen und ideologische, nationale wie politische Lager hinaus. Während einige der Ideen auf den folgenden Seiten von uns beiden stammen, so sind die meisten inspiriert von den vielen Gesprächen, den Begegnungen und den Beobachtungen, die wir in den letzten Jahren auf unseren Reisen, auf Konferenzen und Veranstaltungen, bei der Lektüre von Artikeln und Büchern machen konnten. Wir wissen daher aus eigener Erfahrung, dass Offenheit, geteilte Kreativität und Mut zur Veränderung die Schlüssel zu neuen Meilensteinen sind. Das ist der Treibstoff, der die Europäische Idee nach vorne bringt. Mit den vorliegenden 95 Thesen laden wir dazu ein, respektvoll, offen und kreativ über unsere gemeinsame europäische Zukunft nachzudenken.

Wir sind fest davon überzeugt: Europa hat seine besten Tage noch vor sich, wenn wir uns auf unsere Stärken und Werte besinnen, unsere Neugier und Lernfähigkeit sorgfältig pflegen und respektvoll nach gemeinsamen Lösungen suchen. Wir, die Bürgerinnen und Bürger Europas, haben alle Qualitäten und Fähigkeiten, die es für diesen europäischen Weg braucht. Lasst es uns anpacken!

EINLEITUNG

Dieses Buch handelt von zwei Konzepten: von Europa und von der Kraft von Ideen. Beide gehören unmittelbar zusammen. Während Europa einerseits eine Idee repräsentiert, ein Gedankenkonstrukt rund um Vielfalt auf engem Raum, das Lernen aus Fehlern der Vergangenheit und Kooperation, so ist andererseits das geografische Europa, besonders das Europa der letzten 70 Jahre, ein Testfeld für neue und ungewöhnliche Ideen.

Die Europäische Union ist nicht Europa, und dennoch drückt sich in ihr diese Verbindung aus Geografie, Geschichte, Kultur und der Kraft von Ideen auf bemerkenswerte Weise aus. Sie verkörpert die wortwörtlich revolutionäre Erkenntnis, dass ein Weiter-so-wie-immer, ein Beharren auf dem Status quo mit allen Ungleichheiten und Problemen, keine Option ist und Fortschritt konstante Bewegung nach vorne verlangt. Die EU verkörpert ebenso den Mut, neuen Ideen einen Raum und eine Chance zu geben, auch und gerade wenn die trügerische Verheißung des Einigelns und Verharrens am größten ist.

Genauso wie es in diesem Buch um zwei Konzepte geht, so liegen ihm auch zwei unterschiedliche Motivationen zugrunde: Einerseits kann dieses Buch als Loblied und Würdigung der EU gelesen werden. Trotz aller Makel und Probleme bleibt die Europäische Union für uns die Antwort auf die Aufgaben der Zukunft und ein Herzensthema. **Ein Europa ohne die EU können und wollen wir uns nicht vorstellen.**

Andererseits ist dieses Buch ein drängender Appell für mehr Veränderung, Mut und Selbstbewusstsein innerhalb der Europäischen Union, in ihrer Führungsetage und bei den Mitgliedsstaaten. Die EU befindet sich in einer umfassenden Krise, keine Frage. Beinahe ungläubig beobachten wir, wie die vielfältigen Herausforderungen zu häufig zu einer Schockstarre und Ratlosigkeit führen, einer Haltung also, die der Europäischen Idee noch nie gutgetan hat.

Die große Stärke der Europäischen Union war und ist die Bereitschaft zum Fortschritt und der Mut zu neuen Ideen. Ohne Fortschrittsbereitschaft hätten die Schrecken und das Trauma des Krieges nicht überwunden werden können, ohne Mut hätte Europa seine Arme nach dem Mauerfall nicht gen Osten ausgestreckt, und ohne Entscheidungsfreude wären die gemeinsame Währung oder das Erasmus-Programm nicht Realität geworden.

Die EU ist zu Beginn der 2020er-Jahre nach wie vor ein großartiges und bahnbrechendes Projekt, das von vielen inspirierten und visionären Kräften angeführt und gestaltet wird. Es ist aber auch ein Projekt, das sich zunehmend mit Preisen, Instituten, in der Rhetorik und im Selbstverständnis auf den Mut der vorangegangenen Generationen beruft und damit ein historisches Erbe aktiviert, dem immer weniger Menschen folgen können oder wollen: Sei es intellektuell, emotional und ganz lebenspraktisch.

Der Philosoph und Soziologe Jürgen Habermas teilte im Kontext der Europäischen Finanzkrise einen Gedanken, der sich auch auf diese verblassende Europaerzählung und die damit verbundene Relevanz übertragen lässt: »Angesicht des unerhörten Gewichts der Probleme wäre zu erwarten, dass die Politiker endlich – ohne Wenn und Aber – die europäischen Karten auf den Tisch legten und die Bevölkerung offensiv über das Verhältnis von kurzfristigen Kosten und wahrem Nutzen, also über die historische Bedeutung des europäischen Projektes aufklärten. Sie müssten die Angst vor demoskopischen Stimmungslagen überwinden und auf die Überzeugungskraft guter

Argumente vertrauen.«[1] Die guten Argumente für das vereinte Europa gibt es, davon sind wir überzeugt. In diesem Sinne ist dieses Buch eine Aufforderung zur Kehrtwende, ein Anstoß zu **offenen und ehrlichen Debatten über die Zukunft Europas** und ein Versuch, den Geist zu reaktivieren, der das europäische Projekt von Anfang an getragen hat und der von einem Glauben an Ideen und gute Argumente geprägt war.

FÜNF BETRACHTUNGEN

Den 95 Thesen dieses Buches liegen fünf Betrachtungen zugrunde. Sie beschreiben, welchen Wert Europa im Allgemeinen und die EU im Speziellen in der Welt hat, wo die aktuellen Probleme liegen und mit welcher Herangehensweise diese gelöst werden können. Jede der 95 Thesen kann auf diese grundlegenden Betrachtungen zurückgeführt werden. Sie bilden das gedankliche Gerüst dieses Buches und bringen unsere Überzeugung zum Ausdruck: Europäische Zusammenarbeit, Fortschritt und eine gute Zukunft sind möglich.

Betrachtung I: Die Welt braucht Europa

Die Menschen sind sich uneins darüber, wie es der Welt zu Beginn der 2020er-Jahre geht. Während uns der schwedische Physiker Hans Rosling in seinem Buch *Factfulness* daran erinnert, dass viele Dinge nicht so schlecht stehen, wie es sich oftmals anfühlen mag, so bleibt doch ein subjektiver Eindruck einer Welt im Umbruch. Tatsächlich gibt es, trotz positiver Trends, eine Reihe Indikatoren, die ernste Probleme indizieren.

Demokratie- und Freiheitswerte befinden sich weltweit auf einem Tiefpunkt.

- Der »Democracy Index 2019« zeigt, dass Demokratiewerte seit 2005 rapide gesunken sind, während gleichzeitig eine Polarisierung rund um politische Identitätslager zunimmt.[2]
- Der *Atlas der Zivilgesellschaft* belegt, dass nur rund 3 Prozent der Weltbevölkerung in »offenen« Gesellschaften leben, also

vollen Schutz vor Unterdrückung, Zensur oder staatlicher Einschüchterung haben. Rund fünf Milliarden Menschen leben in Gesellschaften, die als »unterdrückt« oder sogar »geschlossen« beschrieben werden. Der Atlas merkt an, dass weltweit besonders Frauen und LGBTIQ* -Menschen unter Druck stehen.[3]

Geschlechtergerechtigkeit ist nach wie vor in keinem Land der Welt Realität.

- Laut »Global Gender Gap Report 2020« haben Frauen der Welt im Durchschnitt nur rund 68,6 Prozent der gleichen Zugänge, Sicherheiten und Möglichkeiten wie Männer. Das Land mit den höchsten Werten, Island, hat immerhin einen Wert von 82 Prozent.[4]

Friedens- und Friedfertigkeitswerte sinken.

- Der »Global Peace Index« des Jahres 2020 zeigt eine Verschlechterung im Verhältnis zur letzten Untersuchung 2019 auf, womit nun in neun der letzten zehn Jahre niedrigere Werte als im Vorjahr erfasst wurden.[5]

Die Klimakrise ist real und eine Bedrohung.

- Der menschengemachte Klimawandel schreitet ungebremst voran. »Wir sehen Rekordtemperaturanstiege, steigende Meeresspiegel, eine Rekordkonzentration von Treibhausgasen. Wir müssen diesen Trend umkehren, denn es wird dramatisch schlimmer«, warnt UN-Generalsekretär Guterres.[6]
- Die Entwicklung hat drastische Folgen für alle Weltregionen, auch für Europa. Hitzewellen, Waldbrände und Dürren nehmen in Süd- und Mitteleuropa zu, Nordeuropa leidet vermehrt unter Überschwemmungen, und in den urbanen Gebieten, dort leben vier von fünf Europäerinnen, gibt es

mehr Hitzetote und die Bedrohung durch den Anstieg des Meeresspiegels.[7]

Bemerkenswert ist, dass in den genannten Kategorien europäische Länder eine globale Vorreiterrolle einnehmen. Ob im »Democracy Index«, im »Atlas der Zivilgesellschaft«, im »Global Gender Gap Report« oder im »Global Peace Index« – europäische Länder, EU- wie Nicht-EU-Staaten, stellen die weite Mehrheit der jeweiligen Top 10 und auch der oberen Plätze danach. Doch es gibt Ausnahmen: Das EU-Mitglied Ungarn etwa befindet sich seit Jahren auf einem Abwärtspfad, was Demokratie und Rechtsstaatlichkeit betrifft. Und es gibt Abstriche: In *keinem* europäischen Land haben Frauen die gleichen Chancen und Zugänge wie Männer. Aber der generelle Trend ist eindeutig. In puncto Freiheit, Transparenz, Vielfalt, Sicherheit, Lebensqualität und Nachhaltigkeit ist Europa vielfach Vorreiterin und Leuchtturm. Die EU-Staaten mögen für sich genommen keine militärischen und wirtschaftlichen Supermächte sein, betrachten wir die EU-Staaten zusammen, können wir aber eine **Werte-Supermacht** (Softpower-Supermacht) mit globaler Strahlkraft erkennen. Davon kann die Welt profitieren.[8] Es wird die Aufgabe von Europas Staaten sein, diese Rolle gemeinsam noch selbstbewusster und engagierter auszufüllen.

Betrachtung II: Europa braucht die EU

Die Europäische Union ist das wichtigste politische und gesellschaftliche Projekt Europas und eines der erfolgreichsten Wagnisse der Geschichte. Nie gab es eine längere Friedensperiode auf dem Kontinent, nie waren ökonomische und soziale Fortschritte so umfassend. Die Europäische Einigung mit ihren unterschiedlichen Entwicklungsstufen – der Montanunion, der

Europäischen Wirtschaftsgemeinschaft, der Europäischen Gemeinschaft bis heute zur EU – bietet den beteiligten Staaten und ihren Bürgerinnen eine ganze Reihe von Vorteilen und Privilegien. Das macht das Modell attraktiv für viele Staaten:

- 1994 waren nur 12 Staaten Mitglied der EU, aktuell sind es 27.
- 5 Staaten befinden sich in offiziellen Verhandlungen über einen EU-Beitritt, auch wenn einige Gespräche vielversprechender sind als andere.
- In weiteren europäischen Ländern wird von einer zukünftigen Mitgliedschaft in der EU laut oder leise geträumt, wie wir zum Beispiel auf Reisen in die Ukraine oder nach Georgien erleben konnten.

Auf unseren Europatouren haben wir mit Personen unterschiedlichster Hintergründe in 22 EU-Ländern immer auch über die Gründe gesprochen, weshalb eine EU-Mitgliedschaft als wichtig erachtet wird. Während in einigen Ländern Schutz vor Krieg oder externer Aggression im Mittelpunkt steht, werden in anderen Regionen wirtschaftliche Gründe oder auch Werte und Errungenschaften wie Freiheit, Demokratie, Vielfalt oder Rechtsstaatlichkeit als Erstes erwähnt. Statistiken untermauern die generelle Zustimmung einer Mitgliedschaft.

- Laut Eurobarometer aus dem Winter 2020 bewerten rund 63 Prozent der EU-Bürgerinnen die EU-Mitgliedschaft ihres Landes positiv, 10 Prozent stehen dem negativ gegenüber. Im Jahr 2011 lag die Zustimmung noch bei 47 Prozent und die Ablehnung bei 18 Prozent.[9]
- In keinem EU-Staat gibt es eine Mehrheit für einen Austritt (noch nicht einmal im Vereinigten Königreich in den letzten Wochen vor dem tatsächlichen Austritt). Im Durchschnitt

wünschen sich nur 30 Prozent der EU-Bevölkerung, dass ihr Land die EU verlassen solle.[10]

Wie wir es auch betrachten und wenden, die EU ist und bleibt das wichtigste politische Projekt und die wirkmächtigste Zukunftskraft auf dem Kontinent und kann dabei auf eine breite Unterstützung der Bürgerinnen der Union setzen. Ein Europa ohne die EU ist also weder wünschenswert noch vorstellbar. Europas Staaten brauchen einander, um erfolgreich globale Herausforderungen, aber auch kontinentale Aufgaben zu meistern. **Die Europäische Union ist die beste Antwort auf die großen Fragen unserer Zeit.**

Betrachtung III: Die EU braucht eine Revolution

Trotz aller positiven Zahlen ist die Europäische Union nicht frei von Problemen. Im Gegenteil: Die Tatsache, dass wir dieses Buch schreiben und Menschen auf verschiedenste Weise ihre Sorge über die Zukunft der EU zum Ausdruck bringen, ist eindeutiges Indiz, dass es vieles zu verbessern gibt. Die EU ist im Inneren wie Äußeren von einer Vielzahl von Problemen, Defiziten und strukturellen Schwächen geplagt, die nur durch mutige, teilweise revolutionäre Schritte und Ideen gelöst werden können.

- Privilegien und Zugänge sind sehr unterschiedlich verteilt: Rund 37 Prozent der EU-Bevölkerung waren noch nie außerhalb ihres eigenen Landes unterwegs; in Griechenland, Portugal und Spanien sind es sogar über 60 Prozent.[11] Nur 1,7 Prozent der Europäischen Bevölkerung war es seit der Einführung des Erasmus-Programms möglich, daran teilzunehmen.[12] Gerade einmal 4 Prozent der EU-Arbeitnehmerinnen leben und arbeiten in einem EU-Mitgliedsstaat, der nicht ihr Herkunftsland ist.[13] »Bisher sind Möglichkeiten der Unionsbürgerschaft überwiegend einer mobilen und sehr gebildeten Gesellschaftsschicht bekannt und für sie relevant«, sagt uns Politikwissenschaftlerin Carmen Descamps im Gespräch.

- Politische Partizipation auf EU-Ebene bleibt niedrig bzw. ist je nach Land sehr unterschiedlich: Etwa 50 Prozent der EU-Bevölkerung nahmen an der EU-Parlamentswahl 2019 teil. In Belgien (mit Wahlpflicht) gingen 88 Prozent zur Wahl, in Dänemark (ohne Wahlpflicht) 66 Prozent, in der Slowakei waren es weniger als 23 Prozent.[14]
- Die EU, ihre Institutionen und Arbeitsweisen werden oft nicht verstanden: So haben fast zwei Drittel noch nie vom Europäischen Ausschuss der Regionen gehört, mehr als die Hälfte nie vom Europäischen Bürgerbeauftragten und immerhin rund ein Drittel nie vom Rat der Europäischen Union.
- Das Vertrauen in EU-Organe ist niedrig: Das Europäische Parlament ist das einzige EU-Organ, dem eine knappe Mehrheit von 54 Prozent (EU-27) das Vertrauen ausspricht. Im Vergleich dazu trauen nur knapp über einem Drittel dem Rat der Europäischen Union (an dem immerhin die eigene nationale Regierung mitwirkt und in wichtigen Fragen sogar ein Vetorecht hat). Generell misstrauen mehr EU-Bürgerinnen (47 Prozent) der Europäischen Union, als dass sie ihr vertrauen (46 Prozent). Seit der Finanzkrise im Jahr 2009 war der Vertrauenswert nicht mehr positiv.[15]
- Die EU hat ein demokratisches Defizit: Das Europäische Parlament, das einzig direkt gewählte EU-Organ und das Organ mit dem höchsten Vertrauensvorschuss, hat kein Initiativrecht. Die Wahl zur Präsidentin bzw. zum Präsidenten der Europäischen Kommission ist alles andere als durchsichtig

und für Bürgerinnen und Bürger nachvollziehbar. Wahlprozesse in den unterschiedlichen Mitgliedsstaaten sind von Uneinheitlichkeit geprägt. In wichtigen Fragen rund um Finanzen, Sicherheit und Außenpolitik kann ein EU-Staat per Veto Fortschritt blockieren.

- Verstöße gegen Rechtsstaatlichkeit und freiheitliche Werte durch Regierungen von EU-Staaten haben kaum Folgen.
- Die Grenzpolitik im Süden und Südosten der EU bleibt unkoordiniert und verletzt regelmäßig elementare Werte der EU. So sterben Hilfe suchende Menschen nach wie vor wöchentlich im Mittelmeer oder an den Grenzzäunen der EU, während rassistische Übergriffe auch in Mitgliedsstaaten zunehmen und identitäre Bewegungen befeuern.
- In der internationalen Politik gelingt es der EU nur selten, einheitlich aufzutreten und Interessen mit Nachdruck gegenüber Drittstaaten zu vertreten – trotz der damit verbundenen Vorteile für europäische kleine und Kleinstländer, die sich wachsenden und neuen globalen Supermächten gegenübersehen.
- Nur 27 Prozent der EU-Bürgerinnen unterstützen die EU, wie sie in ihrer aktuellen Form existiert, während 45 Prozent sich Veränderungen wünschen. Besonders kritisch wird das aktuelle EU-Set-up in Frankreich, Griechenland, Italien, Österreich, Spanien, Belgien und Zypern gesehen.[16]

Wo man auch hinschaut. Trotz und gerade wegen der vielen Hoffnungen und Versprechen, die sich an die EU richten, so ist klar, dass leichte Anpassungen nicht ausreichen, um diese Probleme zu lösen. **Eine Revolution, ein großer Wurf, ein Neustart der Europäischen Idee und damit der EU ist unbedingt nötig.**

Die Geschichte der Europäischen Einigung ist zusammen genommen nichts weniger als eine Revolution. Seit den zögerlichen, bald aber schwungvollen 50er-Jahren hat sich die Dynamik europäischer Politik und ihr *Modus Operandi* grundlegend von dem geändert, was über Jahrhunderte kontinentaler Usus war: Rivalität und Krieg.

Seitdem hat sich Europa dank der Einigungsprojekte, die heute in die EU gewachsen sind, zur friedlichsten Region der Welt entwickelt (wie der *Global Peace Index* aufzeigt). Diese Vorstellung wäre in den Jahren 1918 oder 1945, aber auch zwischen 1618 und 1871, kaum vorstellbar gewesen. In puncto Frieden hat die Revolution gehalten, was sie versprach. Das lag auch daran, dass diese Europäische Revolution eine der besonderen Art war. Im Gegensatz zu den üblichen Revolutionstypen mit plötzlichen gewalttätigen Ausbrüchen, politischer Radikalisierung und voreiligen Würfen war die Europäische Einigung ein Prozess der vorsichtigen, nicht zu großen, aber meist konsequenten Schritte.

Vor dem Hintergrund der jahrzehntelangen Feindschaft speziell zwischen Deutschland und Frankreich, die von Anfang an zentrale Figuren im europäischen Projekt waren, verwundert dieser Modus nicht. Er war aber auch erstaunlich erfolgreich. Traditionelle und nationalfokussierte Politik wurde nicht mit einem Schlag aufgebrochen und überworfen, sondern in kleinen Häppchen reformiert und an ein neues Europa der grenzübergreifenden Kooperation herangeführt. Das lag auch an dem Mut zu neuen und ungewöhnlichen Ideen und Vorschlägen. So beschreibt Gerhard Brunn den Amtsantritt des neuen Kommissionspräsidenten Jacques Delors 1985: »Vom ersten Augenblick an flößte er der demoralisierten, orientierungslosen Kommission neues Selbstvertrauen ein und brachte sie mit einer Hand voll brillanter Mitarbeiter und einem Feuerwerk von Ideen so in Bewegung, dass manchem Hören und Sehen verging.«[17] Selbst wenn all diese Ideen (von Delors und vielen anderen) nicht immer sofort umgesetzt wurden, so kamen sie häufig doch über Umwege, und manchmal auch erst Jahre später, zur Umsetzung. Ob bei der gemeinsamen Währung, dem Abbau von Grenzkontrollen oder gemeinschaftlicher Sicherheitspolitik, stets hat sich ein Moment gefunden, um einen weiteren Schritt der Integration zu gehen.

Auf diese Weise wurde Revolutionäres durch eine graduelle, aber konstante Evolution der politischen Ideen geschaffen. Wir nennen diesen *Modus Operandi* der Europäischen Union und ihrer Vorgängerinnen die **europäische Revolution der kleinen Schritte.** Mit diesem Buch schlagen wir vor, sich diesen revolutionär-evolutionären Geist wieder ins Bewusstsein zu rufen, ihn zu beleben und gezielt für die Zukunft zu aktivieren. Während große und langfristige Visionen und Gedankenschlösser wichtig sind und Leuchtturm für die Zukunft sein können, so liegt die unmittelbare Zukunft Europas in den Händen derjenigen, die den schmalen Grat zwischen zu wenig und zu viel verstehen und ihn gehen.

Die EU lebt von der konstanten Weiterentwicklung und Bewegung nach vorne. Ein Innehalten geht also nicht. Gleichzeitig lehrt die Geschichte der Europäischen Einigung, dass zu große Sprünge oder zu viel auf einen Schlag ebenso schädlich und kontraproduktiv sein können. Die Vereinigten Staaten von Europa, die Europäische Föderation oder die Europäische Republik mögen inspirierende Ziele sein, der Weg dahin führt aber über konkrete, mutige und machbare Schritte, die direkt und positiv das Leben in der EU verbessern.

Betrachtung V: Evolution braucht Ideen

Die Revolution der kleinen Schritte, die die EU jetzt (wieder) braucht, wird angetrieben von konkreten Ideen. Ideen, die die politische Union, aber auch die gesellschaftliche, kulturelle, soziale, ökonomische wie ethische Dimension des europäischen Projektes in den Blick nehmen. Dabei müssen die Ideen nicht nur umsetzbar sein, sondern auch einen messbaren Effekt haben, entweder direkt im Leben der EU-Bürgerinnen oder indirekt durch eine Verbesserung von Prozessen und Arbeitsweisen, um die EU effizienter, bürgernäher, nachhaltiger, gerechter oder innovativer zu machen. Das Gute ist: Die Ideen für die angestrebte neue europäische Revolution gibt es bereits. Sie werden längst in den Städten, Regionen und Staaten der EU praktiziert oder schlummern in den Köpfen engagierter Europäerinnen. In diesem Buch geht es um ebenjene Ideen und darum, wie diese konkret umgesetzt werden können.

95 THESEN ZUR ZUKUNFT DER EU

Die Ideen für die Zukunft Europas und der EU haben wir in 95 Thesen zusammengefasst und angeordnet. Dabei haben wir bewusst eine historisch bekannte Form gewählt. Hinter Martin Luthers Thesen steckte ursprünglich nicht der Gedanke, eine tatsächliche Revolution auszulösen. Es ging gleichwohl aber darum, Missstände zu benennen, neue Perspektiven aufzuzeigen und Reformen anzustoßen. Sie beweisen, dass Ideen Kraft haben und nachhaltige Veränderungen auslösen können. Sie haben einen Wert, der weit über den materiellen Wert von Papier und Tinte hinausgeht und eine Dynamik in sich selbst entfalten kann.

Unsere Thesen zu Europa haben weder direkt noch indirekt das Ziel, die Europäische Union als Ganzes zu brandmarken, noch geht es uns um eine Debatte, was richtig oder falsch ist. Es geht uns nicht darum, Bevölkerungs- und Religionsgruppen zu stigmatisieren oder einen Umsturz durch Unnachsichtigkeit und Unbarmherzigkeit herbeizuführen. Die vorliegenden 95 Europathesen sind vielmehr eine Einladung zum Dialog. Wir sehen sie als eine Anregung, offen, kreativ und gemeinschaftlich über Europas Gegenwart und Zukunft nachzudenken.

Die Hintergründe und Ursprünge der 95 Thesen sind, wie im Prolog erwähnt, unterschiedlich. Während einige Ideen von uns stammen, haben die meisten Ideen ihren Ursprung in anderen Individuen, Ländern oder Institutionen. Wir haben unser Bestes gegeben, Urheberinnen oder andere wichtige Personen rund um die jeweiligen Ideen zu identifizieren und im Text zu erwähnen. Der Ursprung der Thesen sieht also im Groben wie folgt aus:

- Praktiken, Gesetze oder Angebote, die im kleineren Maßstab bereits angewandt werden, auf die wir entweder auf einer unserer Europareisen, durch Recherche oder Hinweise Dritter gestoßen sind und die sich für eine größere Implementierung auf EU-Ebene oder innerhalb einzelner Mitgliedsstaaten anbieten.
- Vorschläge und originelle Ideen zur Behebung bestimmter Probleme oder Herausforderungen, die bisher noch nicht in die Praxis umgesetzt wurden, mehr oder wenig gut publiziert oder besprochen sind und deren Urheberschaft einigermaßen zuordenbar ist.
- Grobe Konzepte oder Ideen, die bisher recht diffus geblieben oder zu denen kaum detaillierte Informationen zu finden sind und die wir weitergedacht und spezifiziert haben.
- Originelle Ideen von uns.

Die 95 Thesen sind somit eine subjektive Auswahl, die wir in der Vorbereitung für das Buch vorgenommen haben. Trotz aller Vielfalt und Diversität der Thesen können diese nur einen kleinen Teil dessen darstellen, was sich in der Europäischen Union verändern muss, und nur eine begrenzte Perspektive darauf, wie und auf welche Weise diese Veränderung stattfinden sollte.

Als Autoren sind wir zeitlich, sozial und geografisch in unseren Zugängen zu den guten Ideen des Kontinents – und gleichzeitig durch unseren eigenen Erfahrungshorizont – begrenzt. Die hier präsentierte Sammlung kann nicht mehr sein als der Anstoß einer Debatte.

Explizit wünschen wir uns aber, dass dieses Buch zur Publikation und Diskussion vieler weiterer Ideen und Thesen führt, die die unseren erweitern, aber auch widerlegen oder ersetzen können. Klar ist lediglich, dass es an der Zeit ist, Ideen und Thesen (wieder) einen Raum zu geben, in dem diese besprochen werden können. Einen Raum, in dem Vorschläge nicht sofort in den Wind geschlagen werden, weil sie vermeintlich unorthodox, zu kostspielig oder unmöglich seien. Die Zukunft Europas liegt in den Ideen Europas.

LESEHINWEISE

Unsere Recherche zu den Thesen, die vielen Gespräche und Beobachtungen haben das Buch nach und nach umfangreicher werden lassen als ursprünglich geplant, weil ein Großteil der vorliegenden Thesen solch spannende und vielschichtige Hintergründe haben, denen eine oberflächliche Behandlung auf ein oder zwei Seiten unrecht getan hätte. Gleichzeitig erkannten wir, dass viele der Vorschläge ein eigenes Buch verdienen würden. Wir mussten also eine Gratwanderung unternehmen zwischen Oberflächlichkeit auf der einen und einer fundierten Einordnung auf der anderen Seite. Das vorliegende Buch wagt die Balance und ist damit weder das eine noch das andere. Wir haben den Versuch unternommen, jede These mit Hintergründen und Quellen auszustatten, die einen ersten Überblick ermöglichen und glaubhaft darlegen, weshalb der Vorschlag einen Beitrag zur Zukunft der EU und der Europäischen Idee liefern kann. Die einzelnen Thesen bieten aber nicht den Platz für ausführliche Debatten. Wer eine vertiefte Analyse zu den Thesen betreiben möchte, dem raten wir, die Fußnoten genau zu betrachten und die von uns genannten Urheberinnen und Quellen aufzusuchen.

Wir bitten unsere Leserinnen, dieses Buch und seine Thesen mit diesem Hintergrund im Kopf zu lesen: Es ist keine Dissertation oder ein Policy Paper. Es ist ein Überblick, eine kuratierte Zusammenstellung der, wie wir finden, besten Ideen für die Zukunft Europas, ein erstes Eintauchen und ein Appell für den Mut zur Umsetzung neuer Vorschläge.

Mögen die 95 Thesen auch nicht vollständig sein, so stecken in ihnen doch die Ansätze zur Lösung der größten Probleme der EU unserer Zeit. Im Geiste einer europäischen Revolution der kleinen Schritte gehen wir nicht davon aus, dass alle hier vorgeschlagenen Thesen auf einen Schlag umgesetzt werden. Gleichzeitig weisen die Thesen auf teilweise fundamentale Probleme hin, die früher oder später gelöst werden *müssen.* Wir erhoffen uns also vielmehr einen neuen Mut in der Europäischen Union, die hier (und woanders) vorgeschlagenen Ideen Schritt für Schritt zu verwirklichen.

Die große Kraft der Thesen für eine gute Zukunft Europas entfalten die Thesen aber erst, wenn sie im Zusammenhang gedacht und schließlich im Leben der EU-Organe oder EU-Bürgerinnen zur Umsetzung kommen. Eine These wird die EU nicht retten können, 50 aber schon.

Wir schreiben dieses Buch als zwei weiße Männer mit deutschen Pässen und akademischen Abschlüssen. Wir beide haben in unserem Leben gar keine (Vincent) oder wenig (Martin) Diskriminierung aufgrund biografischer Faktoren erlebt, ein Privileg, das uns von vielen anderen Menschen unterscheidet, die härter arbeiten, länger anklopfen, mehr Schikane erdulden oder größere Angst vor Übergriffen oder sozialem Abstieg haben müssen. Dieses Privileg hat sicherlich auch Einfluss auf die Auswahl der Thesen und ihrer Schwerpunkte. Um dem zumindest ein wenig entgegenzuwirken, war es uns ein Anliegen, Stimmen und Perspektiven in diesem Buch einzubringen, die andere Hintergründe als die unseren haben. Diese vielen Gespräche, Ratschläge und Hinweise haben dem Buch gutgetan, was aber nicht heißen soll, dass unsere Gesprächspartnerinnen zwangsläufig bestimmte oder alle Thesen ebenso befürworten wie wir.

Letztlich: Wir verwenden im Text das generische Femininum für allgemeine Aufzählungen und Beschreibungen. Wenn wir also von »Politikerinnen« oder »EU-Bürgerinnen« sprechen, so meinen wir alle anderen Menschen mit – Männer und auch all diejenigen, die sich jenseits des binären Spektrums definieren.

KAPITEL 1: EIN FUNKTIONIERENDES EUROPA

Jeder ernsthafte Versuch, die Europäische Union zukunftsfest zu machen, muss bei der Struktur anfangen. Die Europäische Union hat viele Ebenen, formelle wie informelle, kulturelle, politische, gesellschaftliche und wirtschaftliche. All diese Ebenen operieren in einem Gerüst aus Verträgen, Organen und Institutionen. Dieses Gerüst kann man sich als Hardware des europäischen Projektes vorstellen, und wie üblich mit Hardware ist es schwerer, diese einem Update zu unterziehen, als bei der Software.

Das zeigt auch ein Blick auf die Geschichte der Europäischen Einigung, die auch als eine Geschichte der supranationalen Organisationen gelesen werden kann. So gehen die drei zentralen Organe der EU - Kommission, Rat und Parlament - auf die Europäische Gemeinschaft für Kohle und Stahl (Montanunion) 1952 zurück. Als Hohe Behörde, Besonderer Ministerrat und Gemeinsame Versammlung übernahmen sie zunächst die Leitung bzw. Kontrolle der Montanunion und schrittweise auch Verantwortung für andere europäische Organisationen, wie der Wirtschafts- und Atomgemeinschaft. Mit dem Fusionsvertrag von 1965 wurden die bis dahin formell getrennten europäischen Gemeinschaften zu einer Organisation zusammengelegt.

Über die Jahre entwickelten sich auch die Organe weiter und erhielten mehr Kompetenzen, sie bekamen feste Amtssitze und beeindruckende Gebäude in Brüssel, Straßburg und weiteren Orten. Im Großen und Ganzen spiegelt sich aber in den Organen auch heute noch ein Spannungsverhältnis wider, das die Europäische Idee von Anfang an begleitet hat. In diesem Spannungsverhältnis geht es um Kompetenzen, Prestige und die ewige Frage, wer im Zweifel den Vorrang hat: die Nationen oder die europäische Ebene?

Dass dieses Spannungsverhältnis nie endgültig geklärt wurde, beweisen eine Reihe von politischen Unikaten, die teilweise ans Absurde grenzen: Die sieben Organe der EU – Kommission, Europäischer Rat und Parlament, Ministerrat, Europäische Zentralbank, Europäischer Gerichtshof und Europäischer Rechnungshof – sind auf vier verschiedene Städte in vier Ländern verteilt. Eine Hauptstadt im eigentlichen Sinne gibt es für die EU nicht. Zwei der Organe – Parlament und Rat – wechseln teilweise monatlich den Sitzungsort. Das Europäische Parlament hat kein Initiativrecht, kann also keinen Gesetzgebungsprozess anstoßen, und ist – zynisch gesagt – damit nicht viel mehr als ein riesiger Aufsichtsrat der Kommission. Dem Rat fehlt das Initiativrecht ebenso. Zusätzlich gilt hier bei wichtigen Entscheidungen die Einstimmigkeit: ein echtes Wagnis bei 27 demografisch, kulturell und wirtschaftlich unterschiedlichen Mitgliedern.

Diese Unterschiede machen sich zunehmend bemerkbar. Durch Unstimmigkeiten, sei es konkret in Bezug auf Fragen des Asylrechts, der Währung, der Verteidigungs- und Außenpolitik oder des Sozialen, wird die Union gelähmt. Länder, die schnell voran wollen, werden aufgehalten, andere Länder, die eindeutig gegen europäische Grundwerte verstoßen, haben hingegen nicht viel zu befürchten.

Zusammengefasst bedeutet das: Das Gerüst der EU, das im Groben noch ähnlich funktioniert wie zu Gründungszeiten, stößt an seine Grenzen. Die EU zu Beginn der 2020er-Jahre ist eine andere als die Gemeinschaft der Montanunion in ihren hoffnungsvollen Anfängen 1952. Um der EU eine Zukunft zu ermöglichen, müssen wir uns die Struktur genauer ansehen und erkennen, dass eine Struktur sich immer an die Herausforderungen der Zeit anzupassen hat, nicht andersherum. **Die Revolution der kleinen Schritte für die Europäische Union beginnt bei der Hardware.**

Das Leitmotiv dieses Kapitels ist die Gleichstellung und engere Verflechtung und gegenseitige Abhängigkeit der zwei *verfassungsgebenden Subjekte*: der Staatsvölker, vertreten durch nationale Regierungen, auf der einen sowie der EU-Bürgerinnen als Vertretung der EU in ihrer Gesamtheit auf der anderen Seite.[1] Die aktuelle Übermacht der nationalen Regierungen gegenüber der europäischen Ebene und eine fehlende Struktur der gegenseitigen Kontrolle und Abhängigkeiten der EU-Organe untereinander sind zentrale Schwachpunkte der Europäischen Union. Im Gespräch mit uns fasst Martin Schulz, ehemaliger EU-Parlamentspräsident, das Paradoxon zusammen: »Wenn wir Souveränitätsrechte auf die transnationale Ebene übergeben, müssen wir zwingend auch das Gewaltenteilungselement übertragen. Das ist bisher nicht passiert.« Dieses Defizit beschreibt auch Jürgen Habermas und sieht in einer *geteilten Souveränität* aus Unionsbürgerinnen und europäischen Völkern, die »eines Tages alle Funktionen der Gesetzgebung konsequent als gleichberechtigte Partner«[2] durchführen, einen notwendigen Schritt in Richtung eines »supranationalen Gemeinwesens«.[3]

Dieses Kapitel stellt 13 Thesen vor, die große und kleine Defizite in der Struktur, Organisation und Arbeitsweise der EU adressieren und konkrete Lösungen präsentieren. Einige der weitreichendsten Vorschläge des Buches werden hier besprochen.

Eine Verfassung für die EU

1 Die Europäische Union braucht eine Verfassung, die auch in stürmischen Zeiten Orientierung bietet.

Die Europäische Union ist mehr als bloß eine internationale Organisation. Dank ihrer Institutionen, Angebote und Gesetze bereichert sie das Leben ihrer Menschen tief greifend und konkret. Die Unionsbürgerschaft, die alle Bürgerinnen eines EU-Mitgliedslands seit dem Maastrichter Vertrag von 1992 zusätzlich zu der nationalen erhalten haben, sichert individuelle Entfaltung, Freiheiten, Rechtsvertretung und die viel besagten Grundrechte zu. Der gemeinsame Binnenmarkt der Europäischen Union ist maßgeblich für ein hohes Wohlstandsniveau verantwortlich und erlaubt den EU-Bürgerinnen zusätzlich, visumfrei Arbeit in anderen Ländern aufzunehmen. Nicht zuletzt hat die Kooperation der aktuell 27 Mitgliedsstaaten der EU in den Europäischen Institutionen Krieg oder andere Formen der Gewalt untereinander verhindert. Gleichzeitig stärkt sie die europäischen Interessen in internationalen Fragen. Die Europäische Union ist damit alles in einem: Friedensprojekt, Rechtegarant und gemeinsamer Markt.

Was der Europäischen Union allerdings fehlt, ist eine Verfassung. Der letzte und bisher einzige Anlauf dazu ist 2005 an Referenden in Frankreich und den Niederlanden gescheitert. Viele der Punkte wurden 2007 im Vertrag von Lissabon übernommen und sind seit 2009 Rechtsgrundlage der Europäischen Union. Anstelle einer Verfassung, wie wir sie aus nationalen Kontexten kennen, legen aktuell die sogenannten Verträge – der Vertrag über die Europäische Union und der Vertrag über die Arbeitsweise der Europäischen Union – die rechtliche Grundlage für alles, was die EU ist und tut. Eine eigentliche

Verfassung ist dies aber explizit nicht. So werden in den Verträgen zum Beispiel die Grundrechte (wunderbar festgehalten in der viel beschworenen Grundrechtecharta mit ihren Bekenntnissen zu Würde, Gleichheit, Gerechtigkeit und weiteren Rechten) nur in einem Verweis erwähnt. Das Fehlen von Grundrechten an zentraler Stelle ist exemplarisch für den Unterschied zwischen Verträgen und Verfassungen. In beiden Arten von Dokumenten mag es um rechtliche und organisatorische Regeln und Grundlagen gehen, aber nur Verfassungen beinhalten – zumindest im breiten Verständnis – auch einen Diskurs zum Selbstverständnis, zu den Grundlagen und gemeinsamen Werten. Kurzum: **Nur eine Verfassung beschreibt, *wie* wir operieren und zusammenleben wollen, und zugleich, *wer* wir sein wollen.** Im Idealfall ist eine Verfassung also eine gemeinsame Grundlage, die in schwierigen Zeiten der Orientierung dient und, gleich einem Kompass, dabei hilft, den Kurs zu halten. Ein Dokument, mit dem alle Entscheidungen, ob groß oder klein, abgeglichen werden können. Eine Stütze, die inspiriert und zusammenhält. Gesunder und produktiver Streit sind nur möglich, solange alle Seiten grundlegende Parameter als selbstverständlich akzeptieren und so auch bestimmte Linien nicht überschreiten. Eine Verfassung schafft damit einen Rahmen, in dem gerne und viel über alles gesprochen und debattiert werden kann. Unterschiedlichste Meinungen zu Umsetzung, täglicher Politik und Veränderung sind möglich und sogar wichtig, das größere Ziel aber bleibt bestehen und dirigiert kurzfristige Bedarfe genauso wie langfristige Ziele. Eine Verfassung legt damit nicht nur Regeln fest, sondern gibt dem Handeln einen tieferen Sinn.

Solange der Europäischen Union eine solche Verfassung fehlt, ist es nicht verwunderlich, dass die EU – gefühlt und auch tatsächlich – an allen Seiten knarrt und rumort, während sich Unzufriedenheit, Polarisierung und Renationalisierung in die Hauptstädte europäischer Länder gefressen haben. Die EU leidet womöglich weniger an großen Ideen und Vorschlägen, sondern vielmehr am Fehlen einer gemeinsamen Grundlage. Eine Verfassung kann nicht alle Probleme der EU beheben, wohl aber kann der Prozess, der zu einer Verfassung führt, dort ansetzen, wo es am nötigsten ist: beim europäischen Selbstverständnis.

Artikel 48 des EU-Vertrags regelt den Prozess zur Änderung der aktuellen Verträge. Die Ausarbeitung und Implementierung einer Europäischen Verfassung wäre zweifelsohne eine solche Vertragsänderung. Mit Zustimmung des Europäischen Parlaments und der Europäischen Kommission kann die Präsidentin des Europäischen Rats ein Konvent berufen, das sich aus Vertreterinnen der nationalen Regierungen und Parlamente, des EU-Parlaments und der Kommission zusammensetzt. Es war ein solches Konvent, das 2002 und 2003 den letzten (gescheiterten) Verfassungsentwurf ausgearbeitet hatte. Seitdem ist dieser Weg nicht noch einmal gegangen worden.

In Anbetracht des großen Bedarfs an einem gemeinsamen und nachhaltigen Ziel der Europäischen Union und der Notwendigkeit länder- und lagerübergreifender Gespräche zu den grundsätzlichsten Fragen des Zusammenlebens schlagen wir vor, einen neuen Europäischen Verfassungskonvent einzuberufen. Aus den Fehlern des letzten Anlaufs können wir dabei lernen. Während der Konvent 2002 noch ausschließlich aus Politikerinnen bestand, so müssen dieses Mal breitere Möglichkeiten der Mitsprache und des Austausches ermöglicht werden. Bürgerforen in den Mitgliedsländern, aber auch explizit Modelle, in denen Bürgerinnen verschiedener Länder zusammenkommen – physisch oder digital –, müssen eingebunden werden. Solche Formate können dem eigentlichen Verfassungskonvent zuarbeiten. Dieser muss die Vorschläge und Ideen aber auch ernst nehmen und kann auch Bürgervertreterinnen als Expertinnen aktiv in die Ausgestaltung der Verfassung einbeziehen. Die EU-Kenner Stefan Lorenzmeier und Steffen Dobbert schlagen vor, einen solchen neuen Anlauf zusätzlich mit einem europaweiten Referendum (siehe These 22) zu verbinden und zu legitimieren.[4] Durch eine solche Abstimmung wird die Debatte auf eine europäische Ebene verlagert und wird sich nicht nur im Kontext einzelner nationaler Abstimmungen bewegen – wo es 2005 zur Entgleisung kam.

Im Zentrum des Verfassungskonvents wie auch der ihr vorgelagerten Foren und Dialogformate sollen Fragen der Werte, Prinzipien und ihrer Umsetzbarkeit im alltäglichen Leben der Menschen stehen. Die nachfolgenden Thesen können als unsere Inspiration für eine solche Diskussion gelesen werden. Wir versuchen aufzuzeigen, in welchen Bereichen wir den meisten Nachhol- und Reformbedarf sehen, und schlagen konkrete Ideen vor. Wie auch immer die Leserinnen zu unseren Thesen stehen mögen, wir hoffen, dass wir zumindest in einem Punkt Konsens finden: **Die Europäische Union braucht eine Verfassung – und zwar so bald wie möglich.** Der Rest des Buches sind gewissermaßen unsere Fußnoten dazu.

Mehr parlamentarische Initiative wagen

2 Das Europäische Parlament braucht das Initiativrecht, um selbstständig legislative Anstöße setzen zu können.

Das Europäische Parlament ist das einzige direkt gewählte Organ der Europäischen Union. Dennoch besitzt das Parlament, im Gegensatz zur Europäischen Kommission, kein echtes Initiativrecht: Es kann also selbst keinen Gesetzgebungsprozess anstoßen, sondern nur auf Vorschläge und Anläufe aus den anderen Organen reagieren (bzw. diese durch politische Arbeit unter Druck setzen). Ohne die Zustimmung des Parlaments kommt ein Großteil von EU-Gesetzen nicht weit (es gibt nach wie vor Rechtsgrundlagen, bei denen das EP kein Mitsprache- bzw. nur Anhörungs- oder Zustimmungs-, aber kein Anpassungsrecht hat). Dennoch ist gerade dieses Vakuum der eigenen Handlungsfähigkeit und Initiierung neuer Ideen ein Dorn im Auge vieler EU-Parlamentarierinnen. Die Forderung nach der Anerkennung des Initiativrechts des Europäischen Parlaments steht schon lange im Raum. Denn in der Praxis muss das Parlament immer wieder darauf hoffen (bzw. indirekt darauf einwirken), dass Vorschläge von der Kommission aufgegriffen und auf die Gesetzgebungsbahn gebracht werden. Aus eigener Erfahrung wissen wir, dass das Europäische Parlament – auch im Kontrast zum Rat oder der Kommission – nur so vor (manchmal ungewöhnlichen oder gewagten) Ideen und Vorschlägen sprüht. Zu oft aber enden diese in wenig mehr als in einer Anfrage an die Europäische Kommission oder in bloßen Bemühungen, nationale Regierungen von einem Vorschlag zu überzeugen. Eine echte Demütigung für ein so stolzes und potenziell kraftvolles EU-Organ.

In Artikel 10 des EU-Vertrags heißt es eindeutig: »Die Arbeitsweise der Union beruht auf der repräsentativen Demokratie.« Zudem betont der Artikel die wichtige Stellung des Parlaments und hebt insbesondere die Bürgernähe als zentrales Merkmal der EU hervor. Um diesen Ansprüchen gerecht zu werden, ist es naheliegend, dem Europäischen Parlament als direktem Ausdruck der repräsentativen Demokratie und dem womöglich bürgernächsten Organ mehr Rechte einzuräumen. Um die Anerkennung des Initiativrechts kommen wir nicht herum. Wir schlagen vor, genau das umzusetzen und dem Parlament das Recht zu verleihen, selbst Gesetze auf den Weg zu bringen und gleichrangig mit Kommission und Rat (bzw. Senat) seine Aufgaben in klarer Vertretung der Europäischen Bürgerinnen zu erfüllen.

Die Mehrheit entscheidet

3 Bei allen Entscheidungen im Rat soll das Mehrheitsprinzip gelten, um Blockaden durch einzelne EU-Staaten zu verhindern.

Der Rat der Europäischen Union (kurz: Rat) teilt sich mit dem Europäischen Parlament die legislativen Aufgaben der EU. Zusätzlich ist der Rat für außenpolitische Positionierungen zuständig und koordiniert generell die Zusammenarbeit der Mitgliedsstaaten der EU. Im Gegensatz zum Europäischen Parlament greifen beim Rat aber Besonderheiten, was die Abstimmungsprozesse angeht – Besonderheiten, die nicht immer als demokratisch zu bewerten sind. Zwar werden viele Entscheidungen im Rat mit dem Prinzip der Mehrheit gefällt: In bestimmten Bereichen kommt die qualifizierte Mehrheit zum Einsatz (55 Prozent der Mitglieder, die mindestens 65 Prozent aller EU-Bürgerinnen vertreten) und manchmal sogar die *verstärkte* qualifizierte Mehrheit (72 Prozent der Mitglieder, die mindestens 65 Prozent der EU-Bevölkerung vertreten). In wichtigen Bereichen, allen voran wenn es um Außen- und Sicherheitsfragen, um Finanzen oder den Haushalt geht, ist der Rat aber auf Einstimmigkeit angewiesen, das heißt, *alle* Mitglieder müssen zustimmen, und umgekehrt kann *ein* Mitglied den ganzen Prozess aufhalten bzw. torpedieren. Vergleichbare Abstimmungsprinzipien kommen übrigens auch im Europäischen Rat, dem Zusammenschluss der Staats- und Regierungschefs, zum Tragen. Gerade das Prinzip der Einstimmigkeit sorgt immer wieder für Unmut, die Abschaffung dieser Regelung wurde schon wiederholt gefordert. Denn bei 27 Mitgliedern ist die Einstimmigkeit immer schwer(er) zu erreichen.

Wir schlagen vor, **das Abstimmungssystem der Einstimmigkeit im Rat der Europäischen Union und im Europäischen Rat abzuschaffen** und durch einen demokratischeren Mechanismus zu ersetzen. Die qualifizierte bzw. die verstärkte qualifizierte Mehrheit sind bereits hohe Hürden und geben wenigen Mitgliedsstaaten große Macht. In kritischen Fragen könnte die Schwelle auch noch höher angesetzt werden. Dass aber ein einziges Land, wie durch die aktuellen Regelungen, alles aufhalten kann, ist weder zielführend noch förderlich für die Europäische Idee, die explizit auf dem Konzept der Gemeinschaft und der Demokratie aufbaut. Die Vetomacht einzelner Staaten muss aufgebrochen werden, damit Raum für das Gemeinsame und die Zukunft entsteht.

Ein Zweikammersystem für Europas Demokratie

4 Der Rat der Europäischen Union soll aufgelöst und ein Europäischer Senat gegründet werden, um ein echtes Zweikammersystem zu etablieren.

Diese These baut auf der vorherigen auf und geht noch einen Schritt weiter.

Die Legislative der EU basiert auf zwei EU-Organen. Zum einen dem direkt gewählten Europäischen Parlament mit seinen bis zu 750 Sitzen. Zum anderen auf dem Rat der Europäischen Union. Dieser wird nicht direkt gewählt, sondern setzt sich aus

Ministerinnen aller Mitgliedsstaaten zusammen. Die meisten EU-Gesetze müssen durch beide Organe laufen und bestätigt werden, teilweise mit Einstimmigkeit im Rat. Im sogenannten Ordentlichen Gesetzgebungsverfahren gilt der Gesetzentwurf als gescheitert, wenn eines der beiden Organe die Zustimmung verweigert, bzw. muss angepasst und noch einmal eingebracht werden. Damit erinnert die Legislative der EU an ein Zweikammersystem, das in vielen Demokratien der Welt, jeweils mit unterschiedlicher Ausprägung, angewandt wird und als gute Lösung gilt, um unterschiedliche Interessen zu vertreten und nicht einer Kammer alle Entscheidung zu überlassen. So vertreten Parlament und Rat unterschiedliche Entitäten und Interessen – zumindest in der Theorie. Das Parlament vertritt die EU als Ganzes, der Rat hingegen vertritt die Nationalstaaten.

Das deutsche legislative System funktioniert im Grunde ähnlich, auch wenn es Bundesrat (Oberhaus), in dem die Vertreterinnen der Bundesländer zusammensitzen, und den direkt gewählten Bundestag (Unterhaus) formell nicht als Zweikammersystem beschreibt. In Frankreich gibt es die direkt gewählte Nationalversammlung und den Senat, der indirekt gewählt wird und die unterschiedlichen Regionen des Landes vertritt. Auch hier müssen beide Kammern einem Gesetz zustimmen.

Im Gegensatz zu vielen nationalen Oberhäusern ist der Rat der Europäischen Union schwächer ausgestattet und von personellem Wechsel geprägt. Es kommen aus den Mitgliedsstaaten der EU immer jeweils die Ministerinnen zusammen, die für eine bestimmte Frage zuständig sind, also etwa Finanzministerinnen, wenn es um den Haushalt geht, Landwirtschaftsministerinnen, wenn es sich um Agrarvorschriften dreht, und so weiter. Die eigentliche Arbeit des Rats findet aber in Arbeitsgruppen und Ausschüssen statt, die hauptsächlich von Beamtinnen besetzt sind. Diese tagen oft in geheimen Sitzungen und arbeiten den Ministerinnen zu, die in vielen Fällen nicht viel mehr machen, als die so erarbeiteten Vorschläge und Gesetzesanpassungen durchzuwinken. Da die Ministerinnen in erster Linie ein *nationales* Mandat haben, kommen gesamteuropäische Fragen und Perspektiven oft zu kurz. **Ein echtes Initiativrecht hat der Rat genauso wenig wie das Parlament.** Im Gegensatz zu den meisten nationalen Oberhäusern und auch im Gegensatz zum Europäischen Parlament hat der Rat keinen festen Vorsitz, sondern lediglich eine rotierende Präsidentschaft, die jeweils für sechs Monate von einem Mitgliedsland gestellt wird. Dadurch ändert sich im ungünstigen Fall jedes halbe Jahr der inhaltliche Schwerpunkt des Rats. Gleichzeitig hat der Rat nach außen keine starke, beständige Stimme, wie sie charakteristisch ist für die Präsidentinnen des Parlaments, der Kommission und des Europäischen Rats (der Staats- und Regierungschefs). Ein echtes Zweikammersystem mit zwei souveränen und aktiven Häusern gibt es in der EU also nicht.

Eine grundlegende Reform des Rats *oder* seine Auflösung und Umwandlung ist naheliegend. Die ehemalige österreichische MdEP Ulrike Lunacek[5], der ehemalige italienische MdEP Olivier Dupuis[6] und weitere fordern deshalb, den Rat in einen Europäischen Senat umzuwandeln. Noch weiter geht die Politikwissenschaftlerin Ulrike Guérot. Sie plädiert für eine Auflösung des Rats und die Gründung eines Senats, der Europas Provinzen und Metropolen neben dem Parlament unter dem Dach einer Europäischen Republik repräsentiert.[7]

Auch wir sehen im Rat in seiner aktuellen Form keine Zukunft, anerkennen aber die wichtige Rolle der nationalstaatlichen Repräsentation in der EU und schlagen Folgendes vor: **Der Rat wird in der jetzigen Form aufgelöst und ein neuer Europäischer Senat gegründet.** Im Gegensatz zum aktuellen Modus entsenden die Regierungen der Mitgliedsstaaten nicht mehr sporadisch die jeweilig zuständigen Ministerinnen, sondern Senatorinnen mit mehrjähriger Amtszeit und einem festen Sitz in Brüssel. Jede nationale Regierung kann zum Beispiel sechs Senatorinnen bestimmen, die das Land für eine Amtszeit von fünf Jahren im Europäischen Senat vertreten (parallel zu den Legislaturperioden des Parlaments). Die rotierende Präsidentschaft wird abgeschafft, der Senat wählt eine Präsidentin mit Stellvertreterinnen. Zusätzlich richtet der Senat Ausschüsse ein, die in der Regel transparent und öffentlich tagen und in denen die Senatorinnen die Richtung vorgeben. Der Senat trifft sich regelmäßig, parallel zu den Sitzungswochen im Parlament, und erhält legislatives Initiativrecht – wie das Parlament auch. Das Ordentliche Gesetzgebungsverfahren ändert sich entsprechend: Alle EU-Gesetze (Verordnungen und Richtlinien in allen Rechtsgrundlagen) bedürfen einer Zustimmung durch *beide* Kammern, auch im Senat werden Entscheidungen per Mehrheit, in wichtigen Fragen per qualifizierter Mehrheit, entschieden. Das Einstimmigkeitsgebot bei bestimmten Fragen entfällt. Dadurch wird ein Zweikammersystem geschaffen, in dem der Senat die Interessen der Mitgliedsstaaten vertritt und das Parlament die Interessen der EU-Bürgerinnen als solche.

Eine echte europäische Regierung

5 Die Europäische Kommission soll gestärkt und in eine Europäische Regierung umgewandelt werden, um damit der EU eine echte Exekutive zu geben.

Wie in der Einleitung zu diesem Kapitel angesprochen, leidet die EU unter einem Widerspruch: Mehr und mehr Arbeitsbereiche und Souveränität werden von der nationalstaatlichen auf die europäische Ebene verlagert. Seit dem Maastrichter Vertrag von 1992 wurden der EU mit jeder Vertragsnovelle weitere Bereiche und vertiefte Kompetenzen verliehen – zuletzt 2009 mit dem Vertrag von Lissabon, der Dutzende neue Bereiche auf die EU-Ebene verlagert hat. Gleichzeitig fehlen auf europäischer Ebene eine Gewaltenteilung und die gegenseitige Kontrolle, die auf nationalstaatlicher Ebene nicht wegzudenken sind. Der Politikwissenschaftler und Autor Yascha Mounk beschreibt diesen Zusammenhang so: »In den meisten Ländern wird die Macht der Bürokratie durch die Präsenz eines starken Regierungschefs auf der einen Seite und die moralische Autorität eines vom Volk gewählten Parlaments auf der anderen Seite begrenzt. In der Europäischen Union dagegen besteht die Exekutive aus den Regierungschefs der Mitgliedsstaaten, die sich nur wenige Male im Jahr treffen. Die Legislative hingegen wird durch Wahlen ermittelt, bei denen die Beteiligung für gewöhnlich miserabel ist – auch weil die Wähler um die stark begrenzten Befugnisse des Europäischen Parlaments wissen [...] Infolgedessen wurde die Europäische Kommission, eine Organisation von Karrierebürokraten, im Laufe der Jahre zum wichtigsten Motor der EU.«[8]

Eigentliches Führungsgremium der Union ist damit nicht die Kommission, sondern der Europäische Rat, der seit Lissabon offizielles Organ der EU ist. So gibt dieser inzwischen nicht mehr nur grobe Linien vor – wie es ursprünglich der Gedanke war –, sondern ist handfest in Detailfragen involviert und fungiert damit als Quasi-Regierung der Europäischen Union, die zwar durch demokratische Wahlen in den Mitgliedsstaaten legitimiert ist, in entscheidender Weise aber nicht durch die Gesamtheit der EU-Bevölkerung als solcher. Laut Claudio Franzius, Professor für Rechtswissenschaft an der Universität Bremen, ist der Europäische Rat damit »dem König aus dem Frühkonstitutionalismus des 19. Jahrhunderts nicht unähnlich«.[9]

Dieser Zustand ist einer Sorge der Mitgliedsstaaten vor einer

Übermacht der europäischen Ebene geschuldet, erreicht aber durch seinen Charakter als Kompromiss auf unbestimmte Zeit eine tiefe Schwächung der Europäischen Idee und ironischerweise sogar eine demokratische Entmündigung der Wählerinnen in der EU. Diese haben zwar als Bürgerinnen eines Mitgliedsstaats Macht als Souverän, nicht aber auf europäischer Ebene, auf der sie ebenso Souverän sind. Jürgen Habermas beschreibt dieses Unikum, in dem EU-Bürgerinnen und Staatsbürgerinnen dieselben Personen sind, als *geteilte Souveränität*. Diese erfordert jedoch die tatsächliche Gleichstellung der nationalstaatlichen und europäischen bzw. transnationalen Ebene. Der erste Schritt dahin muss **die Etablierung einer echten europäischen Exekutive** sein. Eine Stärkung und Weiterentwicklung der Kommission ist folglich der logische Schritt. Diese Aufwertung muss einhergehen mit der Einführung tatsächlicher Kontrolle durch das Europäische Parlament als einziges direkt vom europäischen Souverän gewähltes Organ.

In diesem Sinne schlagen wir Folgendes vor: Die Kommission muss in eine echte Europäische Regierung umgewandelt werden, die in den der EU zugewiesenen Aufgabenfeldern oberste Instanz ist, in diesen Bereichen also *über* den nationalstaatlichen Regierungen steht. Eingesetzt und legitimiert wird die Kommission durch das Europäische Parlament, daher gilt bei EP-Wahlen ein verbindliches Spitzenkandidatinnensystem (siehe These 16). Das Parlament kann der Kommission aber auch das Vertrauen entziehen und so eine Neubesetzung erzwingen. Als letzter Schritt muss auch die Option der vorgezogenen Neuwahlen auf dem Tisch liegen. Diese kann entweder durch eine Vertrauensfrage der Kommissionspräsidentin im Parlament ausgelöst werden oder aber durch Misstrauensvota im Parlament (Europäischer Souverän) und Senat (Vertreterin des nationalstaatlichen Souveräns). Der Europäische Rat tritt mehr in den Hintergrund und nicht mehr als Quasi-Regierung oder »Königin« auf, sondern arbeitet mit der Kommission als echte und vom europäischen Souverän legitimierte Regierung zusammen. Aus diesem Grund schlagen wir ebenso vor, die Kommissionspräsidentin zur Vorsitzenden des Europäischen Rats zu machen. Die Rolle der Präsidentin des Europäischen Rats entfällt damit. Die Kommissionspräsidentin repräsentiert in ihrer Doppelfunktion als Vorsitzende der Kommission und des Europäischen Rats eine einzige Exekutiv-Spitze, in der sowohl nationalstaatliche wie auch europäische Interessen zusammenkommen. Im Gesetzgebungsprozess bilden Parlament und Senat zwei legislative Kammern und operieren auf Augenhöhe mit der Kommission.

Sicherlich bleiben viele Details zu klären, unser Vorschlag aber verdeutlicht, wie eine Gewaltenteilung aussehen kann und weshalb diese sowohl eine *echte* Exekutive sowie eine *gestärkte* Legislative benötigt. Ebenso zeigt er, dass eine tatsächliche Gleichstellung der nationalstaatlichen und der transnationalen-europäischen Ebene möglich und nötig ist.

Vertrauen ist gut, Kontrolle ist besser

6 Die EU soll ein neues unabhängiges Richterinnengremium etablieren, um europäische Rechtsstaatlichkeit besser schützen und überwachen zu können.

Ohne Rechtsstaatlichkeit kann es kein vereintes und demokratisches Europa geben. Diese kurze Formel zeigt, wie eng die freiheitliche Grundordnung und die europäische Integration zusammenhängen. Während, wie in der nächsten These beschrieben, eine Verschärfung des Artikel 7 und damit die Ausschlussmöglichkeit eines Mitgliedsstaats die letzte Option ist, braucht es noch ein weiteres Instrument, um das freiheitliche Europa zu schützen. Die Rechtsstaatlichkeitsdiskussionen bedrohen zunehmend den Zusammenhalt in der Union, werden zum Spielball politischer Interessen und führen zu einer Spaltung zwischen den jungen und etablierten Demokratien. Wie aber kann Rechtsstaatlichkeit besser geschützt und einem Auseinanderdriften der Staaten entgegengewirkt werden?

Einen beachtenswerten Vorschlag formulieren hierfür der Verfassungsrechtler Udo di Fabio und der Politiker Manfred Weber. Sie schreiben: »Eine objektive Beurteilung als Grundlage für eine Entscheidung, etwa der Kommission oder des Rates, kann nur durch ein unabhängiges Gremium getroffen werden, das fern des parteipolitischen Kalküls, einem gerichtlichen Erkenntnisverfahren ähnelnd, urteilt. Ein solch unabhängiger Expertenrat könnte regelmäßig für jeden Mitgliedsstaat in der EU prüfen, ob die Justiz dort unabhängig und gemäß rechtsstaatlichen Prinzipien arbeiten kann, ob und wie Korruption in Politik, Justiz und Verwaltung um sich greifen.«[10] Konkret schlagen sie die Einführung eines neuen Richterinnengremiums vor, welches mit Vertreterinnen der nationalen Höchst- und Verfassungsgerichte oder auch ehemaligen Richterinnen des Europäischen Gerichtshofes besetzt ist.

Ihrer Argumentation folgend, würde solch ein europäisch besetztes Gremium helfen, nationale Reflexe abzumildern und einem Gefühl von *Wir vs. Brüssel* entgegenzuwirken. Ein fester Auftrag für das Gremium kann außerdem die Erstellung von öffentlichen Monitoringberichten sein, die den Zustand der Unabhängigkeit der Justiz, der Korruptionsanfälligkeit sowie der Medienfreiheit unter die Lupe nehmen und Alarm schlagen, wenn ernsthafte Gefahren für den Rechtsstaat bestehen. Verstöße gegen die Prinzipien der Rechtsstaatlichkeit sollten in einem ersten Schritt an die Kommission, den Rat/Senat und das Parlament gemeldet werden. Bei schweren Verletzungen muss dann der Gerichtshof der Europäischen Union (EuGH) eingeschaltet werden. Für die Einführung des beratenden Richterinnengremiums brauchte es keine Vertragsänderung, argumentiert die Bundestagsabgeordnete Katja Leikert, die den Vorschlag gemeinsam mit Jakov Devčić im Jahr 2020 weiterentwickelte. Das Gremium könne »als Bindeglied zwischen den nationalen Verfassungsgerichten und der europäischen Ebene fungieren« und würde die Befugnisse des EuGH nicht beschneiden. Die Ratio von Leikert: »Nicht politische Mehrheiten im Europäischen Parlament oder im Rat sollten darüber entscheiden, wie es um die Rechtsstaatlichkeit in europäischen Gesellschaften steht«, sondern es solle auch ein Weg aufgezeigt werden, »die Debatten über Rechtsstaatlichkeit zu entpolitisieren«.[11]

Wir schlagen vor, das neue Instrument »Europäisches Rechtsstaatsgremium« (European Committee on the Rule of Law) zu nennen. Die Mitglieder sollen für mindestens sieben Jahre berufen werden und gemeinschaftlich durch die beiden von uns vorgeschlagenen Kammern, das Europäische Parlament und den Europäischen Senat, ernannt werden. Im aktuellen EU-Set-up ist die Berufung auch durch die Kommission eine Option. Mit dem Europäischen Rechtsstaatsgremium hat die EU ein wirkungsvolles Werkzeug in den Händen, um der Erosion des partnerschaftlichen Miteinanders der Mitgliedsstaaten und der Rechtsstaatlichkeit entgegenzuwirken.

Wer verstößt, der fliegt

7 Artikel 7 des EU-Vertrags soll eine Ausschlussklausel beigefügt werden, mit der ein Mitgliedsstaat, der wiederholt gegen Grundsätze der EU verstößt, aus der Union ausgeschlossen werden kann.

Die EU Anfang der 2020er-Jahre hat mit verschiedenen Problemen zu kämpfen: Populismus, Demokratiedefizite, Bürgerferne, eine schwierige und sich wandelnde internationale Bühne. Kaum ein Problem geht aber so sehr an die Substanz der Europäischen Union und all dessen, wofür sie steht, wie die Ratlosigkeit im Umgang mit Mitgliedsstaaten, die sich nicht (mehr) an gemeinsame Werte, Demokratiegrundsätze und Prinzipien der Rechtsstaatlichkeit halten. Es ist der absolute Albtraum der Europäischen Idee: Einerseits rühmt sich die EU für ihre Erfolgsgeschichte, die Länder gegen alle Widerstände und Unterschiede zusammengebracht und immer wieder Kompromisse und Lösungen jenseits von Drohungen und harten Maßnahmen gefunden zu haben. Für diese Arbeit wurde der Union nicht zuletzt 2011 der Friedensnobelpreis verliehen – eine Auszeichnung, die auch als Verpflichtung verstanden werden kann, zukünftig auf diese äußersten Mittel zu verzichten. Andererseits steht die Europäische Union, aktuell vielleicht mehr als irgendeine andere politische Gemeinschaft weltweit, für die Achtung und Umsetzung der Grundsätze von Demokratie, Freiheit, Selbstbestimmung und Rechtsstaatlichkeit. In der Rechtsstaatlichkeitskrise, die sich aktuell um die Länder Ungarn und Polen abzeichnet und die in Zukunft auch weitere Länder betreffen könnte, kollidieren diese beiden Prinzipien der Union: die Kompromissbereitschaft einerseits, die unbeugsame Verteidigung von Freiheit und Demokratie andererseits.

Kein Ausweg scheint wirklich gut, und so passiert zumindest gefühlt wenig. Zwar hat die Europäische Kommission gegen beide Länder ein Vertragsverletzungsverfahren eingeleitet (nach Artikel 7 des EU-Vertrags die schärfste Zensur in solchen Fällen), allerdings wird sich der Prozess aller Erwartung nach über einige Jahre hinziehen. Im extremen Fall könnte die EU dem jeweils betroffenen Mitgliedsland das Mitspracherecht entziehen, es also besonders im Rat entmachten. Hierfür ist aber die einstimmige Bestätigung im Rat erforderlich, was, gerade wenn es um mehr als ein Land geht, alles andere als gesichert erscheint. Auch die neue Rechtsstaatsklausel, die im Rahmen der EU-Haushaltsverhandlungen 2020 eingeführt wurde, erweist sich als zu schwacher Mechanismus. Im Großen und Ganzen zeigt die Situation, dass der EU bisher der Wille zur stärkeren Eskalation fehlt (was an und für sich erst einmal auch positiv zu bewerten ist), andererseits aber auch die Mittel, die schon durch ihre reine Existenz mehr Kompromissbereitschaft sichern könnten. Hier zeigt sich ein Paradoxon: Während EU-Beitrittskandidaten durch die ausstehende einstimmige Zustimmung zur Aufnahme unter Druck gesetzt werden können, in den Punkten Demokratie, Freiheit und Rechtsstaatlichkeit mehr Gas zu geben, fehlt ein solcher Druckpunkt bei EU-Mitgliedern vollkommen. Es ist ein bisschen wie mit Kindern, die nicht enterbt werden können: Egal, wie viel Mist sie machen, sie profitieren von der Familie so oder so (und wissen das auch). Aktuell endet Artikel 7 im oben beschriebenen Entzug des Mitspracherechts, ein Ausschluss ist nicht möglich. Hier liegt ein Teil des Problems.

Wir schlagen vor, Artikel 7 des EU-Vertrags um ein Ausschlussverfahren zu erweitern, mit dem bei besonders schwerwiegenden und sich wiederholenden Verletzungen der Grundsätze der Europäischen Union ein Land vollkommen oder für einige Jahre aus der EU ausgeschlossen werden kann. Dass ein solches Mittel nur der letzte Ausweg sein darf, versteht sich von selbst. Im Idealfall reicht die reine Existenz dieser Möglichkeit, um alle Mitgliedsstaaten daran zu erinnern, **dass die EU nicht nur eine Wirtschafts-, sondern auch eine Werteunion ist** und dass diese Werte nicht zur Debatte stehen. Die Feststellung der Verstöße kann auf Berichten und Empfehlungen eines neuen und unabhängigen Richterinnengremiums (siehe These 6) basieren. Die tatsächliche Umsetzung des Ausschlusses erfolgt, wie aktuell bei Artikel 7, durch den Rat, soll sich aber nicht am Prinzip der Einstimmigkeit orientieren, sondern an einer verstärkten qualifizierten Mehrheit. Auch eine noch höhere, aber nicht auf Einstimmigkeit beruhende Mehrheit ist denkbar.[12] Generell sollten dem Ausschlussverfahren die anderen Möglichkeiten vorgezogen werden. Will die EU ihren Status als Wertesupermacht aber nicht einbüßen, so muss die Ausschlussoption zumindest auf dem Tisch liegen.

Ein europäischer Distrikt in Brüssel

8 Das Europäische Viertel in Brüssel soll in einen extraterritorialen EU-Distrikt umgewandelt werden, in dem alle EU-Organe ihren ständigen und einzigen Sitz haben.

Brüssel gilt gemeinhin als europäische Hauptstadt. Der österreichische Autor Robert Menasse hat diesen Begriff in seinem kontrovers diskutierten Roman *Die Hauptstadt* zusätzlich geprägt. Seit den Römischen Verträgen von 1957 hat sich Brüssel zunächst inoffiziell und dann durch eine Reihe von Verträgen zu den Sitzen der Europäischen Union und ihrer Vorgängerinstitutionen als Zentrum der EU etabliert. Mehr und mehr Institutionen und vor allem Mitarbeiterinnen der unterschiedlichsten Organe und Behörden siedelten sich in der belgischen Hauptstadt an. Erst seit dem Maastrichter Vertrag sind die Sitze der EU-Organe endgültig festgelegt. Die Geschichte der verschiedenen Standorte der europäischen Institutionen liest sich ein bisschen wie die eines Streits zwischen Kindergartenkindern. Seit den frühen 1950er-Jahren wurde (und wird teilweise weiterhin) darum gezankt, in welchem Land und in welcher Stadt welche Organe vertreten sein sollen. Teilweise wurden, um den nationalen Ansprüchen der Vertragspartner (in der Tat waren es zumindest in den ersten Jahrzehnten fast ausschließlich Männer) gerecht zu werden, absurde Lösungen gefunden: Die Teilung des Europäischen Parlaments auf zwei Sitze in Brüssel und Straßburg ist nur die bekannteste davon. Im EU-Fusionsvertrag von 1965 wurde etwa festgehalten, dass sich der Rat normalerweise in Brüssel treffen soll, außer in den Monaten April, Juni und Oktober, an denen er in Luxemburg zu tagen habe.

Diese Verstreuung der EU-Organe ist auch heute Realität. Laut dem Vertrag über die Europäische Union gibt es sieben offizielle Organe. In Brüssel sind mit den Hauptsitzen der Europäischen Kommission, des Europäischen Rats, des Rats der Europäischen Union (auch Ministerrat genannt) und dem Zweitsitz des Europäischen Parlaments die legislativen und exekutiven Herzstücke der EU ansässig. Die Europäische Zentralbank sitzt in Frankfurt, der Gerichtshof der Europäischen Union und der Europäische Rechnungshof befinden sich in Luxemburg (wo auch die Kommission einen weiteren Sitz hat), das Europäische Parlament hat seinen Hauptsitz in Straßburg. Nicht ganz überraschend führt das zu einer Pendelei zwischen diesen Standorten, die zudem häufig (auch aufgrund schlechter Zugverbindungen) per Flugzeug stattfindet. Praktisch, effizient und nachhaltig ist diese Anordnung nicht.

Der ursprüngliche Gedanke hinter dieser Aufteilung auf verschiedene Standorte (und Mitgliedsländer) ist nicht nur nationalem (und möglicherweise männlichem) Stolz geschuldet, sondern beruht auch auf der Auffassung, dass die Europäische Union als dezidiert supranationale Organisation nicht nur in *einem* Mitgliedsland vertreten sein, sondern *internationalen* Charakter ausdrücken soll. Explizit wird daher in den Verträgen auch darauf verzichtet, der EU eine Hauptstadt einzuverleiben. Dadurch sind nach aktuellem Recht die EU-Organe *zu Gast* in den Nationalstaaten und EU-Mitgliedsländern. Ironischerweise bewirkt diese Anordnung aber das genaue Gegenteil des angestrebten internationalen Charakters und führt zu einem tatsächlichen Ungleichgewicht: So beherbergen einige wenige Nationalstaaten EU-Organe, während die Mehrzahl der EU-Staaten kein solches Privileg hat.

Darüber hinaus erscheint es besonders in Brüssel überraschend, dass eine der größten internationalen Organisationen der Welt einen rechtlichen Status hat, der sich im Grunde von einer Mietpartei nur unwesentlich unterscheidet. Damit hängt der wichtigste Standort der Europäischen Union direkt vom Wohlwollen, aber auch von der Stabilität des Landes Belgien und seiner Hauptstadt Brüssel ab. Gerade vor dem Hintergrund einer möglichen – und von verschiedenen Seiten immer wieder heraufbeschworenen – Spaltung des Landes in zwei oder mehr Regionen ist unklar, was ein solcher Zerfall für die Europäische Union und ihren Standort in Brüssel bedeuten würde. All die genannten Punkte sind Grund genug, den Status der Europäischen Organe in Brüssel grundsätzlich neu zu regeln.

Wir schlagen vor, das Europäische Viertel in Brüssel (Quartier Léopold) in einen **extraterritorialen EU-Distrikt**[13] **umzuwandeln** und unter die administrative Verwaltung der Europäischen Kommission, des Europäischen Parlaments und des Europäischen Senats (bzw. des Europäischen Rats) zu stellen. Vorbild kann hier zum Beispiel das Hauptquartier der Vereinten Nationen in New York City in den Vereinigten Staaten sein. Obwohl innerhalb der Stadt angesiedelt, untersteht der Komplex der Generalsekretärin der UN und befindet sich damit außerhalb der Jurisdiktion New Yorks oder der USA. Für eine internationale Organisation ein passendes Konzept, das in angepasster Form auch für die Europäische Union sinnvoll ist. Der EU-Distrikt in Brüssel soll damit weder zu Belgien noch zu irgendeinem anderen Land gehören, sondern ausschließlich zur Europäischen Union als ganzer. In der Praxis werden die administrativen Behörden des EU-Distrikts mit ihren belgischen Kolleginnen sicherlich eng zusammenarbeiten, so wie dies auch in New York der Fall ist. Zudem schlagen wir vor, alle sieben EU-Organe langfristig in den EU-Distrikt nach Brüssel zu verlegen, um die Arbeitsprozesse zu vereinfachen und Reise- und Doppelnutzungskosten zu senken. Am wichtigsten aber: Die Ansiedelung aller EU-Organe in einem eigenen, nur von der EU kontrollierten Distrikt dient als Symbol für die Neutralität und Supranationalität, die in der aktuellen Aufteilung auf verschiedene Nationalstaaten nicht verwirklicht wird.

Ein Update für die EU-Kommission

9 Die Mitgliederanzahl der Europäischen Kommission soll auf zwei Drittel der Mitglieder der EU verkleinert und eine Geschlechterparität verbindlich eingeführt werden, um das Organ effizienter und repräsentativer zu machen.

Die Europäische Kommission ist das exekutive Organ der Europäischen Union. Durch ihre umfangreichen Kompetenzen ist sie in nahezu allen Belangen der EU maßgeblich involviert und hat meist die Zügel in der Hand. In Brüssel ist bekannt: Ohne die Kommission läuft nichts. Ihren Ursprung nahm die heutige Kommission in der sogenannten Hohen Behörde, die in den 50er-Jahren die Montanunion überwachte und leitete. Seitdem haben sich ihre Aufgabenbereiche und Befugnisse immer mehr ausgeweitet. Heute unterstehen der Kommission (direkt oder hauptsächlich) 33 Generaldirektionen – im Groben das Äquivalent von Ministerien auf nationaler oder bundesstaatlicher Ebene – und rund 32 000 Mitarbeiterinnen. Zwar ist die Zahl noch recht klein im Verhältnis zu vielen nationalen Regierungs- und Verwaltungsapparaten, sie deutet aber auf die zentrale Stellung und den Einfluss der Kommission in Europäischen Belangen hin. Geleitet wird sie von einer Kommissionspräsidentin und einer Reihe von Kommissarinnen, die jeweils für einen Aufgabenbereich und damit für eine oder mehrere Generaldirektionen verantwortlich sind. Aktuell ist es geläufig, dass jedes EU-Mitgliedsland eine Kommissarin stellt. Damit gibt es im Jahr 2021 27 Kommissarinnen. Das ist deutlich mehr als bei nationalstaatlichen Regierungen. Der deutschen Bundesregierung etwa gehören zurzeit nur 15 Personen an. Die französische Regierung kommt, inklusive Premierminister, Staatsminister und Ministerinnen, auf 17 Personen. In Italien sind es 18, in Finnland 20.

Schon länger wird debattiert, ob die Handhabung einer Kommissarin pro Mitgliedsland zukunftsfähig ist. Sogar im Vertrag von Lissabon wurde die Frage nach der Größe der Kommission mit aufgenommen. 2009 wurde hier festgelegt, dass die Mitglieder der Kommission ab dem 1. November 2014 generell nur aus zwei Drittel der Mitgliedsstaaten stammen sollten – inklusive regelmäßiger und festgelegter Rotation. Eine Ausnahme aber gibt es: Der Europäische Rat kann entscheiden, diese Regelung außer Kraft zu setzen. Genau das tat er auch gleich 2009 und entschied, die bisherige Regelung von einer

Kommissarin pro Land beizubehalten.[14] Seitdem hat sich in dieser Frage nicht viel getan.

Wir nehmen das zum Anlass und schlagen vor, die Regelung des Lissabonner Vertrags als verbindlich festzulegen und **zukünftige Kommissionen nur noch mit Mitgliedern aus zwei Dritteln der Mitgliedsstaaten zu besetzen**. Voraussetzung ist hier eine regelmäßige Rotation, die auch eine geografische und demografische Vielfalt berücksichtigt. So wären zum Beispiel bei aktueller Größe 18 Kommissarinnen Teil der Kommission. Diese würden aus großen und kleinen Ländern und aus allen geografischen Regionen der EU stammen. Nach fünf Jahren (jeweils zur Neubesetzung der Kommission nach den Europawahlen) würden neun Länder aus der Kommission ausscheiden, und die neun Länder, die in den vorangegangen fünf Jahren nicht vertreten waren, Teil der Kommission werden. Jedes Land würde also jeweils zwei Legislaturperioden Teil der Kommission sein und eine aussetzen. So können Ressort- und Aufgabenbereiche sinnvoller verteilt und Entscheidungen und Diskussionen am Kabinettstisch durch die geringere Anzahl von Personen erleichtert werden.

Gleichzeitig schlagen wir vor, eine verbindliche Geschlechterquote von 50 Prozent einzuführen. Dies muss eine Selbstverständlichkeit sein, und die Von-der-Leyen-Kommission hat sich dieser Zahl sogar freiwillig stark angenähert. Dennoch ist eine verbindliche Regelung ein wichtiges Signal und gleichzeitig eine Anerkennung des historisch starken Ungleichgewichts von Frauen in Führungspositionen – in EU-Organen und darüber hinaus – mit allen negativen Folgen.

Die Kommission wird zentrales Organ der EU bleiben. Umso wichtiger, sie zeitgemäß, arbeitsfähig und repräsentativ zu halten.

Gemeinsame Steuern. Gemeinsamer Haushalt.

10 **Die EU soll eigene Steuern erheben und über einen eigenen Haushalt verteilen können, damit sie finanziell unabhängiger und wirkmächtiger wird.**

Die Europäische Union finanziert sich und ihre Aktivitäten ausschließlich durch einen Haushalt, der von allen Mitgliedsstaaten mit je unterschiedlichem Beitrag gestellt wird. Die Debatten, wer in welcher Höhe zahlt und für was die Gelder vorgemerkt werden, sind oft lang und führen, etwa wenn es um die Verabschiedung des Mehrjährigen Finanzrahmens (MFR; engl.: MFF) geht, nicht selten zu durchdebattierten Nächten. Am Ende findet sich in aller Regel eine Lösung, dennoch bringt dieser EU-Haushalt, der de facto aus Beiträgen aus nationalen Haushalten besteht, eine Reihe von Problemen mit sich. Zum einen ist die EU in ihrer Handlungsfähigkeit ganz und gar von den Nationalstaaten abhängig, was dadurch erschwert wird, dass bei Finanzfragen im Rat das Abstimmungsprinzip der Einstimmigkeit herrscht. Ein Mitgliedsland kann also den gesamten Haushalt blockieren oder das Einstimmigkeitsprinzip gezielt als Erpressungswerkzeug nutzen (siehe These 3). Zum anderen ist der gemeinsame EU-Haushalt antieuropäischen Kräften immer wieder ein Dorn im Auge. Wiederholt und mit Elan wettern diese gegen die vermeintliche Abzocke aus Brüssel und die vielen nationalen Steuergelder, die im EU-Sumpf versacken und doch viel besser daheim eingesetzt werden sollten.

Ein – zumindest auf dem Papier – recht einfacher und wirkungsvoller Lösungsvorschlag ist die Einführung eigener EU-Abgaben. Artikel 311 im Vertrag über die Arbeitsweise der Europäischen Union spricht von »Eigenmitteln als finanzieller

Grundlage der EU«, bleibt aber recht vage, wie diese zusammenzukommen haben. **Eigene EU-Steuern sind also durchaus, auch ohne Vertragsänderungen, denkbar,** sofern diese einstimmig im Rat und von *allen* Mitgliedsstaaten abgesegnet werden. Wie können solche Steuern in der Praxis aussehen? Ein umfassender und auch ambitionierter Vorschlag findet sich im »Manifest für die Demokratisierung Europas«, das 2018 veröffentlicht wurde und hinter dem eine Gruppe intellektueller Größen steht: unter anderem Thomas Piketty, Anne-Laure Delatte, Manon Bouju und Antoine Vauchez. Europa-Koryphäen wie Ulrike Guérot gehören zu den Erstunterzeichnerinnen.[15] Die Gruppe fordert eine Reihe von Verbesserungen. Besonders interessant ist hier die Einführung von vier verschiedenen Steuern auf EU-Ebene: eine Besteuerung großer Unternehmen, von Einkommen über 200 000 Euro jährlich, von Vermögen über eine Million Euro und eine CO_2-Abgabe in Höhe von mindestens 30 Euro pro Tonne (siehe These 56). Die Mehrheit der Europäerinnen wäre von diesen Steuern nicht direkt betroffen. Mit rund 17 300 Euro jährlichem Einkommen (19 700 Euro in der Eurozone) und einem Median-Nettovermögen von knapp 100 000 Euro in der Eurozone liegt der Durchschnitt der EU-Bevölkerung fernab von Spitzensteuersätzen oder der Anhäufung großer Vermögen.[16] [17] Der Fokus der neuen Steuern läge auf Großunternehmen und -vermögen, die disproportional von der Europäischen Einigung, dem gemeinsamen Binnenmarkt und den offenen Finanzmärkten profitieren. Deren Vermögen konnten sich in den letzten Jahren überdurchschnittlich vermehren. So besitzen heute 10 Prozent der Privathaushalte in der Eurozone 50 Prozent des gesamten Nettovermögens. Eine Entwicklung, die sich durch die Covid-19-Pandemie weiter beschleunigen wird.[18]

Die Gruppe der Vordenkerinnen macht noch weitere Vorschläge: So sollen die Steuern von einer neu geschaffenen Europäischen Versammlung beschlossen, erhoben und verwaltet werden. Diese Versammlung soll sich aus EU- (20 Prozent) und nationalen Parlamentarierinnen (80 Prozent) zusammensetzen (jeweils gemäß der Fraktionsstärken in den betreffenden Parlamenten) und somit als Mischorgan aus EU und nationalen Vertreterinnen diese wichtige Aufgabe übernehmen. Der Vorschlag der Europäischen Versammlung ist das wirklich Geniale an der Idee. Durch die gemeinsame Verantwortung für die Besteuerung und den Einsatz der Gelder liegt die Verantwortung nicht entweder bei den EU-Organen oder den Mitgliedsstaaten, sondern bei beiden zugleich. Damit wird eine höhere Flexibilität geschaffen (auch weil die Versammlung nicht einstimmig entscheiden muss) und gleichzeitig verhindert, dass nationale Politikerinnen den Sündenbock immer wieder auf die EU als angeblich unkontrollierbare Organisation schieben. Die Einnahmen sollen nach der Vorstellung der Autorinnen übrigens nicht beliebig eingesetzt werden, sondern in Zukunftsinvestitionen und Projekte fließen, die die Europäische Idee stärken. So sollen Bildungsprojekte, europäische Universitäten, Integrationsprogramme und weitere kulturelle, soziale und gesellschaftliche Ideen gefördert und finanziert werden. Dieser EU-Haushalt würde parallel zum aktuellen EU-Haushalt bestehen, der sich direkt aus den Geldern der Mitgliedsstaaten speist, und eher eine zusätzliche und möglicherweise etwas flexibler und kreativer einsetzbare Finanzspritze darstellen.

Der Vorschlag findet breite Unterstützung. Etwa 120 000 Bürgerinnen sprechen sich in einer Petition dafür aus.[19] Die Zeit ist gekommen, EU-Abgaben einzuführen und so **gemeinschaftlich finanzierte Aufgaben unabhängiger von nationalen Temperamenten zu machen** und auf solide Beine zu stellen.

Wer mehr Integration will, geht voran

11 Die integrationsfreudigsten Staaten der EU sollen unter dem Dach einer neuen Organisation, der *European Pioneers,* noch enger zusammenarbeiten, ohne die anderen EU-Mitglieder zu überfordern.

Die Zukunft der EU dürfte für Wahrsagerinnen der echte Lackmustest sein. Das liegt insbesondere an den teilweise sehr unterschiedlichen Vorstellungen der Mitgliedsstaaten, ihren diversen kulturellen und historischen Hintergründen und eigenen politischen Traditionen.

Einerseits profitiert die EU von der Vielfalt ihrer Mitglieder und deren Zukunftsideen, gleichzeitig leidet sie jedoch unter der Vielstimmigkeit und Uneinigkeit. Gegenläufige Interessen vereinen sich in der EU zu einem *Modus Operandi,* der versucht, gleichzeitig nach vorne, zur Seite und nach hinten zu gehen. Das sorgt für Frustration, Behäbigkeit bis hin zum Stillstand. Es ist, als würden sich 27 Fahrerinnen in nur einem Auto (oder wohl eher: einem Bus) befinden und sich nicht einigen können, wohin die Reise gehen soll. Mit weiteren Mitfahrerinnen, die schon an der Haltestelle für eine EU-Mitgliedschaft stehen, verspricht es nicht einfacher zu werden. Am Ende geht die Reise nirgendwohin. **Im Extremfall bekommt niemand in der EU, was er oder sie will.** Die Länder, die mehr Integration oder eine stärkere Zusammenarbeit wagen und implementieren wollen, werden ausgebremst von denjenigen, denen schon jetzt alles zu schnell geht.

Gleichzeitig fühlen sich die Länder, die möglicherweise mehr Zeit brauchen, um sich für eine verstärkte Kooperation in unterschiedlichsten Bereichen zu erwärmen, unter Druck gesetzt und mit dem Vorwurf des Blockierens oder sogar der antieuropäischen Haltung konfrontiert. »Die langsamere Integrationsgeschwindigkeit mancher Staaten ist nicht automatisch antieuropäisch und die schnellere europäisch. Wir müssen uns von diesem Gedanken lösen und mehr Flexibilität erlauben«, sagt uns Konstantin Kuhle, liberaler Vordenker und Mitglied des Europaausschusses im Deutschen Bundestag im Gespräch zu diesem Buch.

Zu beachten ist auch, dass einige Länder, etwa die Gründungsstaaten der Montanunion, viel mehr Zeit hatten, sich mit bestimmten Fragen auseinanderzusetzen, als andere (Frankreich ist seit 1950 am europäischen Projekt beteiligt, Kroatien erst seit 2013 Teil der EU). In jedem Fall scheint der aktuelle Status der Zusammenarbeit nicht befriedigend und auf Dauer sogar zersetzend für die europäischen Bemühungen. Dennoch bleibt das Thema der unterschiedlichen Integrationsgeschwindigkeiten hochkontrovers. Allein die Erwähnung solcher Vorschläge sorgt bei manch beinharter Europäerin für Schnappatmung. Vom Ende des europäischen Projektes wird manchmal gesprochen, sobald von einem Europa der unterschiedlichen Geschwindigkeiten gesprochen wird.

Als die Juncker-Kommission 2017 ihr Weißbuch zur Zukunft Europas veröffentlichte, in der mögliche Szenarien der Europäischen Union aufgezeigt wurden, sorgte besonders der Punkt »Wer mehr will, tut mehr« für hitzige Debatten.[20] Als Emmanuel Macron 2018 die Idee der zwei oder sogar drei Geschwindigkeiten explizit bei einer Rede in Löwen erwähnte, war es, als hätte er in einen leeren Raum gesprochen.[21] Andere Staats- und Regierungschefs reagierten darauf zumindest kaum merklich, und sehr konkret ist Macron seitdem auch nicht mehr geworden. Erst recht seit der Covid-19-Pandemie sind die Diskussionen um das Tempo der Europäischen Integration und der Funktionsfähigkeit im aktuellen EU-Set-up in den Hintergrund getreten. Es gibt anscheinend drängendere Probleme, und so schwelt eines der offensichtlichsten Probleme der Union wie ein unbeobachteter Brand vor sich hin. Dabei braucht es gerade jetzt jenen Geist, der die Gründungsjahre des europäischen Projektes einst charakterisiert hat: den Mut und die Muße zu diskutieren, wo es gemeinsam hingehen soll.

Sicherlich sind die Gefahren nicht zu unterschätzen, wenn es darum geht, innerhalb der EU-Staaten unterschiedliche Geschwindigkeiten oder Prozesse einzuführen. Eine Kultur des Cherry-Pickings oder der Blockbildung sind zwei davon. Gleichzeitig ist **eine EU der Mehrfachgeschwindigkeit längst Realität,** sei es beim Euro oder im Schengenraum. Einige Staaten wagen eine vertiefte Integration. Das Konzept der verstärkten Zusammenarbeit erlaubt es Gruppen von EU-Mitgliedern, bei bestimmten Fragen (im sogenannten Sekundarrecht – also Bestimmungen, Vorschriften etc., die sich aus den größeren multinationalen Verträgen, dem Primärrecht, ergeben) enger zusammenzuarbeiten und dabei andere Mitglieder, die nicht interessiert sind, außen vor zu lassen. Die unterschiedlichen Geschwindigkeiten gibt es also längst, und gleichzeitig wird oft mantrahaft darauf beharrt, alle Weiterentwicklung der EU gemeinsam voranzubringen. Nachvollziehbarer und authentischer wäre es, die unterschiedlichen Geschwindigkeiten anzuerkennen und dafür einen Rahmen zu schaffen.

Der Karlspreisträger Wolfgang Schäuble denkt in diesem Zusammenhang laut über ein mögliches »Kerneuropa« nach, während der Politikwissenschaftler Klaus Brummer **die Gründung einer weiteren supranationalen Organisation zusätzlich zur EU** vorschlägt.[22] [23] An sich spricht wenig dagegen, denn Nationalstaaten können ohne Probleme Mitglied in den verschiedensten Organisationen gleichzeitig sein. Es ist also durchaus denkbar, dass EU-Mitglieder, die eine vertiefte Integration besonders in Bereichen anstreben, die bisher von der EU nicht bearbeitet oder durch Unstimmigkeiten blockiert wurden, eine weitere

Organisation gründen, die sich ebendieser Bereiche annimmt. Dieser Gruppe, wir nennen sie *European Pioneers*[24], wäre es damit möglich, in den Bereichen der Außen- und Sicherheitspolitik, Justiz und Polizeizusammenarbeit, Steuerharmonisierung, Finanzpolitik und Sozialstandards die gemeinsame Integration voranzutreiben. Auch eine Europäische Armee (siehe These 26) kann so Realität werden, ebenso wie gemeinsame Renten, Krankenkassen- und Arbeitslosenstandards in den beteiligten Ländern. Auch können die *European Pioneers* international mit *einer* Stimme auftreten und somit die Idee einer europäischen Außenpolitik testen. Mitglied dieser neuen Organisation, sozusagen einer Schwester der EU, sollen allerdings nur EU-Mitglieder werden können.

Generell soll es (entferntes) Ziel sein, auf Dauer mehr und mehr EU-Mitglieder zusätzlich zur EU auch in die neue Organisation mit aufzunehmen – inklusive aller Rechte und Pflichten. So können auf Dauer beide Organisationen zusammenwachsen und das Ziel einer *Ever Closer Union* schrittweise, aber eben nicht mit der Brechstange, erreichen. Zugleich kann das Modell einen Testraum schaffen, in dem Integrationsschritte im kleinen Rahmen ausprobiert und verfeinert werden, bevor sie für alle gelten. EU-Mitgliedern, die sich erst an die Idee vertiefter Integration gewöhnen müssen, hätten ein praktisches Beispiel vor Augen und könnten sich theoretische Debatten sparen. Die EU wäre weiterhin wichtigste europäische Organisation und in ihren aktuellen Aufgaben nicht eingeschränkt. Entscheidend ist, dass wir uns als europäische Gemeinschaft ehrlicher vor Augen führen, wo wir stehen und wo die Grenzen des aktuellen Set-ups liegen.

One-in/one-out gegen das vermeintliche Bürokratiemonster

12 Die EU soll in allen Arbeitsbereichen das One-in/one-out-Prinzip anwenden, um die Fülle der EU-Gesetzgebung und Vorschriften nicht weiter auszudehnen.

Regelmäßig sehen sich die EU-Institutionen dem Vorwurf ausgesetzt, sie seien bürokratische Apparate, in denen hoch bezahlte Technokratinnen stetig damit beschäftigt seien, Vorschriften zu produzieren. Auf die Frage, was die Europäische Union für sie bedeute, antworten 57 Prozent der Deutschen mit: »Wuchernde Bürokratie, ein großer, schwer zu durchschauender Beamtenapparat.«[25] In den Köpfen der meisten EU-Bürgerinnen ist das Brüsseler »Bürokratiemonster« noch quicklebendig und wird regelmäßig von populistischen Kräften genutzt, um eine nationalistische Agenda durchzusetzen. Bei näherem Hinsehen entpuppen sich viele der Vorwürfe jedoch als Mythos. Mit ihren rund 70 000 Angestellten sind die EU-Institutionen, die das Leben von rund 450 Millionen Menschen mitprägen, weit schlanker und effizienter als manche Stadtverwaltung. Die Stadt Wien beschäftigt etwa 65 000 Menschen im öffentlichen Dienst, während es in Berlin sogar 110 000 sind. Es gibt aber zweifelsohne auch Verbesserungsbedarf. Über Jahrzehnte ist auf der EU-Ebene ein Geflecht aus veralteten Vorschriften und ineffizienten Abläufen entstanden; EU-Institutionen kennzeichnen sich, wie die meisten großen Organisationsformen, durch eine interne Reformträgheit.

Die EU-Kommission hat das Problem längst erkannt und bemüht sich mit internen Programmen schon um Verbesserungen. Die Kommissionspräsidentin von der Leyen kündigte darüber hinaus das sogenannte One-in/one-out-Prinzip an, um die EU-Gesetzgebung schlank zu halten. Dabei soll für jede neu geschaffene Regelung jeweils eine alte abgeschafft werden.[26] Untersuchungen des Thinktanks CEPS zeigen, wie sinnvoll und praktikabel dieses Prinzip für die Europäische Kommission ist.[27] Wir schlagen vor, noch einen Schritt weiterzugehen: **One-in/one-out muss ein Prinzip für die Arbeit aller Europäischen Institutionen, Einrichtungen und Agenturen werden.** Sowohl wenn es um die Erarbeitung neuer Regelungen und Gesetze geht, bei der Arbeit an Projekten und Maßnahmen, als auch bei der Organisation interner Abläufe und Arbeitsgänge. Damit das Prinzip zu einer wirklichen Verschlankung führt, bietet es sich an, für einige Zeit die Regel auf One-in/two-out zu erweitern. Das kann die Europäischen Institutionen noch handlungsfähiger machen und ihre öffentliche Akzeptanz stärken.

Selbstbewusste EU-Kommunikation

13 Das Kommunikationsbudget der EU soll verdreifacht und die Fakten-Taskforce ausgebaut werden, damit die Union im Wettbewerb der globalen Narrative bestehen kann.

Die EU befindet sich längst inmitten eines globalen Kommunikationswettstreits der Narrative und Systeme. Hier wird nicht mit geschliffener Diplomatie oder klassischen Waffensystemen um Einfluss gerungen, dieser Wettstreit läuft subtiler und großflächiger. Es geht um die gezielte Beeinflussung von Meinungen, Denkweisen oder Gefühlen, on- wie offline, kurz: um Propaganda. Charakteristisch dafür ist, dass Meinungen und faktenbasierte Informationen bewusst gemischt, Perspektiven, die nicht ins eigene Bild passen, weggelassen werden und versucht wird, die Emotionen und das Verhalten von Menschen zu beeinflussen. Was theoretisch klingt, gehört zum tagtäglichen politischen Geschäft. Problematisch wird es dann, wenn Propaganda gezielt benutzt wird, um demokratische Systeme zu destabilisieren, die Polarisierung der Gesellschaft weiter voranzutreiben und Konflikte zu schüren. Genau das geschieht gerade – und sowohl die EU mit ihren Institutionen als auch die Europäische Idee selbst geraten gehörig unter Druck. 48 Stunden vor dem Brexit-Referendum sendeten russische Bots über 40 000 Tweets auf Twitter aus und sprachen sich als fiktive User *für* den Brexit aus.[28] Verschwörungstheorien wie QAnon untergraben die demokratische Ordnung und werden als Bewegungen durch eine (bewusst) unklare Positionierung des ehemaligen US-Präsidenten Trump weiter gestärkt. Und auch China beteiligt sich am Wettbewerb der Deutungshoheit. Die erste größere Hilfslieferung im Rahmen der Covid-19-Pandemie für Norditalien kam nicht etwa aus der EU, sondern landete am 13. März 2020 per Flugzeug aus China. Medienwirksam wurden am Flughafen in Rom Fachpersonal und Güter mit chinesischen Flaggen im Gepäck in Empfang genommen.[29] Während die EU noch um das richtige Vorgehen stritt, gewann China den Kampf der Bilder.

Will die EU nicht nur institutionell überleben, sondern auch als attraktive, wertebasierte und leistungsfähige politische Gemeinschaft wahrgenommen werden, dann muss sie kommunikativ deutlich schneller, selbstbewusster und umfangreicher agieren – nach innen wie nach außen. Die Kommission investiert jährlich nur rund 216 Millionen Euro (2019) in die Kommunikationsarbeit, allein 132 Millionen Euro davon fließen in die Verwaltungskosten, rund 85 Millionen bleiben für Kommunikationsmaßnahmen.[30] Eine im Vergleich zur Einwohnerzahl der Gemeinschaft zwergenhafte Summe. Gerade einmal 48 Cent jährlich pro Kopf ist der Kommission ihre Kommunikation wert. Damit wird definitiv kein Meinungskampf gewonnen, schon gar nicht in Zeiten von Bots, Fake News und chinesischer Systempropaganda. **Die zur Verfügung stehenden Gelder müssen substanziell erhöht, aus unserer Sicht mindestens verdreifacht werden.** Dabei soll das Geld nicht nur in die Bereiche der klassischen EU-Kommunikation wie Flyer, Prospekte oder Infostände fließen. Gerade die Kommunikation im digitalen Bereich muss massiv ausgebaut werden, mit umfangreichen Kampagnen zur Arbeit der EU, den Leistungen und Erfolgen auf allen gängigen sozialen Netzwerken und in allen Mitgliedsstaaten. Mindestens die Hälfte des aufgestockten Kampagnenbudgets soll in den digitalen Bereich fließen.

Die EU-Kommunikation sollte dabei mehr Emotion wagen. Faktenbasierte Information muss in Ton und Optik nicht dröge daherkommen, sie kann durch Erfahrungsberichte von EU-Programmteilnehmenden oder ansprechende Gestaltung mehr Geltung erlangen. Der EU-Weg: immer bei den Fakten bleiben, aber diese leidenschaftlich erzählen. Und auch die EU-Flagge, ein Symbol der Freiheit und Einheit, hat mehr Aufmerksamkeit verdient. Schon heute sind an Hilfslieferungen in Krisengebieten oder innerhalb der EU ab und an EU-Flaggen angebracht. Das geht größer, sichtbarer und prägnanter. Regelmäßig eingesetzte Hilfsflugzeuge, Schiffe oder Laster sollen die Flagge der Union großflächig zeigen und Hilfspakete ein markantes Design inklusive EU-Flagge erhalten. Wir schlagen zudem vor, auf allen Flugzeugen und Hubschraubern der nationalen Regierungen ebenfalls gut sichtbar eine EU-Flagge anzubringen. Damit wären die Regierungsmaschinen nicht nur Botschafter des jeweiligen Landes, sondern der gesamten Union.

Der Kampf um Deutung und Sichtbarkeit wird jedoch zukünftig maßgeblich im Netz ausgetragen und hier insbesondere im Umgang mit Fake News und Desinformation. Die EU wird verbindlichere Vereinbarungen mit den großen sozialen Netzwerken und Onlineplattformen treffen müssen, wie mit der massenhaften Verbreitung von Falschmeldungen umgegangen werden kann. Außerdem bietet es sich an, die schon heute existierende *East StratCom Task Force,* ein Kommunikationsteam angehängt an den Europäischen Auswärtigen Dienst (EAD), substanziell auszubauen. Wir schlagen die Gründung einer eigenen EU ***StratCom Task Force,*** **die gezielt auch innerhalb der EU gegen Desinformation und Fake News arbeitet,** vor. Zweierlei Aufgaben kann diese neue Einheit übernehmen: zum einen die Identifikation, Benennung und Richtigstellung von Fake News in Zusammenarbeit mit den großen Onlineplattformen, zum anderen die Schaffung eines umfangreichen Angebots zur Steigerung der Medien- und Faktenkompetenz für junge Menschen, Medienschaffende und Meinungsmacherinnen. Hierfür soll die *Task Force* Aufklärungskampagnen starten, Schulungsmaterialien zur Verfügung stellen, Workshops anbieten und Kontakte zu EU-Meinungsführerinnen gewissenhafter pflegen. In der Summe wird diese EU-Kommunikations- und Faktenoffensive der Union helfen, ihre Werte und Ziele zu erreichen – nach innen wie nach außen – und zum wichtigen Bollwerk für die europäische Demokratie und Freiheit werden.

KAPITEL 2: EIN DEMOKRATISCHES EUROPA

Demokratie hat ein festes Zuhause in Europa. Auf keinem Kontinent gibt es mehr freiheitlich-demokratische Gesellschaften. Die Europäische Union selbst hat sich Demokratie entsprechend groß auf ihre Fahne geschrieben: Artikel 2 des EU-Vertrags erwähnt Demokratie als einen der zentralen Werte der EU. Das ist nicht verwunderlich, schließlich ist es der große Verdienst der Europäischen Idee, einen Kontinent des Imperialismus, der Monarchien und Autokratien in einen Hort demokratischer Partizipation verwandelt zu haben – und das gleich dreimal: Nach dem Ende des Zweiten Weltkrieges waren es zunächst Deutschland und Italien, denen nach Jahren der Diktatur ein Neustart ermöglicht wurde. Die Europäischen Gemeinschaften gliederten die ehemalig antidemokratischen Gesellschaften fest in eine freiheitliche Grundordnung und in **ein neues europäisches Selbstverständnis** ein. In den 1980er-Jahren folgten Griechenland, dann Portugal und Spanien diesem Beispiel – mit ähnlichen Erfolgen: Die Vergangenheit, geprägt von Diktatur und Militärherrschaft, wurde überwunden, die jungen Demokratien in den Ländern geschützt und gestärkt. Nach Ende des Kalten Krieges war es dann das Versprechen eines Aufbruchs in eine bessere, freie und gesicherte Zukunft, die gleich eine ganze Reihe ehemaliger Ostblockstaaten zu erheblichen Anstrengungen in der Demokratie- und Rechtsstaatlichkeitsentwicklung veranlasste. 2004 traten acht ehemalige Ostblockländer der EU bei: Estland, Lettland, Litauen, Polen, Tschechien, Slowakei, Ungarn und Slowenien. 2007 folgten Bulgarien und Rumänien und 2013 Kroatien. Auch hier hat die

EU, direkt und indirekt, viel bewirkt. Für die junge Generation in den meisten dieser Länder ist Demokratie heute eine Selbstverständlichkeit – auch wenn es gerade in Polen und Ungarn in den letzten Jahren frustrierende Rückschritte gegeben hat.[1] Im Großen und Ganzen hat die EU auf der Ebene ihrer mittlerweile 27 Mitgliedsstaaten als echter Demokratie-Katalysator gewirkt.

Anders sieht es hingegen aus, sobald sich der Blick weg von den Nationalstaaten und hin zu den europäischen Organen und Prozessen bewegt. Auf dieser supranationalen Ebene bleiben viele Fragen von Demokratie und Beteiligung offen oder sind unvollständig geregelt. Während die EU starke und einheitliche demokratische Strukturen für die Aufnahme voraussetzt, so erfüllt die Demokratie auf europäischer Ebene diese Ansprüche nicht. Die Probleme beginnen bei der Wahl zum Europäischen Parlament. Hierfür gibt es kein EU-weites einheitliches Wahlrecht. Entsprechend unterschiedlich sind die Parameter in den Mitgliedsstaaten. Bei der Wahl selbst können Bürgerinnen nur die Mitglieder des Parlaments wählen und haben keinen Einfluss auf die Zusammensetzung der mächtigeren und mit Initiativrecht ausgestatteten Kommission. Versuche, etwa mit dem sogenannten Spitzenkandidatinnensystem, haben bisher vor allem zu Frustration geführt, auch weil die Versprechen nach der Wahl missachtet wurden. Im Gegensatz zu verschiedenen Mitgliedsstaaten und ganz besonders zur Regionalebene gibt es auf europäischer Ebene kein wirklich effektives Mittel der direkten Demokratie. Die Europäische Bürgerinitiative hat hohe Hürden und ist in ihrer Wirkung begrenzt. Durch diese und andere Versäumnisse bleiben Bürgerinnen zu oft noch ohne direkte Zugänge zu den Entscheidungsprozessen der Europäischen Union. Dieses Demokratiedefizit wird immer wieder als eine der größten Schwächen der EU angesehen. Dahinter steht aber, wie bereits erwähnt, der ewige Konflikt zwischen der nationalstaatlichen und der EU-Ebene. Wenn die EU aber ihre Bekenntnisse zur Demokratieverteidigung und -treue ernst meint, so kommt sie um die Reform ihrer Wahl- und Partizipationsprozesse nicht herum. Im Gegenteil, **die Stärkung der Demokratie auf EU-Ebene muss Priorität werden.** Noch sind die Zustimmungswerte zur EU hoch. In keinem Land gibt es derzeit Mehrheiten für einen Austritt des eigenen Landes.[2] Dieser EU-freundlichen Bevölkerung aber nach wie vor nur wenig Mitspracherecht zu geben, ist nicht nur eine Beleidigung, sondern auch gefährlich, wie nicht zuletzt die Entrüstung über die Aushebelung des Spitzenkandidatinnensystems 2019 gezeigt hat. Entweder traut die EU ihren Bürgerinnen oder sie traut ihnen nicht. Ein Zwischenweg ist keine überzeugende Option für die Zukunft.

In der fehlenden demokratischen Legitimation von Entscheidungen und Organen auf EU-Ebene liegt ein echtes Defizit, das gelöst werden muss. Jürgen Habermas beschreibt die »Notwendigkeit [...] demokratische Verfahren über die Grenzen des Nationalstaates hinaus zu erweitern«,[3] also eine transnationale Demokratie zu verwirklichen, deren Ansätze bereits gegeben sind. Die EU habe nach »der beispiellosen europäischen Rechtsentwicklung des vergangenen halben Jahrhunderts nur die richtigen Konsequenzen zu ziehen«.[4] Ulrike Guérot sieht das ähnlich: »Um eine Union der Bürger, eine sogenannte europäische Demokratie zu erreichen, müssen alle Bürgerinnen und Bürger zusammen entscheiden. Sie müssen der Souverän des politischen Systems Europa sein.«[5]

In diesem Kapitel versuchen wir, die nötigen Konsequenzen zu ziehen, und plädieren für die Stärkung oder Neuschaffung transnationaler demokratischer Mittel, für eine Vereinheitlichung von Wahlrechten und -systemen und für die Offenheit, Demokratie als Prozess und Gesellschaftsgrundlage weiterzuentwickeln. Eine engere Verbindung von EU-Bürgerinnen über nationalstaatliche Grenzen hinweg und die Entwicklung eines paneuropäischen demokratischen Selbstverständnisses und Solidaritätsgefühls spielen in vielen Thesen eine Rolle. Die vorgestellten Thesen adressieren ernste Probleme und Versäumnisse in existierenden demokratischen oder quasi-demokratischen Prozessen. Einige der Vorschläge in diesem Kapitel sind dringender, einige haben eine bessere Chance auf baldige Umsetzung als andere. Hinter allen Thesen steckt aber das Ziel, Demokratie nicht nur zu stärken, sondern auch neu und frisch zu denken. Im Gespräch sagte uns Manfred Weber, EVP-Fraktionsvorsitzender im Europäischen Parlament: »Die EU muss einen eigenen Weg finden, was Demokratie für sie bedeutet und wie diese ausgestaltet ist. Mit einer eigenen europäischen demokratischen Kultur.« Dieser Weg braucht Mut, **aber Demokratie ist ohnehin nur etwas für die Mutigen.**

Gleiches Wahlrecht für alle

14 EU-weit sollen einheitliche Wahlstandards für die Wahlen zum Europäischen Parlament gelten, damit alle Bürgerinnen zu gleichen Bedingungen an der europäischen Demokratie teilhaben können.

Alle fünf Jahre wählen EU-Bürgerinnen ein neues Europäisches Parlament. Zumindest auf dem Papier werden damit rund 400 Millionen Wahlberechtigte aufgerufen, ihre Stimmen abzugeben. Praxis und Durchführung des Wahlprozesses sind aber alles andere als einheitlich. So gibt es gravierende Unterschiede nicht nur darin, an welchem Tag gewählt wird, wie lange die Wahllokale geöffnet haben oder ob es eine Sperrklausel gibt oder nicht, sondern auch darin, ab welchem Alter das aktive Wahlrecht genutzt werden kann (Österreich und Malta: ab 16, im Rest der EU: ab 18 Jahre), ab welchem Alter das passive Wahlrecht genutzt werden kann (zwischen 18 und 25 Jahren), oder auch, *wie* gewählt wird (offene vs. geschlossene Listen). In einigen EU-Ländern werden EU-Bürgerinnen automatisch für die Wahl registriert, in anderen müssen die Personen sich rechtzeitig anmelden. Schließlich besteht in fünf Ländern eine Wahlpflicht, in den übrigen nicht. »Es gibt nicht *die* Europawahl. Es gibt viele Europawahlen«, so bringt Carmen Descamps, Politikwissenschaftlerin und EU-Expertin, die Gleichzeitigkeit der Unterschiede auf den Punkt. Diese verschiedenen Standards, Regelungen und Methoden sind dem **Fehlen eines Europäischen Wahlrechts** geschuldet. Aktuell sind daher die Mitgliedsstaaten für die Durchführung der EU-Parlamentswahl im eigenen Land verantwortlich und haben entsprechend viele Freiheiten, die Wahl nach eigenem Gutdünken zu veranstalten. Ideal ist dieses bunte Durcheinander nicht. Die Wahl fühlt sich nicht nur nicht gleich an, sie ist es auch nicht. Die genannten Unterschiede führen zu Vor- und Nachteilen je nach Land, in dem gewählt wird.[6]

Wir schlagen vor, EU-weite Wahlstandards festzulegen, sodass sowohl der Wahlprozess als auch die Wahlparameter in allen EU-Mitgliedsländern einheitlich sind. Dies ist nicht nur ein Gebot der Gerechtigkeit und Demokratie (die bekanntlich von gleichen Zugängen zu demokratischer Partizipation lebt), sondern auch nicht zu unterschätzendes Element in der Schaffung einer wahrlich paneuropäischen Wählerinnenschaft. Die Wahlstandards können per EU-Gesetz festgelegt werden und die Wahlen regeln.

Unser Vorschlag sieht wie folgt aus: EU-Parlamentswahlen finden grundsätzlich an Sonntagen statt. Aktives Wahlrecht gilt EU-weit ab 16 Jahren (siehe These 17). Passives Wahlrecht gilt

EU-weit ab 18 Jahren. Eine Sperrklausel liegt EU-weit bei 3 Prozent. Bei EU-Parlamentswahlen gilt grundsätzlich das System der geschlossenen Listen. Wahllokale öffnen und schließen EU-weit zu denselben Uhrzeiten in der jeweiligen Zeitzone. Die Stimmzettel sehen EU-weit identisch aus und enthalten neben der oder den nationalen Amtssprache(n) immer auch englischen Text (siehe These 70). Wer am eigenen Wohnort gemeldet ist, wird dort automatisch für die Wahl registriert und rechtzeitig informiert. Diese verhältnismäßig einfachen Schritte werden einen erheblichen positiven Effekt haben und einen Beitrag leisten, die EU-Parlamentswahlen demokratischer, gerechter, transparenter und rundum einfacher zu machen.

Transnationale Listen bei EU-Wahlen

15 Ein Teil des Europäischen Parlaments soll über transnationale Listen gewählt werden, um das gesamteuropäische Demokratieverständnis zu fördern.

Während das Europäische Parlament aus MdEPs aus allen 27 Mitgliedsländern besteht, so werden diese nach wie vor ausschließlich über Wahlen im nationalen Rahmen gewählt. Eine Lettin kann also nur Kandidatinnen aus Lettland wählen, die einer lettischen Partei angehören (oder in Einzelfällen im jeweiligen Land als unabhängige Kandidatinnen antreten). Damit wird ein wirklich europäisches Wahlgefühl gehemmt. Schließlich soll das Europäische Parlament nicht nur regionale und nationalstaatliche Interessen vertreten, sondern auch gesamteuropäisch denken und agieren. Die Forderung nach transnationalen oder EU-weiten Wahllisten ist also berechtigt.

Die Vorschläge sehen vor, einen Teil des Europäischen Parlaments über die Wahl dieser länderübergreifenden Listen zu wählen. Die Kandidatinnen werden dann nicht von nationalen Parteien aufgestellt, sondern gemeinsam von den europäischen Parteienfamilien. Nicht nur kann damit eine Wählerin in Portugal für eine Kandidatin aus Finnland stimmen, es kann auch die Kandidatinnen motivieren, über ihre Ländergrenzen hinaus Unterstützung aufzubauen, um erst auf die Liste und schließlich ins Parlament gewählt zu werden. Der Wahlkampf ist dadurch notwendigerweise weniger an nationale Grenzen gebunden, sondern orientiert sich an EU-weiten Interessen und Forderungen. Ernsthaft debattiert wurde die Idee 2018, als ein entsprechender Vorschlag im EP diskutiert und schließlich, trotz vieler Für-Stimmen, abgelehnt wurde. Konkret ging es damals um die Nachbesetzung der durch den Brexit frei werdenden britischen Sitze und die Idee, diese per transnationaler Liste zu besetzen. Für die Parlamentswahl 2019 kam die Idee wieder hoch, wurde aber ebenfalls nicht umgesetzt. Der Vorschlag hat trotz prominenter Unterstützung, unter anderem vom französischen Präsidenten Emmanuel Macron, auch viele Kritikerinnen. Es wird befürchtet, dass transnationale Listen zu einer Entfremdung zwischen Wählerinnen und Abgeordneten führen, da sich diese lokalen oder regionalen Fragen weniger verbunden fühlen könnten. Ein legitimer Punkt.

Dennoch denken wir, dass eine Wahl unter Nutzung transnationaler Listen wichtig für die Zukunft der EU ist. Denn werden aktuell nationalstaatliche Perspektiven bereits ausreichend durch Rat, Europäischen Rat und in Teilen auch die Kommission vertreten, so bleibt die gesamteuropäische Perspektive bisher schwach. Das Parlament ist das zentrale Organ der europäischen Stimme. Die Wahl über transnationale Listen kann diese Stimme und damit die notwendige transnationale Demokratie stärken. Es ist denkbar, die Europäisierung der Wahl schrittweise anzugehen. So ist eine Kombination aus einer Wahl über nationale Parteien (wie gehabt) und einer transnationalen Liste für zum Beispiel 20 oder 25 Prozent des Parlaments ein gangbarer Weg. Zusätzlich zu den regional verankerten Abgeordneten kommen damit auch Stimmen mit grenzübergreifender Unterstützung und Bezugspunkten hinzu. Das Parlament wird aufgefrischt und einen weiteren Schritt weg von einer rein nationalen Politik im europäischen Rahmen - und in Richtung einer europäischen Politik - gehen. Wir schlagen vor, für die nächste EU-Parlamentswahl transnationale Listen einzuführen, die von den europäischen Parteienfamilien aufgestellt werden und in jedem Fall einheitlich sind. Bei der Wahl haben Wählerinnen dann zwei Stimmen: eine für eine nationale Partei, die andere für die europäische Parteienfamilie (bzw. bei offenen Listen: eine Kandidatin innerhalb einer Parteienfamilie) auf der transnationalen Liste.

Die Einführung von transnationalen Listen für einen Teil des EPs ist ein wichtiger Schritt und kann Wegbereiter sein auf dem Weg hin zu einer wahrhaft Europäischen Wahl. Denkbar ist auch, den Anteil der transnational gewählten MdEPs schrittweise zu erhöhen oder die Wahl langfristig sogar vollkommen über Ländergrenzen hinweg abzuhalten. Dafür braucht es aber nicht nur Gesetzgebung und Wahlrechtsreformen, sondern vor allem ein weitverbreitetes und selbstverständliches Gefühl europäischer Zusammengehörigkeit, kurz: eine kollektive Europäische Identität, in der das Ausspielen nationaler Interessen gegeneinander der Vergangenheit angehört und Wählerinnen unabhängig vom Herkunftsort mit echter Überzeugung und Solidarität europäisch denken und wählen wollen.

Ein verbindliches Spitzenkandidatinnensystem

16 Die Kommissionspräsidentin soll direkt und verbindlich per Spitzenkandidatinnensystem durch alle Wahlberechtigen gewählt werden.

Die Empörung im Sommer 2019 war groß, als nach langem Hin und Her die deutsche Verteidigungsministerin Ursula von der Leyen als neue Präsidentin der Europäischen Kommission vorgeschlagen und gewählt wurde. Vor der Wahl hatte es geheißen, dass das Spitzenkandidatinnensystem, nach dem die europäischen Parteienfamilien Topleute aufstellen, die bei Wahlsieg die Kommissionsführung übernehmen sollen, auch in diesem Jahr – wie schon fünf Jahre zuvor – gelten sollte. War 2014 der EVP-Spitzenkandidat tatsächlich Kommissionspräsident geworden, so flog der Prozess 2019 aus den Schienen. Am Ende wurde keine Spitzenkandidatin irgendeiner Parteienfamilie Kommissionspräsidentin, sondern Ursula von der Leyen, die vorher nie für den Posten gehandelt wurde. Grund dafür ist ein komplexer Auswahlprozess für den Chefinnenposten der Kommission, in dem einzelne Mitgliedsstaaten im Rat Kandidatinnen wegen fehlenden Vertrauens aus dem Rennen werfen können und es so am Ende immer irgendwie einen Kompromiss braucht. 2019 gestaltete sich die Sache besonders schwierig, da es gleich mehrere Spitzenkandidatinnen mit ernsthaften Widerständen und zu wenig Unterstützung in einigen Mitgliedsstaaten zu tun hatten. Ein Problem war aber auch, dass die Vereinbarung der Spitzenkandidatinnen eher als lose und informelle Übereinkunft zwischen Parteien und Mitgliedsländern verstanden wurde, und nicht als verbindliche Regel. In jedem Fall – da waren sich im Grunde alle Kommentatorinnen einig – fügte die Wahl zur Kommissionspräsidentin 2019 (völlig unabhängig von der inhaltlichen Kompetenz von der Leyens) der EU einen Vertrauensverlust hinzu. Man sah ein gängiges Vorurteil bestätigt: Im Zweifel sind EU-Prozesse undemokratisch, wenig durchsichtig und von Hinterzimmerdeals geprägt. Hier muss eine Änderung her!

Wir schlagen vor, den **Spitzenkandidatinnenprozess als verbindlich** einzuführen. Sprich: Nach der Wahl wird die Spitzenkandidatin einer europäischen Parteienfamilie Kommissionspräsidentin, die erfolgreich eine Mehrheit im Europäischen Parlament gewinnen konnte. Eine außenstehende Person bleibt damit vom Chefinnenposten ausgeschlossen. Wählerinnen können so glaubhaft für die Partei (und Person) stimmen, in deren Händen sie die Führung der Kommission am liebsten sehen wollen – und sich darauf verlassen, dass ihre Stimme auch wirklich für die Spitzenkandidatin zählt. Voraussetzung dafür ist, dass sich die Parteienfamilien von Anfang an – also lange vor der Wahl – auf diesen Prozess festlegen und gleichzeitig auch Spitzenkandidatinnen auswählen, die Zugkraft in *allen* Teilen der EU mobilisieren können und die nicht von vornherein mit Vetos aus bestimmten Ländern rechnen müssen. Aber auch nationale Regierungen müssen den Prozess respektieren und das Spitzenkandidatinnensystem vor, aber auch nach der Wahl unterstützen. Während wir in Ursula von der Leyen eine starke Kommissionspräsidentin sehen und ihr als echter Europäerin alles Gute wünschen, so hoffen wir doch, dass die Wahl 2019 auch einen Anschub liefern konnte, den Prozess um den so wichtigen höchsten Posten der Europäischen Union transparenter und tatsächlich demokratischer zu gestalten.

Wählen ab 16 Jahren EU-weit

17 **Das Wahlalter in der EU soll einheitlich auf 16 Jahre gesenkt werden, um mehr junge Menschen an der europäischen Demokratie zu beteiligen und Politik zukunftsorientierter zu gestalten.**

Diskussionen um eine Absenkung des Wahlalters werden oft von hitzigen Debatten begleitet. Schnell geht es um angeblich fehlende politische Reife und mögliche Einflussnahme seitens der Familie der Jugendlichen auf die Stimmabgabe. Nicht verwunderlich ist es also, dass die große Mehrheit der EU-Staaten bisher an dem Wahlalter von 18 Jahren festhält. Auf regionaler oder lokaler Ebene mag es Experimente mit einem niedrigeren Wahlalter geben, sobald es aber um die wirklich großen nationalen oder europäischen Fragen geht, werden Minderjährige kategorisch ausgeschlossen. Die einzige Ausnahme in der EU bilden Österreich und Malta, wo seit einer Wahlrechtsreform 2007 bzw. 2018 alle Bürgerinnen ab 16 Jahren wählen dürfen – und zwar auf *allen* Ebenen, von der Bürgermeisterinnen- bis zur EU-Parlamentswahl.

Der Erfolg dieser Reform lässt sich durchaus sehen: Das heruntergesetzte Wahlalter ist in Österreich mittlerweile gängige und akzeptierte Praxis. Die Österreichische Gesellschaft für Europapolitik (ÖGfE) resümiert, dass das niedrige Wahlalter gerade auf EU-Ebene wichtig sei, um in einer Zeit großer Veränderungen und europäischer Herausforderungen auch der jungen Generation mehr Mitsprache einzuräumen. Diese würde immerhin auch am längsten mit den heutigen Entscheidungen leben müssen. Die ÖGfE-Analyse zeigt auch, dass die Absenkung des Wahlalters das Interesse an den Wahlen steigern kann. Die Wahlbeteiligung junger Menschen ist in Österreich europaweit mit am höchsten. Gleichzeitig ist gerade unter jungen Menschen die Unterstützung für das europäische Projekt ausgeprägter als bei älteren Generationen. Die Herabsetzung des Wahlalters hat damit proeuropäische Effekte.[7]

In jedem Fall hat die Einführung des Wahlalters ab 16 in Österreich nicht zu der Götterdämmerung und einem vermeintlichen Demokratieende geführt, wie sie von vielen Kritikerinnen on- und offline gerne prophezeit wurde und wird. Im Gegenteil: Die **Einbindung junger Menschen in politische Prozesse** kann zu einer frühen Identifizierung mit und einer Bereitschaft zu langfristiger Beteiligung führen. Wir schlagen daher europaweit die Absenkung des Wahlalters auf 16 Jahre vor, um damit Europas Demokratie einer Verjüngungskur zu unterziehen.

Wählen gehen ist oberste Bürgerinnenpflicht

18 Bei Wahlen zum Europäischen Parlament soll die Wahlpflicht gelten, um die Zukunft der EU in die Hände aller Wahlberechtigten zu legen.

Wir beide sind schon seit vielen Jahren große Befürworter einer Wahlpflicht (in Deutschland). Für uns ist Demokratie keine Einbahnstraße. Auch wenn wir als Bürgerinnen nicht wählen, haben politische Entscheidungen einen direkten Einfluss auf unser Leben. Wenn wir nicht wählen gehen, erhalten diejenigen, die wählen, durch unsere Abwesenheit mehr politisches Gewicht, als ihnen zusteht. Nach aktuellem Recht könnte rein theoretisch der Deutsche Bundestag anstelle von den rund 60 Millionen Wahlberechtigten von nur wenigen Hunderten Personen gewählt werden, und das wäre – abgesehen von der Debatte, die es auslösen würde – vollkommen legal. Repräsentativ und demokratisch ist das nicht. Auch der Kritikpunkt des übermäßigen Eingriffs in die Freiheitsrechte ist nur auf den ersten Blick legitim. Das Leben in einem modernen Staat bringt auch Pflichten mit sich, von denen viele deutlich tiefer in die individuelle Freiheit eingreifen: die Steuerpflicht, Meldepflicht, Schulpflicht, in einzelnen Ländern auch die Wehrpflicht. Alle paar Jahre am Sonntag ein Kreuz machen zu müssen bzw. ein Kreuz machen zu *dürfen,* ist wahrlich keine Freiheitsberaubung. Bleibt noch der Punkt des Nichtwählens aus Protest. Das ist ein legitimer Punkt, allerdings ist die reine Nichtwahl aus Protest ebenfalls nicht gut durchdacht. Aus Erfahrung mit politischen Akteurinnen wissen wir, dass diese herzlich wenig darauf achten, was Nichtwählerinnen fordern, gerade weil diese nicht gewählt haben. Auch lässt sich in der grauen Masse der Nichtwählerinnen nicht erkennen, wer und wie viele mit ihrer Abwesenheit einen Protest ausdrücken und wie viele einfach keine Lust hatten oder verschlafen haben. Dennoch: Wir schlagen vor, die Wahlpflicht sowie ein neues Enthaltungsfeld auf dem Wahlzettel einzuführen, mit dem der Protest, die Ablehnung explizit gekennzeichnet werden kann.

Auf europäischer Ebene gelten die genannten Argumente möglicherweise sogar noch mehr als im deutschen oder nationalen Kontext. Je nach Politikbereich haben zwischen 7 Prozent (Sozialpolitik), 21 Prozent (Steuerpolitik), 57 Prozent (Wirtschaftsgesetzgebung) und 80 Prozent (Umweltpolitik) aller Gesetze ihren Ursprung in Brüssel, gleichzeitig liegt die Wahlbeteiligung bei EU-Wahlen in den meisten Mitgliedsländern deutlich unter der bei nationalen Wahlen.[8] [9] So haben wenige Europäerinnen großen Einfluss darauf, wer in welchem Sinne für alle rund 450 Millionen EU-Bürgerinnen Politik macht. In einer globalisierten Welt, in der noch dazu demokratiefeindliche Positionen an Einfluss gewinnen, braucht es demokratisch stark legitimierte und damit selbstbewusste Politikerinnen und

Institutionen. Eine Wahlpflicht bei EU-Wahlen kann diese Legitimation steigern und gleichzeitig ein deutlich präziseres Meinungsbild der verschiedenen Positionen und Forderungen zeichnen. Tatsächlich besteht bereits eine Wahlpflicht in fünf EU-Mitgliedsstaaten: in Belgien, Bulgarien, Zypern, Griechenland und Luxemburg.[10]

Wir schlagen vor, bei EU-Wahlen eine Wahlpflicht einzuführen. Das wäre ein wichtiges Signal zur Bedeutung der Politik auf EU-Ebene und gleichzeitig die Anerkennung, dass echte Demokratie erst eine solche ist, wenn *alle* oder fast alle Bürgerinnen daran teilhaben. Ob und wie Verstöße geahndet werden (in den meisten EU-Ländern besteht zwar faktisch eine Geldstrafe, die beim Nichtwählen in der Praxis aber selten eingefordert wird), ist letztlich zweitrangig. Durch eine Erhöhung der Beteiligung an EU-Wahlen wird sich selbstständig ein größeres Interesse an der europäischen Politik und der eigenen individuellen Stimme entwickeln. Ein echter Gewinn.

Informierter wählen mit dem EU-Wahl-O-Mat

19 Ein parteineutraler EU-Wahl-O-Mat soll für die Europawahl eingeführt werden, um Wählerinnen eine bessere Möglichkeit zur politischen Willensbildung zu geben.

Seit 2002 gibt es mit dem Wahl-O-Mat in Deutschland die Möglichkeit, die eigene politische Meinung mit Parteiwahlprogrammen zu vergleichen. Gerade für Erstwählerinnen ist dieses Werkzeug sehr beliebt und für nicht wenige eine Orientierungshilfe vor dem Gang in die Wahlkabine. Die Beliebtheit des Wahl-O-Mats, der von der Bundeszentrale für politische Bildung (bpb) betrieben wird, hat sich in den letzten rund 20 Jahren massiv gesteigert. Nahmen zur Bundestagswahl 2002 noch weniger als vier Millionen Nutzerinnen das Angebot wahr, so waren es zur Bundestagswahl 2017 bereits über 15 Millionen.[11] Den Wahl-O-Mat gibt es für deutsche Parteien auch bei der Europawahl, allerdings fehlt auf europäischer Ebene ein vergleichbares Angebot völlig. Diesen Leerstand haben 2018 auch Pulse of Europe und der Thinktank Polis 180 bemerkt und einen eigenen EUROMAT ins Leben gerufen, der für die Europawahl 2019 in sieben verschiedenen Sprachen abrufbar war und der sich die Parteiprogramme der europäischen Parteienfamilien zum Inhalt nahm. Ansonsten funktioniert dieses zivilgesellschaftliche Projekt im Grunde genau wie das Angebot der bpb. Für den ehrenamtliche Einsatz und die Schaffung einer grenzübergreifenden Version des Wahl-O-Mat-Prinzips schulden wir den beiden Organisationen Dank, dennoch zeigt sich hier auch eine große Lücke, die eigentlich nicht von NGOs gefüllt werden sollte.

Wir schlagen vor, angeregt von der Politikwissenschaftlerin Susanne Zels, die bei Polis 180 an der Entwicklung des EUROMAT beteiligt war, einen offiziellen EU-Wahl-O-Mat auf europäischer Ebene einzuführen und diesen für alle EU-Wahlen zur Verfügung zu stellen. Konzipiert und betrieben werden soll dieser EU-Wahl-O-Mat im Idealfall von der neu geschaffenen und neutralen Europäischen Agentur für politische Bildung (siehe These 65). Gerade bei EU-Wahlen indizieren viele Wählerinnen Unwissenheit über politische Positionen und die Vorschläge der europäischen Parteienfamilien. Im Zweifelsfall wird hier einfach die Partei gewählt, die auch national gewählt wird. **Ein EU-Wahl-O-Mat kann helfen, mehr Wissen rund um europäische Positionen und Vorschläge zu schaffen** und gleichzeitig gerade junge Erstwählerinnen schon früh mit den großen Fragen vertraut zu machen, die auf EU-Ebene verhandelt und besprochen werden.

Mit geringem Aufwand kann hier ein erheblicher integrativer und EU-bildungspolitischer Effekt erzielt werden. Es bietet sich außerdem an, den EU-Wahl-O-Mat in die EU-Bürgerinnen-App zu integrieren (siehe These 72).

Europäischer Bürgerinnenrat per Losverfahren

20 Den europäischen Institutionen soll ein per Losverfahren ausgewählter Bürgerinnenrat beratend zur Seite gestellt werden, um die Klärung schwieriger Fragen zu vereinfachen.

Die repräsentative Demokratie stößt an ihre Grenzen, wenn Bürgerinnen nicht mehr das Gefühl haben, angemessen vertreten zu werden. Gerade in großen Ländern und ganz besonders in einem supranationalen Gebilde wie der EU fühlen sich viele Menschen weit entfernt von politischen Entscheidungen und wenig beachtet von denen, die im Parlament und anderen Institutionen wichtige Entscheidungen treffen. Parallel dazu krankt die repräsentative Demokratie nicht selten an dem Phänomen der Aufschiebung oder Vertagung kontroverser und langfristiger Fragen: Eine Wiederwahl lässt sich mit bestimmten Themen besser vereinbaren als mit anderen, teilweise aber besonders wichtigen. Eine Methode, diese Probleme zu adressieren, kann **ein Bürgerinnenrat nach irischem Vorbild** sein. Dieser wurde im Jahr 2016 mit dem Ziel eingeführt, das irische Parlament und die Regierung in besonders schwierigen und gesellschaftlich kontroversen Fragen zu beraten und konkrete (legislative) Vorschläge zu erarbeiten. Der innovative Ansatz dabei: Der Rat setzt sich zum großen Teil aus per Losverfahren ausgewählten Bürgerinnen zusammen. Dadurch ist eine hohe Diversität an Geografie, Beruf, Geschlecht, Ideologie, Religion und weiteren biografischen Faktoren gegeben. Der Rat hat die irische Regierung zum Beispiel erfolgreich in der Frage nach der Legalisierung von Abtreibungen beraten. Der ausgearbeitete Vorschlag wurde in einem Referendum vom Volk bestätigt – und Abtreibungen so legalisiert. Durch die Arbeit des Bürgerinnenrats und die transparenten Debatten fühlten sich nicht nur viele Irinnen in ihren Perspektiven anerkannt und respektiert, die Resultate waren am Ende mehrheits- und konsensfähig, gerade weil eine bunte Mischung verschiedenster Menschen eine gemeinsame Lösung finden konnte. Die Mitglieder des Bürgerinnenrats konnten sich den Fragen rein thematisch nähern, ohne an eine Wiederwahl oder den Wahlkampf denken zu müssen: Ängste wurden genommen und Gemeinsamkeiten gefunden. Seitdem hat der irische Bürgerinnenrat auch zu einer Reihe anderer Fragen Lösungen und Vorschläge geliefert und konnte so manchen Graben überwinden und einer Polarisierung entgegenwirken.

Das Modell Irlands hat bereits über die Grenzen hinaus für Inspiration gesorgt: In offizieller oder privater Ausführung sind in den letzten Jahren auch andernorts Bürgerinnenräte oder ähnliche losbasierte Gruppen zusammengestellt worden. 2019 gab es etwa in Deutschland den ersten bundesweiten losbasierten Bürgerinnenrat zum Fragenkomplex Demokratie.

Wir schlagen vor, auf europäischer Ebene einen Bürgerinnenrat einzuführen, der das Europäische Parlament, die Europäische Kommission und den Rat/Senat in wichtigen Fragen berät und gemeinsam erarbeitete Vorschläge zur Debatte in diesen Institutionen vorlegt. Alle Mitglieder werden per Losverfahren bestimmt. Denkbar ist, die Zusammensetzung ähnlich der des Europäischen Parlaments zu gestalten, mit mehr Mandaten für bevölkerungsreichere Mitgliedsstaaten, oder nach Vorbild des Rats mit einer festgelegten identischen Anzahl pro Mitgliedsland (gleiche Repräsentation unabhängig von der Bevölkerungsgröße). In jedem Fall ist ein Bürgerinnenrat eine wichtige und notwendige Ergänzung zu den aktuellen europäischen Institutionen und würde die europäische Identität stärken, die Konsensfindung fördern, für mehr (gefühlte und tatsächliche) Bürgernähe sorgen und gerade in Zeiten von Polarisierung und hitzigen Social-Media-Streiten ein Signal für Gemeinsamkeiten über alle Grenzen hinweg setzen.

Erfrischungskur für die Europäische Bürgerinitiative

21 Die Europäische Bürgerinitiative (EBI) soll reformiert werden, um direkte Partizipation in der EU zu fördern.

Die Demokratiedefizite der Europäischen Union sind hinlänglich bekannt. Davon wissen auch die Mitgliedsstaaten und europäischen Institutionen selbst. Daher wurde im Rahmen des Lissabonner Vertrags ein Instrument eingeführt, über welches die Bürgerinnen auch außerhalb der Parlamentswahlen Einfluss auf die europäische Politik nehmen können: die Europäische Bürgerinitiative (EBI), die 2012 auf den Weg gebracht wurde. Die Idee: Wenn mehr als eine Million EU-Bürgerinnen aus sieben EU-Staaten sich über gesammelte Unterschriften für ein gemeinsames Anliegen aussprechen (und diese aus mindestens einem Viertel aller EU-Mitgliedsländer kommen, aktuell also sieben), dann muss die Europäische Kommission zu dem eingebrachten Sachverhalt oder Vorschlag Stellung nehmen. Das klingt erst einmal gut, in der Praxis hat sich das Instrument bisher allerdings weniger bewährt. Zum einen liegt das an den umfangreichen logistischen und inhaltlichen Anforderungen.

So können EBIs nur zur Veränderung des Sekundärrechts angestoßen werden, größere Fragen, wie die Umgestaltung und Weiterentwicklung Europäischer Verträge (das Primärrecht), bleiben jedoch tabu. Damit wird gerade der spannendste und wichtigste Teil des europäischen Projektes bewusst außen vor gelassen. Auch die Art und Methodik, mit der die Stimmen (innerhalb von zwölf Monaten) eingesammelt werden müssen, hat für viel Kritik gesorgt. Unterschriften müssen über eine EU-Seite eingereicht werden, eigene Petitionstools oder Unterschriftenlisten sind nicht zulässig. Als weiterer Nachteil ergibt sich daraus, dass die Organisatorinnen von EBIs nicht die Möglichkeit haben, mit den Unterschreibenden in Kontakt zu treten (wie es bei vielen anderen Petitionen der Fall ist, etwa über E-Mail-Listen oder Ähnliches). Letztlich führt selbst eine erfolgreiche EBI – die allen formalen und inhaltlichen Anforderungen entspricht – nur selten zu tatsächlichen Änderungen. Die Kommission muss lediglich zu der Forderung Stellung beziehen, eine verpflichtende Änderung oder der Anstoß eines Gesetzgebungsvorgangs ist nicht vorgesehen. Das Europäische Parlament hat sich immerhin freiwillig bereit erklärt, erfolgreiche EBIs zu diskutieren – ein Schritt in die richtige Richtung.

Die EBI kann in einer EU der Partizipation und aktiven politischen Mitsprache ein wirkungsvolles und wichtiges Werkzeug sein. Bisher bleibt sie aber hinter ihrem Potenzial zurück und sorgt durch ihre bisher geringe Wirkkraft zudem für Frust bei Fans der direkten Demokratie. Das muss sich ändern.

Der Verein »Democracy International« macht eine Reihe von Vorschlägen zur Verbesserung der EBI, denen wir uns anschließen. Zum einen soll sich die EBI auf alle politischen Bereiche der EU beziehen dürfen, also explizit auch das Primärrecht. Eine Standardisierung und Vereinfachung in der Art und Weise, wie Bürgerinnen die Initiative per Unterschrift unterstützen können, ist ebenso notwendig. Beim Einsammeln der

Unterschriften sollen Bürgerinnen die Möglichkeit haben, freiwillig ihre Kontaktdaten mit den Initiatorinnen der EBI zu teilen. Zur Information und Kommunikation sollen zudem mobile Möglichkeiten, z. B. in Form einer eigenen App für EBIs und einer Verknüpfung mit der European Citizens' App (siehe These 72), zur Verfügung stehen. Sollte eine erfolgreiche EBI durch die Kommission abgelehnt werden, so muss die Ablehnung eine detaillierte Begründung für diese sowie Vorschläge für eine mögliche Verbesserung und Neueinreichung enthalten. Eine erfolgreiche EBI, die nicht durch die Kommission abgelehnt wird, muss direkte Folgen haben. So soll innerhalb eines Jahres ein Gesetzesvorschlag auf Basis der Forderung folgen.[12]

Schließlich bringen Ralf-Uwe Beck und Nicola Quarz vom Mehr Demokratie e. V. noch die Idee ein, eine erfolgreiche, aber von der Kommission abgelehnte EBI als Ausgangspunkt für einen EU-weiten Volksentscheid zu sehen[13] und damit den Ball zurück an den europäischen Souverän zu spielen. Hiervon handelt die nächste These.

Gemeinsame Weichenstellungen mit dem EU-Volksentscheid

22 Auf EU-Ebene soll ein Volksentscheid eingeführt werden, um Weichenstellungen zu großen Zukunftsfragen zu europäisieren und zu demokratisieren.

Die in der vorherigen These erwähnte Reform der Europäischen Bürgerinitiative (EBI) ist nur *eine* Möglichkeit in Richtung einer EU der gestärkten Partizipation – der kleinere und einfachere Schritt. Die große Schwester der aufgefrischten EBI ist die Einführung eines EU-Volksentscheids. Diese Forderung ist keine simple und sicherlich keine unkontroverse, dennoch ist sie wichtig und nötig. Ein Volksentscheid ist das möglicherweise weitreichendste Mittel der direkten Demokratie und wird als solches wahlweise als Allheilmittel angepriesen oder als populistischer Rattenfänger verteufelt. Die wenigsten Länder der Europäischen Union kennen und praktizieren die direktdemokratische Methode eines Volksentscheids oder Referendums auf nationaler Ebene. Noch weniger Länder bieten ihren Bürgerinnen die Möglichkeit, eine solche (verbindliche oder unverbindliche) Abstimmung selbst zu initiieren bzw. einzufordern. In Frankreich kann nur der Staatspräsident einen verbindlichen Volksentscheid ansetzen und durchführen lassen. Deutschland kennt diese Option auf Bundesebene gar nicht. In Ländern wie Italien, Kroatien oder den Niederlanden steht es den Bürgerinnen grundsätzlich frei, Volksentscheide zu initiieren, solange bestimmte Grundsätze gegeben sind. Generell, so lässt sich leicht sehen, sind die Verteilung und die Struktur solcher Maßnahmen aber sehr unterschiedlich ausgeprägt, was auch auf die jeweiligen kulturellen und historischen Erfahrungen mit der direkten Demokratie zurückgeht. In der Geschichte der Europäischen Idee und in Bezug auf die Entwicklung der Europäischen Union haben Volksabstimmungen einen eher unrühmlichen Ruf. Volksentscheide in einzelnen Mitgliedsländern haben manch europäisches Vorhaben auf der Zielgerade ausgebremst. 2005 brachten Volksentscheide in Frankreich und den Niederlanden die Europäische Verfassung zu Fall. Der Tiefpunkt der antieuropäischen Referenden ist aber zweifelsohne die Brexit-Abstimmung im Vereinigten Königreich 2016, die zum ersten Mal zum Austritt eines EU-Mitgliedslandes geführt hat. Referenden scheinen also ziemlich genau das Gegenteil des gelobten Landes der Europäischen Idee zu sein.

Dennoch, so argumentiert der Schweizer Journalist Niklaus

Nuspliger, könnte gerade ein gesamteuropäischer Volksentscheid gleich mehrere Vorteile mit sich bringen:[14] Nationale Abstimmungen zu gesamteuropäischen Fragen seien demokratiepolitisch insofern problematisch, als sich immer nur ein Teil der betroffenen Bevölkerung in ganz Europa äußern könne. EU-weite Volksentscheide hingegen hätten explizit keinen lokalen oder nationalen Charakter, sondern könnten Menschen über Grenzen hinweg zu einer Fragestellung mobilisieren und für politische Partizipation motivieren. Nuspliger bringt den Gedanken auf, EU-Referenden zum Beispiel gegen geplante Gesetzentwürfe zuzulassen bzw. als zweiten Schritt nach einer Online-Konsultation oder einer erfolgreichen EBI einzusetzen. Als *Modus Operandi* schlägt Nuspliger vor, bei EU-Volksentscheiden eine qualifizierte Mehrheit einzuführen, die auf den Abstimmungsregeln des Rats basiert.[15]

Wir schlagen vor, diesen Gedanken aufzugreifen und einen **EU-Volksentscheid einzuführen, der von der EU-Bevölkerung selbst angestoßen werden kann**, sofern eine erfolgreiche EBI zu keinen Veränderungen geführt hat. Zugleich schlagen wir vor, auch der EU-Exekutive und Legislative (Kommission, Parlament, Senat) die Möglichkeit zur Initiierung eines Volksentscheids zu geben – um Klarheit in kontroverse Fragen zu bringen. So erhalten besonders zu Fragen der EU-Weiterentwicklung zusätzlich zu den vorhandenen Organen der repräsentativen Demokratie auch Bürgerinnen selbst die Möglichkeit, Einfluss auf die Zukunft Europas zu nehmen. Zur Durchführung solcher EU-Volksentscheide sollen digitale Abstimmungswerkzeuge in Form von Apps getestet und eingeführt werden.

Ein Wort zum Schluss: Volksentscheide sind gerade aufgrund ihres potenziellen Missbrauchs durch Populistinnen oder ihre Tendenz der unnötigen Polarisierung zu Recht umstritten. Die simple Einführung dieser Methoden auf EU-Ebene muss daher Hand in Hand gehen mit vielen weiteren Reformen sowie Bildungsangeboten und faktenbasierter begleitender Kommunikation. Letztlich setzen erfolgreiche Referenden im Sinne einer Verbesserung und Weiterentwicklung der Europäischen Union die Bildung einer Wählerinnenschaft voraus bzw. können diese fördern, die nicht mehr (nur) national denkt und wählt, sondern zunehmend europäische Interessen in den Blick nimmt. Daher ist insbesondere diese These sicherlich nicht von heute auf morgen umzusetzen, sollte aber Zielmarke bleiben.

Per Losverfahren ins Europäische Parlament

23 **Ein Teil des Europäischen Parlaments soll per Losverfahren bestimmt werden, damit mehr Vielfalt und Repräsentanz ins Parlament einzieht.**

Im Gegensatz zur repräsentativen Demokratie, die heute in allen EU-Mitgliedsstaaten praktiziert wird, wurden in Athen vor 2500 Jahren die meisten Posten per Losverfahren verteilt und bestimmt. Herrschaft per Losentscheid nennt sich *Demarchie*, eine Idee, die heute wieder im Kommen ist. Im Zeitalter der offenen Frustration mit und sinkenden Zustimmung zur aktuellen demokratischen Ordnung werden Stimmen laut, die ein Rückbesinnen auf die Anfänge der demokratischen Prozesse fordern (jedoch ohne die ausschließenden Elemente des alten Athens). Warum also nicht auch heute wieder Losverfahren für die Wahl von Politikerinnen einsetzen? Einige der Vorteile haben wir bereits in der These zum Bürgerinnenrat (siehe These 20) erwähnt. Wir gehen jetzt noch einen Schritt weiter. Während der Bürgerinnenrat nur eine beratende Funktion ausübt, so schlagen wir hier vor, einen Teil der Abgeordneten des Europäischen Parlaments per Losverfahren zu bestimmen. Der belgische Autor David Van Reybrouck plädiert in seinem Buch *Gegen Wahlen: Warum Abstimmen nicht demokratisch ist* für die Einführung einer losbestimmten Kammer, die die repräsentativen Kammern ergänzen soll. Van Reybrouck erhofft sich von seinem Vorschlag nichts weniger als die Rettung der Demokratie, die er durch hyperinszenierte und zunehmend professionalisierte Wahlkampfprozesse sowie eine leere parlamentarische Debattenkultur, die der Parteilinie wichtiger ist als eine Konsensfindung, in Gefahr sieht.[16]

Wir übernehmen den Vorschlag in einer abgeänderten Version. Statt der Einführung einer eigenen demarchischen Kammer schlagen wir vor, 20 bis 25 Prozent der Sitze im Europäischen Parlament per Losverfahren zu bestimmen. Die einzelnen Mitgliedsstaaten werden also zu den Europawahlen wie gehabt eine repräsentative Wahl für 75 oder 80 Prozent der nationalen Sitze durchführen. Parallel dazu wird ein Losverfahren die Bürgerinnen für die restlichen Sitze zufällig auswählen. Sollten sie die Wahl annehmen, werden sie mit den gleichen Rechten und Pflichten wie die direkt gewählten Abgeordneten für eine Legislaturperiode nach Brüssel geschickt. Im Parlament können die demarchisch gewählten Abgeordneten dann entweder existierenden Fraktionen beitreten, fraktionslos agieren oder eine eigene Fraktion gründen. So oder so, die zufällig gewählten MdEPs können unterschiedlichste Perspektiven und Ideen einbringen, denn sie sind von einer Wiederwahl nicht eingeengt und nur der Europäischen Verfassung und ihrem Gewissen verpflichtet.

Mitbestimmung per Bürgerinnenhaushalt

24 Ein kleiner Teil des EU-Haushalts soll für Initiativen aus der Zivilgesellschaft geöffnet und durch Abstimmungen der Bürgerinnen zugeteilt werden.

Als wir im Frühjahr 2019 auf einer Forschungsreise nach Lissabon kamen, fiel uns ein Büro in der Innenstadt auf, in dem gemeinnützige Initiativen und Ideen von Bürgerinnen für ihre Stadt anschaulich vorgestellt wurden. Wir erfuhren, dass die Menschen in der Hauptstadt darüber abstimmen konnten, welche dieser Projekte mit Steuergeldern der Stadt finanziert und umgesetzt werden sollten. Ein Ansatz, der auf großes Interesse stieß. Mehrere portugiesische Städte übernahmen das Verfahren. 2017 wurde ein Bürgerinnenhaushalt auch auf nationaler Ebene mit einem Volumen von zunächst drei, 2018 dann mit fünf Millionen Euro eingeführt – eine Weltpremiere. So funktioniert die Idee: Ein gewisser Teil des jeweiligen (lokalen oder nationalen) Haushalts wird für Bürgerinnenideen zur Verfügung gestellt. Individuen, Gruppen oder Vereine können Vorschläge einreichen, die die jeweilige Stadt bzw. das ganze Land positiv verändern und Defizite, beispielsweise in den Bereichen Kultur, Bildung oder Infrastruktur, adressieren. Diese Vorschläge werden online, auf Konferenzen und bei öffentlichen Gesprächen vorgestellt und diskutiert. Schließlich werden die eingereichten Ideen einer Umsetzbarkeitsuntersuchung unterzogen und dann zur freien Wahl gestellt. Abstimmungen können online oder per SMS erfolgen. Die Ideen mit den meisten Stimmen werden mit einer finanziellen Förderung unterstützt. 2018 erhielten etwa verschiedene Bildungsprojekte in den Bereichen Gesundheit, Geschichte oder Kultur einen Zuschlag oder auch das neue Buchspendeforum Livrar.[17] Die Akzeptanz für diese Form der partizipativen Demokratie ist hoch: 599 eingereichte Ideen und Projekte gab es allein im ersten Jahr.

Wir schlagen vor, Portugals Bürgerinnenhaushalt als Vorbild für ähnliche partizipative Haushalte auch in anderen EU-Staaten und Regionen einzuführen. Die Königsklasse wäre sicherlich die Einrichtung eines Bürgerinnenhaushalts auf EU-Ebene mit dem expliziten Ziel, zur Einreichung von Ideen zu ermutigen, die europäische Integration und den Zusammenhalt stärken können. Vorgeschlagene Größe des ersten EU-Bürgerinnenhaushalts: 50 Millionen Euro. Die Vorschläge werden, wie in Portugal, zur Wahl gestellt, die Ideen mit den meisten Stimmen finanziert. Die Stimmabgabe für den Bürgerinnenhaushalt als solche soll explizit niedrigschwelliger sein als bei den Parlamentswahlen. Beispielsweise nur mit ein paar Klicks über die EU-Stimmungsbarometer-App (siehe These 72).

KAPITEL 3: EIN WELTVERBUNDENES EUROPA

Die Europäische Union hat viele interne Fragen zu klären, gleichzeitig ist sie auch Teil eines globalen Systems aus Staaten und supranationalen Organisationen. Im Gegensatz zu einzelnen europäischen Staaten ist die EU als Gemeinschaft (noch) eine wahre globale Kraftmaschine. Sie ist nach China und den USA die drittgrößte Volkswirtschaft der Welt und trägt 17,8 Prozent (2019) zur globalen Wirtschaftsleistung bei, obgleich sie mit 450 Millionen Einwohnerinnen nur 5,9 Prozent der Weltbevölkerung (7,6 Milliarden) stellt.[1] Sie verfügt mit dem Euro über eine globale Leitwährung und hat die höchste Anzahl an Patentanmeldungen pro Millionen Einwohner, noch vor den USA.[2] Zusammen verfügen die Staaten der EU über eine Truppenstärke von über 1,3 Millionen Personen und stellen damit eine der größten Streitmächte der Welt.[3] All das macht die EU zu einer bedeutenden Spielerin auf der internationalen Bühne. Trotz ihrer Größe, ihrer wirtschaftlichen wie militärischen Stärke wird die EU nach wie vor als zögerliche oder sogar unsichere Weltmacht wahrgenommen. Historisch hat sich das europäische Projekt hauptsächlich nach innen orientiert, immer mit dem Ziel, Krieg auf dem europäischen Kontinent auf alle Zeit zu verhindern und Wohlstand zu mehren. Auch zu Beginn des 21. Jahrhunderts ist die EU viel mit inneren Auseinandersetzungen beschäftigt, diesmal stehen wirtschaftliche, finanzielle und demokratische Herausforderungen im Mittelpunkt. Im Gegensatz zu anderen, älteren Mächten befindet sich die EU in einer Art »Jugendphase«, geprägt von Introversion, Unsicherheit und einem Zögern, den eigenen Platz in der Welt zu finden und auszufüllen. Drängende globale Fragen und Herausforderungen warten jedoch nicht auf die EU in ihrer Selbstfindungsphase. **»Europa muss die Sprache der Macht lernen«**, fordert EU-Kommissionschefin von der Leyen mit Blick auf die Weltlage.[4]

Es zeichnet sich ab, dass die USA, bisher gewissermaßen mehr oder weniger wohlwollende Schutzmacht des Westens und der EU im Besonderen, ihren langsamen, aber kontinuierlichen Rückzug auch im dritten Jahrzehnt dieses Jahrhunderts fortsetzen wird. Mit langfristig massiven Folgen für die Verteidigungsfähigkeit der EU und die Zukunft der NATO. Gleichzeitig breitet ein stetig stärker werdendes China seinen Einfluss Richtung Europa aus und untermauert durch milliardenschwere Investitionen seinen Einfluss – auch in technologischer Hinsicht. An den östlichen Grenzen sieht sich die EU einem nervösen Russland gegenüber, das eine Gefahr für die eigene Stabilität in der Attraktivität europäischer Freiheiten und Werte wahrnimmt. Besonders osteuropäische EU-Mitglieder nehmen die Union in erster Linie als Schutzgarant für die eigene Unabhängigkeit von Russland wahr, andere Nicht-EU-Länder wie Georgien oder die Ukraine hoffen auf einen Beitritt unter den Schutzschirm der EU. Mit der Regionalmacht Türkei hat die EU eine zunehmend schwer kalkulierbare Nachbarin vor der Tür, die zugleich NATO-Mitglied und wiederum selbst von instabilen Staaten umgeben ist. An den südlichen und südöstlichen Grenzen befindet sich die EU nicht erst, aber besonders seit 2015 in einem Dilemma: Steigende Zahlen von Geflüchteten, Asylsuchenden sowie Migrantinnen aus nahöstlichen und afrikanischen Ländern suchen Schutz in den Ländern der Union. Diese Bewegungen gehen auch auf mangelndes Interesse der EU an ernsthafter, vertiefter und langfristiger politischer Beziehungsarbeit mit den Ländern ihrer Nachbarkontinente einher und fördern gleichzeitig populistische Parteien und Bewegungen in EU-Ländern, von denen mehr und mehr eine Aufnahme von Schutzsuchenden ablehnen. Hier, mehr als sonst irgendwo, steht die Integrität der EU als Wertemacht auf dem Spiel, und es zeigt sich: Die Sicherheits-, Außen- und Verteidigungspolitik hat immer auch innenpolitische Dimensionen.

Trotz aller Herausforderungen hat die EU gute Karten im internationalen Spiel. Noch! Es gilt, diese jetzt auch zu nutzen: Die meisten EU-Staaten sind mit robusten Demokratien und halbwegs stabilen Wirtschaften ausgestattet; klare Bekenntnisse zu Menschenrechten und Grundfreiheiten, kulturelle Vielfalt, Fortschritte bei Wissenschaft und Forschung, soziale Rechte und offene Zivilgesellschaften sorgen zudem als **europäischer *way of life* für ein großes Potenzial an *soft power*.** Zugleich stehen mit einer gemeinschaftlichen Sanktions- und Sicherheitspolitik auch wirkungsvolle *hard power*-Instrumente zur Verfügung. Bisher werden diese europäischen Karten aber unzureichend ausgespielt. Die NATO bescheinigt der EU eine fehlende Verteidigungsfähigkeit, der Vormarsch Chinas in den eurasischen, nahöstlichen und afrikanischen Raum offenbart ein wirtschaftliches, handels- und entwicklungspolitisches Vakuum, das auf ein europäisches Zögern und fehlende langfristige Ziele zurückzuführen ist. Demokratien, auch die der EU, befinden sich seit Jahren unter Druck: durch staatliche Akteurinnen, gezielte Hackerangriffe oder terroristische Anschläge, wohl aber auch durch die neue Vormachtstellung privater globaler Internet- und Medienkonzerne. Die Antwort auf viele dieser Herausforderungen oder Bedrohungen ist bisher noch zu oft Uneinigkeit, Ratlosigkeit und ein Wenden nach innen. Die Effektivität dieses europäischen *Modus Operandi* sinkt zunehmend. Nicholas Startin, britischer Politikwissenschaftler, bringt es uns gegenüber so auf den Punkt: »The EU was founded ultimately to make Europe's nations more secure following a century of conflict between nation-states. Europe's leaders should not lose sight of this.« Die EU kommt um eine Neuausrichtung und vor allem um eine Konsolidierung ihrer außen- und sicherheitspolitischen Ziele und Strukturen nicht mehr herum.

In diesem Kapitel präsentieren wir Thesen, die zum Ziel haben, die EU in ihrer Außen-, Sicherheits- und Verteidigungspolitik zu stärken und sowohl zu einer gerechteren und friedlicheren Welt beizutragen als auch nach innen Geschlossenheit und die gemeinsame Identität zu stärken. Außenpolitik hängt immer mit inneren Fragen zusammen und kann nicht getrennt gedacht werden. Aus diesem Grund beschäftigen sich die Thesen auch mit der Frage, wie aktuelle Versäumnisse in der Außenpolitik zu Problemen im Inneren führen und warum eine kollektive, schlagkräftige und wertebasierte Außenpolitik die EU als ganze fördern und stärken wird.

Kern aller Thesen dieses Kapitels ist die Zusammenführung unterschiedlicher nationaler Perspektiven und Interessen zu *einer* europäischen Stimme. Damit berührt das Kapitel gleich mehrere besonders empfindliche Aspekte: die nationale Souveränität in der Außen-, Sicherheits- und Verteidigungspolitik sowie in der Asyl- und Migrationspolitik. Auf diesen Feldern spielen sich nach wie vor viele der kontroversesten, mitunter sogar destruktivsten und demokratiegefährdenden Debatten unserer Zeit ab und werden nationale Egoismen öffentlichkeitswirksam zur Schau gestellt. Populistische Kräfte schüren Ängste, nationale Regierungen nutzen diese für Wahlvorteile, die Differenzen decken ein Vertrauensvakuum innerhalb der EU auf.

Gleichzeitig sind wir überzeugt, dass sich die Zukunft der EU auch und gerade an außenpolitischen Fragen entscheiden wird. Mehr als in vielen anderen Feldern liegen hier Verfall und Fortschritt direkt nebeneinander. Kurz: **Eine EU der egoistischen nationalen Interessen schwächt alle, eine EU der gemeinsamen Außen-,**

Sicherheits- und Verteidigungspolitik stärkt alle. Alle Thesen zielen also darauf ab, die Macht einseitiger Perspektiven zu mindern und gleichzeitig **eine gemeinsame EU-Stimme** zu stärken.

Europa und damit die EU sind durch Interaktion *mit* der Welt entstanden und gewachsen, nicht losgelöst von ihr. Der Austausch von Ideen und Menschen ist tief in der DNA der Europäischen Idee verwoben. Die Zukunft der EU wird davon abhängen, wie erfolgreich es ihr gelingt, diesen Austausch im Inneren und Äußeren zu verstetigen, weiter zu legitimieren und mit den Instrumenten der Macht zu hinterlegen. Nur eine weltgewandte EU ist überlebensfähig. Die vorgestellten Thesen liefern Anstöße.

Ein gemeinsamer EU-Außen- und Sicherheitsrat

25 Die Außen-, Sicherheits- und Verteidigungspolitik der EU soll stärker gebündelt und durch einen neuen EU-Außen- und Sicherheitsrat geleitet werden, damit europäische Interessen in der Welt mit Nachdruck vertreten werden können.

Die Außen-, Sicherheits- und Verteidigungspolitik der EU hat eine Reihe von Reformen und Updates über die Jahre erfahren. Ein großer Schritt war die Einführung der Position der Hohen Vertreterin der EU für Außen- und Sicherheitspolitik im Vertrag von Lissabon. Ursprünglich war im EU-Verfassungsentwurf sogar die Position einer EU-Außenministerin vorgesehen, diese scheiterte aber am Europäischen Verfassungsvorhaben 2005. Die Hohe Vertreterin (HV) hat dafür die wichtigsten angedachten Funktionen übernommen, wenn auch unter anderem Namen. Sie vereint gleich mehrere Positionen und Aufgaben, insbesondere führt sie die bis 2009 getrennten Außenbeauftragten des Rats und der Kommission in ihrer Person zusammen. Die HV ist Vorsitzende des Rats für Auswärtige Angelegenheiten, eine (zumindest formell) vom Rat getrennte Institution, der die Außenministerinnen aller Mitgliedsländer angehören. Ebenso ist die HV eine der Vizepräsidentinnen der Kommission, Außenbeauftragte des Rats und Chefin des Europäischen Auswärtigen Dienstes (EAD), der wiederum die EU mit Botschafterinnen in aller Welt vertritt. Die Konzentration von außenpolitischen Kräften und Institutionen in den Händen *einer* Person ist der Erkenntnis geschuldet, dass der Erfolg europäischer Außenpolitik von dem Grad innereuropäischer Geschlossenheit abhängt. Josep Borrell, Spanier und Hoher Vertreter seit 2019, fasst es so zusammen: »I am convinced that if we don't act together, Europe will become irrelevant in the new world.«[5] Bisher kommt aber leicht der Eindruck auf, dass die EU genau das macht: sich auseinanderdividieren lassen und nicht gemeinsam handeln – insbesondere bei Fragen der Außenpolitik. Sei es im Umgang mit Russland oder China, bei Fragen zu Migration und Geflüchteten oder ganz besonders bei militärischen Fragen. Es zeigt sich immer wieder, dass EU-Staaten nicht an einem Strang ziehen, sondern eigene, teils konträre Interessen verfolgen.

Wie so häufig ist dieses Problem nicht nur, aber auch einem halbherzigen Kompromiss geschuldet. So wurde zwar durch die HV eine Position geschaffen, die in der Theorie eine Gemeinsame Außen- und Sicherheitspolitik (GASP) koordinieren und mit einer kräftigen Stimme ausstatten soll, in der Praxis erweist sich dieses Ziel aber häufig als unerfüllbar. Nationale Außenministerinnen machen ihre eigenen Deals und Pläne, koordinieren sich untereinander, aber nicht mit der HV und verweigern etwa im Rat für Auswärtige Angelegenheiten, in dem das Einstimmigkeitsprinzip gilt, die Zustimmung zu bestimmten Positionen. Wie in anderen Politikbereichen ist auch die Landschaft der EU-Außenpolitik geprägt von dem ungelösten Konflikt der Vorrangigkeit entweder nationaler Positionen oder der EU.

In Anbetracht der geopolitischen Lage und der schwindenden Relevanz einzelner europäischer Länder im Weltgefüge gebietet die Logik, **eine gemeinsame EU-Außenpolitik als Primat aller Außenpolitiken** festzulegen und diese über die nationale Position zu stellen. Eine solche Verschiebung von der Gleichrangigkeit der EU und den vielen nationalen Außenpolitiken hin zu einer Zentrierung auf *eine* EU-Außenpolitik ist nicht unkompliziert. Gerade große EU-Länder verehren die eigenen diplomatischen Dienste und ihre jeweilige Geschichte und werden sich nicht diskussionslos von ihrer uneingeschränkten Außenpolitik trennen. Dennoch ist es wichtig, diesen Gedanken weiter zu verfolgen, auch wenn eine Umsetzung Zeit braucht und in gangbaren Schritten genommen werden muss.

In diesem Sinne schlagen wir vor, die EU-Außenpolitik langfristig und grundsätzlich umzugestalten. Wichtigster Schritt hier ist die Auflösung des Rats für Auswärtige Angelegenheiten in seiner jetzigen Form und die Schaffung eines neuen EU-Außen- und Sicherheitsrats (EUASR), der alle Aspekte der GASP und der Gemeinsamen Sicherheits- und Verteidigungspolitik (GSVP) samt unterstellten Agenturen und Strukturen übernimmt und zusätzliche Kompetenzen erhält. Geleitet werden der EUASR von einer EU-Außenministerin, die die Position der Hohen Vertreterin ersetzt und auch um die Verteidigungspolitik erweitert. Der EUASR setzt sich zu jeweils einem Drittel aus Vertreterinnen der drei zentralen EU-Organe zusammen: Kommission, Parlament und Senat. Im EUASR gilt bei Abstimmung das Prinzip der Mehrheit oder das Prinzip der qualifizierten Mehrheit. Ein Einstimmigkeitsprinzip gibt es nicht. Der Außen- und Sicherheitsrat ist unabhängige, oberste und letzte Instanz in allen Fragen der Außen- und Sicherheitspolitik, inklusive militärischer Einsätze, diplomatischer Vertretung und Beziehungen, Sanktionen und Migrations- und Asylfragen. Bei großen und wichtigen Entscheidungen ist eine Bestätigung durch das Parlament erforderlich. Direkt unterstellt ist dem Außen- und Sicherheitsrat unter anderem der Europäische Auswärtige Dienst, der die diplomatische Vertretung der EU und ihrer Bürgerinnen in der Welt vollkommen übernimmt. Das bedeutet auch perspektivisch die Auslösung nationaler Botschaften in Gastländern weltweit und ihren Ersatz durch jeweils eine große (und mit Diplomatinnen aus allen Mitgliedsstaaten besetzte) EU-Botschaft. Diese Botschaft vertritt die Rechte aller EU-Bürgerinnen in dem jeweiligen Land und wird von einer EU-Botschafterin geleitet, die vom EUASR vorgeschlagen und vom Parlament bestätigt wird. Auch im Sicherheitsrat der Vereinten Nationen soll die EU mit einer Stimme sprechen (siehe These 31). Die gemachten Vorschläge führen zwangsläufig zu einer Abwertung der nationalen Außenministerinnen und der diplomatischen Dienste der EU-Mitglieder. Diese würden dem EUASR in erster Linie zuarbeiten und ein Rekrutierungspool bleiben, aus dem Botschafterinnen, Konsulinnen und andere Vertreterinnen der EU in der Welt ausgewählt werden.

Diese Schritte werden das Selbstverständnis europäischer Diplomatie grundsätzlich verändern, die Widerstände werden erwartungsgemäß jedoch hoch sein. Möchte die EU aber ihre Interessen mit Nachdruck auch und gerade gegenüber globalen Mächten vertreten, so führt auf Dauer kein Weg an einer Konzentration und Bündelung der EU-Interessen vorbei. Bedingt durch die Größe und Kontroverse dieses Vorschlags, ist eine zeitnahe Umsetzung durch die EU kritisch zu betrachten. Die gemeinsame Außenpolitik kann aber Aufgabengebiet und Testfeld einer von der EU getrennten, tiefer integrierten europäischen Organisation (siehe These 11) sein. Die restlichen EU-Staaten können sich Schritt für Schritt anschließen.

Vereint und verteidigungsfähig mit der EU-Armee

26 **Europas Staaten sollen eine gemeinsame EU-Armee aufbauen, um europäische Demokratie, Werte und Freiheit wirkungsvoll zu schützen und zugleich einer Übermilitarisierung entgegenzuwirken.**

Die EU ist heute verteidigungs- und sicherheitspolitisch nur begrenzt handlungsfähig. Das kann in einer Welt multipler Bedrohungen und einer gezielten Destabilisierung der europäischen Demokratie von außen zu einem ernsten Problem werden. Es gilt daher, sich an eine Idee zu erinnern, die fast so alt ist wie das europäische Einigungsprojekt selbst: die Idee einer gemeinsamen Europäischen Armee. Schon Anfang der 1950er-Jahre schlug der ehemalige französische Ministerpräsident René Pleven in der französischen Nationalversammlung die Schaffung einer europäischen Verteidigungsgemeinschaft mit gemeinsamer Armee vor. Der Plan sollte die Kräfte der europäischen Armeen bündeln und zugleich eine unkontrollierte Militarisierung Deutschlands nach dem Zweiten Weltkrieg verhindern. Die Bundesrepublik und die Benelux-Staaten schlossen sich diesem Vorhaben relativ rasch an, doch genau an dem Ort, an dem die ambitionierte Idee ihren Anfang nahm, in der französischen Nationalversammlung, scheiterte das Vorhaben bei einer Abstimmung am 30. August 1954. Es schien, als wolle man zu viel zu schnell. Das Trauma und die Wunden des Krieges waren noch zu frisch, um sie mit postnationalen verteidigungspolitischen Ideen zu verschließen. So schalteten die Staaten der EU einen Gang zurück und fanden mehrheitlich ihren Platz in der NATO. Die Idee einer gemeinsamen Armee wanderte für Jahrzehnte in die Schublade der abgelehnten Europaideen. Erst Anfang der 2000er-Jahre und im Lichte neuer sicherheitspolitischer Herausforderungen kam die Diskussion wieder in die Gänge und fand mit der Verständigung auf eine ständige strukturierte Zusammenarbeit im Sicherheits- und Verteidigungsbereich (Permanent Structured Cooperation, PESCO) im Vertrag von Lissabon eine Grundlage.[6] 2017 wurde schließlich die Grundlage für den europäischen Verteidigungsfonds gelegt – und Rüstungsprojekte wie das »Future Combat Air System« (2019), die gemeinsame Entwicklung eines Kampfflugzeuges zwischen Frankreich, Deutschland und Spanien, zeigen, dass ein nächstes Level der sicherheitspolitischen Zusammenarbeit in Europa erreicht ist.[7] Solche Kooperationen sind sinnvoll, schließlich schlagen die nationalen Verteidigungsalleingänge der EU mit mehr als 170 verschiedenen Waffensystemen (mehr als sechsmal so viele wie in den USA) auch finanziell kräftig zu Buche.[8]

Diese Ansätze, wenn weitergedacht, führen Schritt für Schritt zu einer europäischen Armee. Es gibt gute Gründe für ein Zusammenrücken der Streitkräfte. Der ineffiziente Umgang mit materiellen und personellen Ressourcen kann abgebaut, Lücken bei logistischen oder militärtechnischen Fähigkeiten reduziert und die Reaktionsfähigkeit sowie das koordinierte Handeln in Krisenfällen beschleunigt werden. Außerdem wird sich die EU mit ihren Freiheiten und Werten nur durch mehr europäische Kooperation im globalen Kräftespiel zwischen Großmächten wie China, den USA und Russland auf der einen und agilen terroristischen Vereinigungen oder Hackergruppen auf der anderen Seite behaupten können.

Gleichzeitig ist der Aufbau einer europäischen Armee und der einhergehende schrittweise Abbau nationaler Streitkräfte gewissermaßen die folgerichtige Entwicklung der ursprünglichen Intention der Europäischen Idee. Hannah Neumann, außenpolitische Expertin und Mitglied des Europäischen Parlaments, brachte es in einem Gespräch zu diesem Buch auf den

Punkt: »Eine gemeinsame europäische Armee macht Krieg zwischen EU-Mitgliedern durch verwobene Abhängigkeiten endgültig und vollkommen unmöglich. **Damit wäre die europäische Armee die Vollendung des innereuropäischen Friedensprojektes nach dem Zweiten Weltkrieg.**«

Der Weg zu einer gemeinsamen Armee ist möglich. Ein schrittweises Vorgehen erscheint sinnvoll. Fritz Felgentreu, Mitglied des Deutschen Bundestages für die SPD, ist einer derjenigen, die die Idee einer EU-Armee wieder auf den Plan rufen wollen. Die Stiftung Wissenschaft und Politik (SWP) hat seinen Vorschlag spezifiziert und sieht nicht die unmittelbare Auflösung der nationalen Streitkräfte, sondern zunächst die Schaffung einer eigenen 28. Armee vor. Die EU erhielte mit ihr eine eigenständige Streitkraft, deren Aufstellung auch mit Artikel 42 Abs. 2 des EU-Vertrags vereinbar ist. Dem Felgentreu/SWP-Vorschlag zufolge würde die Verfügungsgewalt bei einer neu zu schaffenden Oberbefehlshaberin liegen, die, unterstützt von einem eigenen EU-Militärstab, die Durchführung von Einsätzen leiten würde.[9]

Wir finden diesen Vorschlag als ersten Schritt sinnvoll und denken noch ein klein wenig weiter. Wir schlagen vor, zunächst eine eigenständige EU-Armee zusätzlich zu den nationalen Streitkräften zu schaffen. Diese Armee untersteht dem EU-Außen- und Sicherheitsrat (EUASR) und der EU-Außenministerin, die in unserem Denkmodell zugleich Verteidigungsministerin ist, operativ (siehe These 25). Entscheidend ist, dass im EUASR kein Einstimmigkeitsprinzip gilt, damit die Armee und ihre Einsätze einer qualitativen Mehrheit der Mitglieder unterstehen und notfalls schnell zum Einsatz kommen können, etwa in Form einer Intervention. Möglich ist daneben, für Außeneinsätze der EU-Armee die Verpflichtung eines EU-Parlamentsbeschlusses zu verankern. Wichtig ist, dass die Armee einer klaren und von nationalen Strukturen unabhängigen Befehlskette untersteht und somit schnell und zielgerichtet geleitet und eingesetzt werden kann. In den drei Teilstreitkräften Heer, Luftwaffe und Marine finden Soldatinnen aus allen EU-Mitgliedsstaaten ihren Dienst. Als anfängliche Personalstärke erscheinen 70 000 bis 150 000 Kopf sinnvoll.

Obwohl diese Armee zusätzlich zu den nationalen Streitkräften existiert, soll sie diese entlasten, sie schrittweise in ihren Aufgaben ablösen und langfristig vollkommen ersetzen. Durch eine solche Zusammenlegung kann auch die Gesamtzahl des EU-Militärpersonals reduziert werden. Aktuell unterhalten die EU-Staaten rund 1,3 Millionen Soldatinnen und Soldaten. Eine einzelne EU-Armee kann vermutlich alle sicherheitspolitischen Aufgaben erfüllen bei gleichzeitiger Absenkung der Stärke auf eine Million Männer und Frauen oder sogar weniger. Die Sicherheitspolitik wird dadurch gestärkt, die Militarisierung hingegen gedrosselt. Nicht groß erwähnen müssen wir, dass eine EU-Armee selbstverständlich ausschließlich im Rahmen des Völkerrechts eingesetzt werden darf und streng friedens- und werteorientiert ausgerichtet sein soll.

Eine wichtige Aufgabe der neuen Streitkräfte wird im Aufbau einer wirkungsvollen europäischen Cyberabwehr liegen. Nach dem Vorbild des United States Cyber Command (USCYBERCOM) soll ein European Union Cyber Command (EUCC) als operatives Kommando innerhalb der EU-Armee entstehen, um die EU gegen Cyberwar-Attacken durch elektronische Kriegsführung oder terroristische Organisationen zu verteidigen. Das EUCC wie auch die EU-Armee als ganze arbeiten eng mit dem neu zu schaffenden Europäischen Geheim- und Nachrichtendienst (siehe These 27), den nationalen Diensten sowie allen anderen Organen der EU-Außen- und Verteidigungspolitik zusammen, um eine stetig aktualisierte EU-Sicherheitsstrategie zu erarbeiten. Konkrete Schritte hin zu einer gemeinsamen Einschätzung und Einordnung der Sicherheitslage wurden mit der 2020 vorgestellten Bedrohungsanalyse und dem Strategischen Kompass gelegt.[10] Wichtig ist, dass aus der gemeinsamen Sicherheitseinschätzung heraus eine gemeinsame europäische Sicherheitskultur erwächst und ein Verständnis darüber entsteht, wo und in welcher Kapazität die europäische Armee zum Einsatz kommen soll.

Wie auch in anderen Thesen dieses Kapitels gilt: Sind noch nicht alle 27+ EU-Mitglieder zu dem Aufbau einer gemeinsamen Armee bereit, so können einige Staaten in kleinerem Kreis vorangehen.

In geheimer europäischer Mission

27 **Die EU soll einen Europäischen Geheim- und Nachrichtendienst aufbauen, um mit ausreichend Informationen und einem hohen Vernetzungsgrad den eigenen Werteraum zu schützen.**

Europas Geheimdienstlandschaft ist so undurchsichtig wie die Arbeit der entsprechenden nationalen Behörden selbst. Viel wissen und wenig darüber sprechen, das ist das Leitmotiv erfolgreicher Geheimdienstarbeit. Dies gilt sowohl für Aktivitäten im Inland wie im Ausland. Bisher verfügt jeder europäische Mitgliedsstaat über eigene nachrichtendienstliche Organisationen oder ähnliche Strukturen zu denselben Zwecken. Sie heißen Agencja Wywiadu in Polen, Bundesnachrichtendienst in Deutschland, Forsvarets Efterretningstjeneste in Dänemark oder Agenzia Informazioni e Sicurezza Esterna in Italien. Die Aktivitäten der Dienste sind Kernbestandteil nationaler Souveränität und aus der Überzeugung gewachsen, jede wisse selbst am besten, wie man sich und ihre Quellen schützt. Das führt(e) nicht nur zur Spionage und Informationsbeschaffung außerhalb der europäischen Grenzen, sondern auch zum engagierten Beobachten von EU-Staaten untereinander. Beispielsweise überwachten der Bundesnachrichtendienst (BND) und die US-amerikanische National Security Agency (NSA) bis Ende 2013 gemeinsam den französischen Außenminister Laurent Fabius. 2015 leitete Belgien eine Untersuchung ein, weil man Ausspähungen durch den BND vermutete. Großbritannien bespitzelte im Rahmen des Tempora-Programms umfangreich Italien.[11] [12] [13]

Wir können davon ausgehen, dass sich Europas Staaten auch heute noch gegenseitig neugierig, wachsam und systematisch misstrauisch im Auge behalten. In Deutschland lässt das 2016 aktualisierte »Gesetz über den Bundesnachrichtendienst« das Ausspähen von anderen EU-Mitgliedsstaaten, EU-Institutionen oder auch Unionsbürger und das Sammeln von Daten über sie explizit zu, sofern es der Abwehr von Gefahren dient oder »von besonderer Relevanz für die Sicherheit ist«.[14] Das »Freunde Ausspähen«, wie es Bundeskanzlerin Merkel einmal klangvoll nannte, ist mit dieser Regelung nunmehr gesetzlich abgesichert.[15] Es gehört nicht viel Fantasie dazu, festzustellen, dass auf dieser Basis nur schwerlich tiefes und echtes Vertrauen zwischen Europas Staaten wachsen kann. Die Geheimdienste der EU müssen verstärkt zu gemeinsamen Regeln und Standards kommen, um schrittweise Misstrauen ab- und Vertrauen aufzubauen. Am wichtigsten dabei: ein No-Spy-Abkommen zwischen den EU-Staaten. Diese Vereinbarung verbietet die politische und wirtschaftliche Spionage untereinander und ermöglicht Abhörmaßnahmen nur im Rahmen zuvor verabredeter Zwecke (beispielsweise bei der Terrorismusbekämpfung, Cyber- oder außereuropäischer Spionageabwehr). Bereits 2014 visierten die Mitgliedsstaaten der EU solch ein Abkommen an, doch ist dessen Existenz bis zum heutigen Tage nicht öffentlich bestätigt.[16]

Weil sich die europäische und globale Sicherheitslage in einem Cocktail aus Terrorismus, politischer Instabilität, Cyber-Attacken, Waffenhandel, Deepfakes, Desinformation, Wahlbeeinflussung und Wirtschaftsspionage deutlich verschärft hat, ist zudem eine verstärkte Kooperation der Nachrichtendienste dringend erforderlich. Ziel muss die **Schaffung eines gemeinsamen europäischen Geheim- und Nachrichtendienstes** sein. Grundlagen dafür existieren heute schon. Das EU Intelligence Analysis Centre (EU INTCEN), ein Organ des Europäischen Auswärtigen Dienstes, und das im Februar 2020 durch 23 Staaten initiierte Intelligence College in Europe (ICE) können zu einem neuen Dienst beitragen.[17] Wichtig für den neuen Dienst sind einerseits ausreichend Befugnisse für eigene Missionen und Ressourcen zur Informationsbeschaffung, andererseits aber auch eine zuverlässige Kontrolle, Klarheit über Zuständigkeiten und Mindeststandards an Transparenz. Wir schlagen vor, den Europäischen Geheim- und Nachrichtendienst mit einer parlamentarischen Kontrolle durch das Europäische Parlament auszustatten – sowohl strukturell in Absteckung von Mandaten, personell in der Auswahl bzw. Bestätigung der Geheimdienstleitung sowie finanziell in Bezug auf die Finanzrahmen des Dienstes. Ähnlich ist heute die Beziehung zwischen nationalen Geheimdiensten und ihren jeweiligen Parlamenten. Zusätzlich kann bei der parlamentarischen Kontrolle auch der neu geschaffene Europäische Senat und damit die nationalstaatliche Ebene einbezogen werden. Diese nationale Repräsentanz kann die Skepsis gegenüber dem neuen europäischen Dienst abbauen.

Feministische EU-Außenpolitik für Frieden und Gerechtigkeit

28 Die EU soll dem Leitbild einer werteorientierten, feministischen Außenpolitik folgen, um eine gerechtere, freiere und offenere Welt zu fördern.

In diesem Buch beschreiben wir die EU als Wertesupermacht. Tatsächlich hat die Gemeinschaft eine symbolhafte Wirkung auf andere Teile der Welt, insbesondere in Bezug auf die Geschlechtergerechtigkeit, den Umgang mit Minderheiten, aber auch in puncto Sozialstandards, reproduktiver Rechte und zuverlässiger Rechtsstaatlichkeit. Außerhalb der EU sind es diese Werte, die eine hohe Anziehungskraft ausüben und besonders junge Generationen anderer europäischer Länder von einem zukünftigen Beitritt zur EU oder einer demokratischen Zukunft träumen lassen. Trotz aller Strahlkraft kennen diese Werte Grenzen, nämlich sobald es um den Umgang mit Menschen oder Staaten jenseits der EU geht. Das zeigt sich auf dramatische und wiederholte Weise an den südlichen und südöstlichen Grenzen der Union, an denen Schutz suchende Menschen aus afrikanischen und nahöstlichen Staaten teilweise unter Anwendung militärischer Maßnahmen am Übertritt auf EU-Territorium, und damit an einem möglichen Asylantrag, gehindert werden. Auch in Wirtschafts- und Handelsbeziehungen wird in puncto Werteorientierung gern ein Auge zugedrückt. Allein die EU-Staaten Deutschland, Frankreich, Italien, Spanien und die Niederlande sind für rund 23 Prozent der weltweiten Waffenexporte (2019) verantwortlich sowie an Deals und Geschäftsbeziehungen mit Regierungen beteiligt, die ihrerseits Menschenrechte mit Füßen treten, Minderheiten unterdrücken und aktiv Gewalt anheizen.[18] Klar ist: Die Außenpolitik und Diplomatie sind oft ein Eiertanz. Die EU tut sich bereits bei der Koordination und dem Ausloten unterschiedlicher Interessen ihrer eigenen Mitglieder schwer (siehe These 25). Gleichzeitig ist es insbesondere das Wertedefizit in den Außenbeziehungen, welches die EU im Inneren in ihrer Autorität und Glaubwürdigkeit schwächt. Während innerhalb der EU der Fokus auf Demokratie, Freiheit und individuelle Entfaltung für Glanz und Wohlempfinden sorgt, so ist die Abwesenheit dieser Prinzipien in der Außenpolitik umso enttäuschender. Nicht nur wird der Vorwurf der Heuchelei lauter, die EU bewegt sich damit auch in moralisch unsicheren Gewässern.

Ein Ausweg aus dieser Zwickmühle bietet das Konzept der feministischen Außenpolitik. Die Idee mag jung sein, gewinnt aber an Momentum. Kurz zusammengefasst geht es bei einer feministischen Außenpolitik (engl. Feminist Foreign Policy, kurz: FFP) um eine Umstrukturierung aller Außenbeziehungen. Also weg von einer hierarchischen, auf patriarchalen Werten und der einseitigen Durchsetzung eigener Interessen (meist derer des globalen Nordens) beruhenden Außenpolitik, hin zu einer wertebasierten und inklusiven, die die menschliche Sicherheit in den Mittelpunkt stellt. FFP-Expertinnen und Geschäftsführerinnen des Centre for Feminist Foreign Policy (CFFP) in Berlin, Kristina Lunz und Nina Bernarding, beschreiben das uns gegenüber so: »Feministische Außenpolitik zielt auf einen grundlegenden systemischen Wandel ab: Unser Verständnis von Außen- und Sicherheitspolitik muss grundlegend umgedacht und darauf ausgerichtet werden, die Bedürfnisse von Frauen und anderen politischen Minderheiten in den Mittelpunkt zu stellen. Institutionen, Organisationen und Regierungen müssen ihre Entscheidungen auf Augenhöhe mit den Betroffenen treffen – ***nothing about them without them.***« Im Gegensatz dazu steht das klassische Verständnis von Außenpolitik, in dem bestimmte Gruppen in der Regel außen vor gelassen werden und Geschlechter- und soziale Gerechtigkeit bestenfalls als Nebenschauplatz der klassischen Diplomatie begriffen werden. Damit verkennt die klassische Außenpolitik die zentrale Rolle von politischen Systemen in der Fortsetzung von Strukturen, die bestimmte Menschen – vor allem Männer und weiße Menschen – privilegiert und andere marginalisiert. Jede Form von (Außen-)Politik, so das Argument der Vertreterinnen der FFP, die nicht explizit diese über Jahrhunderte geschaffenen Unterschiede und Privilegien anerkennt und durch aktive Maßnahmen ausgleicht, trägt somit zu einer Fortsetzung ungerechter und schädlicher Praktiken bei. Eine feministische Außenpolitik ist explizit friedensorientiert und bewertet alle Entscheidungen daran, ob diese zu mehr politischer, sozialer, wirtschaftlicher und körperlicher Gerechtigkeit führen oder zu weniger. Ein Fokus auf Waffenexporte und endlose Militarisierung ist damit mit einer feministischen Außenpolitik nicht vereinbar. Ziel der FFP ist es, eine Welt zu schaffen, in der Menschen aller Hintergründe und biografischer Faktoren die gleichen Rechte und Zugänge haben, vor Diskriminierung geschützt werden und in Frieden und Sicherheit ihre individuellen Lebenswege verfolgen können.

Das Konzept der feministischen Außenpolitik konnte bereits erste Erfolge feiern. Kanada und Mexiko sowie die EU-Mitglieder Schweden und Frankreich (wobei sich zeigen muss, wie ernst es das Land damit meint) haben sich für eine feministische Außenpolitik entschieden. Andere Länder, darunter Deutschland, gehen in kleinen Schritten in diese Richtung. Die EU sollte diesem Weg folgen.

Das CFFP hat 2020 gemeinsam mit der Grünen Fraktion im Europäischen Parlament eine Studie vorgelegt, die aufzeigt, wie eine feministische Außenpolitik für die EU aussehen kann. Die Autorinnen Bernarding und Lunz stellen unter anderem folgende Ideen vor: Die EU braucht eine erweiterte und inklusive

Definition von Geschlecht, die insbesondere berücksichtigt, dass es vielfältige Faktoren der Unterdrückung und Marginalisierung gibt – soziale Herkunft, Hautfarbe, Sexualität, Nationalität, Religion, körperliche Einschränkungen etc. –, die zusammengenommen ein dichtes und schwer durchdringliches Gewebe an Privilegien auf der einen und mangelnder Zugänge auf der anderen Seite zur Folge haben. Diese Definition soll Grundlage der Außenbeziehungen der EU werden: Alle Entscheidungen sollen sich daran orientieren, ob sie dieses dichte Gewebe lichten oder verstärken. Eine Reduzierung von Waffenexporten aus EU-Ländern sowie die Minimierung des Einflusses der Brüsseler Rüstungslobby ist ebenfalls zentraler Aspekt der Vorschläge des CFFP. Ebenso soll die EU ihre Anstrengungen in der Rüstungskontrolle und Reduktion von Waffen aller Art verstärken und hier eine globale Führungsrolle einnehmen. Auch die Zusammenarbeit mit zivilgesellschaftlichen Akteurinnen in und außerhalb der EU ist Teil einer europäischen feministischen Außenpolitik.[19]

Zentraler Aspekt feministischer Außenpolitik ist auch der Ruf nach paritätischer Besetzung in Gremien und Führungspositionen der Diplomatie und internationalen Angelegenheiten. Aktuell stellen Frauen nur rund 20 Prozent aller Botschafterpositionen von EU-Staaten, Deutschland liegt dabei mit 15 Prozent deutlich unter dem Durchschnitt.[20] Von den aktuell (Stand März 2021) 18 EU-Missionen ziviler, militärischer oder gemischter Art (etwa in Bosnien, im Mittelmeer, im Irak, in Georgien, Mali oder Niger) werden nur zwei von einer Frau geleitet.[21] Auch hier besteht Handlungsbedarf. Eine feministische Außenpolitik nimmt die Besetzung von Entscheidungspositionen ins Auge und sorgt dafür, dass durch eine paritätische Vertretung mehr Perspektivenvielfalt Einzug auf der internationalen Bühne hält.

Eine feministische Außenpolitik schließt also eine Reihe von

Maßnahmen und Umstrukturierungen mit ein, die zusammengenommen nichts weniger im Sinn haben, als ein neues Verständnis dafür zu schaffen, was Außenpolitik ist, wem sie dient und wie sie funktioniert. Kein kleines Unterfangen. Dennoch und gerade deshalb schließen wir uns den Expertinnen des CFFP und anderer Organisationen an und schlagen vor, dass die EU ihre gemeinsame Außenpolitik feministisch ausrichten soll. Diplomatische und außenpolitische Posten müssen paritätisch besetzt, Waffenexporte einer EU-weiten Rüstungskontrolle unterstellt werden (aktuell ist dies noch Angelegenheit der nationalen Regierungen). Außenpolitische Entscheidungen müssen die Reduktion von Zugangsunterschieden und Privilegien zum Kern haben. Nur so kann die EU auf Dauer und glaubhaft ihre Rolle als Wertesupermacht behalten und eine Entwicklung in Richtung Gerechtigkeit und Gleichheit nicht nur in der EU, sondern auch in der Welt fördern.

Keine Zukunft ohne Aufarbeitung der Kolonialgeschichte

29 Die EU muss sich ihrer kolonialen Geschichte und Schuld stellen und diese transparent aufarbeiten, um ein neues Kapitel in ihrer Beziehung zu anderen Teilen der Welt aufzuschlagen.

In Bezug auf Antisemitismus, Imperialismus und Totalitarismus und ihre jeweiligen Folgen schrieb Hannah Arendt 1951: »Wir können es uns nicht länger leisten, das, was in der Vergangenheit gut war, zu übernehmen und einfach als unser Erbe zu bezeichnen, das Böse dagegen zu verwerfen und bloß als tote Last zu begreifen, die die Zeit selbst im Vergessen begraben wird.«[22] Dieser Satz trifft zu Beginn der 2020er-Jahre auch auf die EU zu, und zwar ganz besonders in puncto europäischer Kolonialgeschichte. Vom 15. Jahrhundert bis weit in das 20. Jahrhundert hinein haben Europäer (zumeist Männer) weite Teile der Welt erobert, erforscht, beherrscht und ausgebeutet. Von Vietnam bis Kanada, von Australien bis Peru wehten die Flaggen europäischer Mächte. Besonders hart traf es die afrikanischen Länder. Den Kontinent hatten Europas Staaten bis zum Ersten Weltkrieg fast in seiner Gänze untereinander aufgeteilt. Selbstüberhöhung, Machthunger, militärische Überlegenheit und kulturell-religiöse Dominanz etablierten Strukturen der Unterdrückung, die die Welt veränderten. Millionen Menschen bezahlten diese europäische Hybris mit ihrem Leben, sie wurden versklavt, verschleppt oder ihrer Kultur beraubt. Umfang und Systematik der Ausbeutung anderer Völker und Kulturen durch Europas Großmächte waren so tief greifend, dass sie bis in die Gegenwart nachwirken. Politische Instabilitäten, sozioökonomische Ungleichheiten in ehemaligen Kolonialstaaten auf der einen, in Europa ein nach wie vor latent vorhandenes Überlegenheitsgefühl auf der anderen Seite hinterlassen Spuren. Immer wieder aufflammender Rassismus ist ein Zeugnis davon, dass Europas Kolonialgeschichte bis heute lebendig ist.

Während andere dunkle Kapitel der europäischen Geschichte öffentlichkeitswirksam aufbereitet, sorgsam besprochen, selbstkritisch diskutiert und mit Ausstellungen, Denkmälern, Gedenktagen, TV-Dokumentationen und Aufklärung im Schulunterricht in ständiger Erinnerung gehalten werden, bleibt die europäische Kolonialgeschichte im Halbdunkel. Auch die Europäischen Institutionen tun sich noch schwer mit einer systematischen Aufarbeitung und Adressierung, wie Aline Sierp von der Universität Maastricht in einer Untersuchung aufzeigt. Sie schreibt: »Wenn es um symbolische wie konkrete Sühnearbeit geht, hat die EU, im Vergleich zu ihrer Reaktion auf die Folgen anderer Kriege und Völkermorde in Europa, bisher wenig unternommen. Weder die Restitution von Kulturgütern, die heute die Museen der westlichen Metropolen schmücken, noch Reparationszahlungen an die Nachfahren der ursprünglichen Bewohner kolonisierter Regionen, die unter der Sklaverei oder den zahllosen Massakern im Zuge imperialer Kriege zu leiden hatten, standen bisher auf der Prioritätenliste der EU.«[23] In Anbetracht der bis heute wahrnehmbaren Auswirkungen auf Politik und Selbstbild, der millionenfachen Opfer und Leidtragenden ist dieser Zustand der Geschichtsvergessenheit nicht tragbar. **Der unaufgearbeitete Kolonialismus versperrt den Weg in die Zukunft und belastet internationale Beziehungen.**

Das Anerkennen der eigenen Verantwortung ist also auch im Interesse der EU, der die meisten der ehemaligen Kolonial»herren« angehören. Die Union *muss* sich mit diesem Thema auseinandersetzen. Ein EU-weiter Gedenk- und Erinnerungstag kann einen wichtigen Beitrag leisten. Aline Sierp schlägt hierfür den 25. März vor. Dieser Tag erinnert schon heute an die Opfer der Sklaverei und kann eine inhaltliche Erweiterung erfahren. Aufarbeitung und Sensibilisierung müssen jedoch noch breiter ansetzen. Das geht in den Schulen los, wo das Thema in keinem Geschichtsbuch fehlen darf, reicht über die Sensibilisierung in Universitäten bis hin zu Kursen in Volkshochschulen. Völkermorde wie die an den Herero und Nama gehören aufgearbeitet und offiziell anerkannt.[24] Straßen und Plätze in Europa dürfen nicht länger (unkommentiert) nach Kolonialverbrechern benannt sein, und jede ehemalige Kolonialmacht sollte mindestens ein Museum zu diesem Thema einrichten. Auch Europas Medienanstalten müssen die Thematik stärker beleuchten und Journalistinnen zur kolonialen Vergangenheit weiterbilden. Wir schlagen außerdem vor, eine zentrale europäische Gedenkstätte zum Kolonialismus an prominenter Stelle im Brüsseler EU-Distrikt zu errichten. Die Gedenkstätte soll unweit des Europäischen Parlaments und der Kommission im Parc Léopold entstehen und damit politische Akteurinnen wie Besucherinnen täglich daran erinnern, was nie wieder geschehen darf. Ebenfalls soll dort ein zentrales europäisches Museum zur Kolonialgeschichte entstehen, welches in Zusammenarbeit mit Ländern, die ehemals als Kolonien unterdrückt wurden, konzipiert und betreut wird. Diese Maßnahmen können das geschehene Unrecht zwar nicht wiedergutmachen, sie sind zumindest aber ein wirkungsvolles Symbol dafür, dass die europäische Kolonialgeschichte und die aus ihr erwachsene Verantwortung im Bewusstsein der europäischen Politik angekommen sind. Erst ein ganzheitlicher Ansatz der Erinnerungskultur wird der Dimension, Wirkmächtigkeit und Tragik des europäischen Kolonialismus gerecht. Und er wird die Möglichkeit eröffnen, in der Beziehung mit den ehemaligen Kolonialstaaten ein neues Kapital aufzuschlagen und *gemeinsam* nach vorne zu schreiten.

Europäische Werte- und Wohlstandsrouten nach Ost und Süd

30 Die EU soll mit einem umfangreichen Infrastruktur- und Wirtschaftsförderprogramm umgebende Drittstaaten unterstützen und vernetzen, damit Stabilität und Wohlstand die östlichen und südlichen Nachbarregionen prägen und auch die EU stabilisieren.

Als Chinas Präsident Xi Jinping 2013 das Projekt »One Belt, One Road« vorstellte, war das Erstaunen in der EU groß. Mit einem Volumen von 900 Milliarden Dollar und koordinierten politischen Kräften rief die chinesische Regierung die weltweit größte und geostrategisch prägendste Infrastruktur- und Wirtschaftsinitiative nach dem Zweiten Weltkrieg ins Leben. Die »Neue Seidenstraße« sieht vor, China mit über 100 Ländern – von Pakistan bis Kirgisistan, von Ungarn bis nach Laos – besser zu vernetzen. Es entstehen Bahnstrecken, Häfen, Straßen und Flughäfen, Kraftwerke und Pipelines, alles meist finanziert durch die Kredite chinesischer Staatsbanken und mehrheitlich von chinesischen Unternehmen vor Ort umgesetzt. Transparente Ausschreibungsverfahren oder Umwelt- und Sozialstandards sucht man bei diesem Projekt vergebens. Während die EU-Mitgliedsstaaten sich ihrer gemeinsamen geostrategischen Rolle noch unzureichend bewusst sind, hat China die Bedeutung des eurasischen Raums erkannt und mit ungeheurer Effizienz, Finanz- und Menschenkraft den eigenen Geltungsanspruch über Tausende Kilometer in Beton gegossen. Mit der wirtschaftlichen und infrastrukturellen Ausdehnung geht auch eine politische und kulturelle einher. Die Seidenstraße nach chinesischer Prägung transportiert nicht nur Güter und Personen, sondern auch Ideen, Erwartungen und Haltungen. Die Pläne sehen Medienkooperationen sowie Kultur- und Jugendaustauschprogramme vor.[25] Das macht das Vorhaben hochpolitisch und machtpolitisch expansiv.

Wir verstehen das chinesische Megaprojekt als einen europäischen Weckruf. Die EU muss selbst- und wertebewusst eigene Wege finden, um sowohl den eurasischen als auch den afrikanischen Raum auf deren Entwicklungsweg konstruktiv zu begleiten. Nicht dominierend oder gar imperialistisch, sondern auf Augenhöhe und in enger Kooperation mit lokalen Partnerinnen. Mit ihren Umweltstandards, ihrer Qualitätsorientierung, ihrem Werte- und Demokratieverständnis hat die EU ihren angrenzenden Regionen etwas Einzigartiges zu bieten. Kurzum: **Die EU braucht ein eigenes Seidenstraßen-Projekt.** Das Wiener Institut für Internationale Wirtschaftsvergleiche (WIIW) hat sich dazu Gedanken gemacht. Der Vorschlag sieht vor, die wirtschaftlichen Zentren Europas mit denen der nächsten östlichen Nachbarschaft anhand zweier Hauptrouten zu verknüpfen. Die Nordroute reicht von Frankreich bis Zentral- und Osteuropa, weiter nach Russland bis ins nördliche Kasachstan. Die Südroute startet in Italien und führt von Südosteuropa über das Schwarze Meer bis nach Georgien. Die EU würde angrenzend an die Route gezielt die Verkehrs-, Energie- sowie die digitale Infrastruktur fördern – nach europäischen Standards für Mensch und Umwelt – und das europäische Netz sinnvoll mit dem chinesischen verknüpfen.[26]

Wir schlagen vor, den Ansatz noch weiter zu denken. Auch Nordafrika und der Nahe Osten sollen in die Pläne einbezogen werden. Ein südliches und südöstliches Infrastruktur- und Wirtschaftsförderprojekt der EU kann den nordafrikanischen und nahöstlichen Staaten auf ihrem Weg hin zu Stabilität, Wohlstand und Demokratie zur Seite stehen und wertvolle Impulse senden. Ausgehend vom Bahntunnelprojekt zwischen Spanien und Marokko (siehe These 46) können Autobahnen, Eisenbahnstrecken, Technologie- und Windparks an Routen von Marokko über Algerien bis nach Ägypten entstehen und in südlicher Richtung entlang der westafrikanischen Küste hinab bis nach Guinea. In südöstlicher Richtung können Routen zwischen der Türkei, Syrien, Libanon, Israel bis hinab nach Ägypten entstehen. Neben der Förderung und Kooperation bei Infrastrukturprojekten soll das europäische Seidenstraßenprojekt gezielt auch um Start-up-Förderungen, Technologietransfer für sauberes Trinkwasser und stabile Strom- und Digitalnetze sowie Förder- und Schulungsprogramme zu Fragen des Arbeitsschutzes, der Geschlechtergerechtigkeit oder des Umweltschutzes erweitert werden. Dies kann in den betreffenden Regionen wichtige Impulse für eine prosperierende und grüne Zukunft setzen, eröffnet den dort lebenden Menschen Perspektiven und kann den außen- und migrationspolitischen Druck abschwächen.

Auf Augenhöhe mit den Weltmächten in der UN

31 Die EU soll einen ständigen Sitz im UN-Sicherheitsrat bekommen, um ihre Interessen wirkungsvoll zu vertreten und zu einer gewichtigeren globalen Stimme für Demokratie, Freiheit und Rechtsstaatlichkeit zu werden.

Im UN-Gebäude in New York befindet sich eines der mächtigsten Friedensorgane der Welt, der UN-Sicherheitsrat. In ihm sitzen fünf ständige (Frankreich, Russland, China, Großbritannien, USA) sowie in wechselnder Besetzung zehn nicht ständige Mitglieder. Zusammen widmen sie sich der »Wahrung des Weltfriedens und der internationalen Sicherheit«, wie es nach Artikel 24 (I) der Charta der Vereinten Nationen heißt. In seiner Besetzung ist der Rat ein lieb gewonnenes und ziemlich Reform-unfreudiges Kind der Nachkriegszeit. Die geostrategischen und politischen Realitäten des 21. Jahrhunderts spiegeln sich immer weniger in ihm wider. Nach dem Fall der Mauer gab es Bemühungen, den Rat in seinem Set-up zu reformieren. Insbesondere Deutschland, Indien, Japan, Brasilien sowie Zusammenschlüsse weiterer Staaten setzten sich für eine Weiterentwicklung des Gremiums bzw. die eigene Aufnahme ein.[27] Bis heute scheiterten die Bemühungen einer grundlegenden Reform allerdings.

Will die EU eine ernst zu nehmende globale Akteurin auf Basis ihres Wertekanons und eines multilateralen Politikansatzes sein, braucht sie perspektivisch einen eigenen ständigen Sitz im UN-Sicherheitsrat. Gerade wenn durch die Schaffung des EU-Außen- und Sicherheitsrats (EUASR) (siehe These 25) das Primat der Außenpolitik umfänglich auf die EU übergeht und der Kontinent seine vereinte weltpolitische Stimme findet, ist dieser Schritt unumgänglich. Es gehört nicht viel Fantasie dazu, sich vorzustellen, dass solch ein Reformschritt eine gewaltige Fortschrittsbereitschaft erfordert, besonders von der Atommacht Frankreich.

Wir schlagen daher vor, dass in einer Phase des Übergangs zunächst ein neu zu schaffender ständiger Europäischer Sitz im UN-Sicherheitsrat rotierend von den EU-Mitgliedsstaaten besetzt wird und schließlich in einem gemeinsamen EU-Sitz aufgeht. Dafür könnte der ständige französische Sitz in einen europäischen umgewandelt werden. Wahrscheinlich ist das allerdings nicht, würde es doch nichts weniger als eine diplomatische Revolution in Frankreich brauchen, um das Land dazu zu bewegen. Wie der Weg dahin auch sein mag, der ständige EU-Sitz wird in seiner finalen Ausprägung dem EU-Außen- und Sicherheitsrat unterstehen. Die Botschafterinnen der EU werden durch den EUASR vorgeschlagen und durch das Europäische Parlament bestätigt.

Gemeinsame statt einsame Asylpolitik

32 Die EU soll eine gemeinsame Asylpolitik, inklusive eines EU-Schutzstatus, einführen, um einen angemessenen Beitrag für bedrohte Menschen aus aller Welt zu leisten und zugleich für mehr Akzeptanz innerhalb der EU zu werben.

Die Zahlen und Schilderungen sind erdrückend. Noch nie war die Anzahl der Menschen, die weltweit auf der Flucht vor Krieg, Konflikten oder Verfolgung sind, so hoch wie heute. Nach Angaben der Vereinten Nationen sind rund 79,5 Millionen Menschen, das entspricht etwas mehr als einem Prozent der Weltbevölkerung, auf der Flucht.[28] Seit 2010 hat sich diese

Zahl verdoppelt. Rund 85 Prozent der Geflüchteten leben nach wie vor in Staaten mit niedrigem bis mittlerem Einkommen.[29] Dies liegt nicht nur an der geografischen Nähe zu Konfliktregionen, sondern auch am Fehlen funktionsfähiger transnationaler Abkommen und Strukturen zur Aufnahme von Geflüchteten. Den EU-Staaten gelang es bisher nicht, sich auf eine gemeinsame europäische Asylpolitik zu einigen, die Humanität und eine zentrale Steuerung vereint und eine leistungsfähige Antwort auf diese globale Herausforderung darstellt. Die Folgen sind dramatisch: Rund 20000 Menschen verloren auf der Flucht über das Mittelmeer seit 2014 ihr Leben, Zehntausende Menschen leben unter menschenunwürdigen Bedingungen in überfüllten Flüchtlingslagern in Griechenland, in Internierungslagern in Libyen sind Vergewaltigung, Sklaverei und Folter Realität, Menschen ersticken auf Europas Autobahnen in Lastwagen und Kinder werden in gefängnisähnlichen Zuständen eingesperrt.[30] [31] [32] [33]

Was es braucht, ist ein großer asylpolitischer Schritt nach vorn. Dafür liegen vielerlei Vorschläge auf dem Tisch. Uns erscheinen die Ideen der Europafraktion der Grünen im Europaparlament als besonders beachtenswert.[34] Sie fußen auf dem Grundverständnis, dass asylpolitische Fragen und die damit zusammenhängende humanitäre Verantwortung Europas nur gemeinschaftlich getragen werden können und eine stärkere Harmonisierung brauchen. Der Vorschlag sieht die Einrichtung gemeinschaftlich betriebener Registrierungszentren an den EU-Außengrenzen vor, in denen Asylsuchende registriert werden und auch eine Sicherheitskontrolle durchlaufen. Die Asylanträge werden anschließend in einer zentralen europäischen Datenbank gespeichert, auf die die nationalen Asylbehörden und das Europäische Unterstützungsbüro für Asylfragen (EASO) Zugriff haben. Nach einer Anhörung ist die EU-Agentur schließlich zuständig, die Schutzsuchenden nach einem europäisch vereinbarten Proporzschlüssel und den jeweiligen Schutzbedürfnissen innerhalb der EU zu verteilen. Das Ideenpapier schlägt außerdem vor, dass Städte und Gemeinden Fördermittel direkt aus dem EU-Haushalt erhalten sollen. Bisher werden diese Gelder überwiegend über nationale Behörden weiterverteilt.

Noch gibt es innerhalb der EU unterschiedliche Verfahren und Kriterien, ob und ab wann eine Person schutzbedürftig ist und welchen Asylstatus sie erhält. Dies führt zu einer schwer kontrollierbaren Binnenmigration von Schutzsuchenden in der EU und setzt alle Akteurinnen gewaltig unter Druck. Die Lösung für diese transnationale Herausforderung kann nur in einem transnationalen Ansatz liegen. Das Grüne Vorschlagspapier weitergedacht, schlagen wir vor, die EU-Agentur für Asylfragen zu einer echten europäischen Asylbehörde weiterzuentwickeln und dieser die Kompetenz für die Verleihung eines EU-Schutzstatus zu erteilen. Bisher erteilen nur Mitgliedsstaaten Asylstatus (oder erteilen sie gerade nicht). **Der europäische Status kann Klarheit schaffen, wer sich in der EU aufhält und unter welchem Status.** Wir schlagen außerdem vor, bei der europäischen Asylbehörde einen Fonds mit Geldern aus EU-Steuern (siehe These 10) einzurichten, aus dem ein europäisches Geflüchteten-Basisgeld bezahlt wird. Diese finanzielle Zuwendung kann die Sozialkassen der Mitgliedsstaaten direkt entlasten. Die Aufnahmeländer und -regionen können sich dann verstärkt auf die Unterbringung und Integration der europäischen Neuankömmlinge konzentrieren. Es erscheint uns außerdem sinnvoll, Asyl-Registrierungs- und Informationszentren nicht nur an den EU-Außengrenzen, sondern auch in Absprache mit lokalen Partnerinnen direkt in Krisenregionen einzurichten. Dies kann Schutzsuchenden eine Anlaufstelle bieten und allen Beteiligten schneller Klarheit und Planungssicherheit geben, ob ein Antrag auf Asyl in der EU möglich ist oder nicht. Schleppernetzwerke werden dadurch geschwächt und sichere kontrollierte Routen für Schutzsuchende ermöglicht. Da Asylanträge damit auch außerhalb der EU-Außengrenzen gestellt werden können und die Zahl der Schutzsuchenden in der Folge steigen kann, ist es sinnvoll, über jährliche Asyl-Kontingente nachzudenken. Zugleich muss es oberstes Ziel der europäischen Außen- und Entwicklungspolitik sein, Perspektiven für Menschen in den betreffenden Regionen zu schaffen und das entwicklungs- und wirtschaftsfördernde Engagement massiv auszubauen.

Sichere Grenzen gibt es nur gemeinsam

33 FRONTEX soll zu einer echten Europäischen Grenzschutzpolizei weiterentwickelt werden, um den Schutz und die Verwaltung europäischer Außengrenzen zu einer Gemeinschaftsaufgabe zu machen.

Die Außengrenze der Europäischen Union erstreckt sich über rund 14000 Kilometer Land- und 9000 Kilometer Seegrenze. Während im Norden, Westen und Süden die politische Union ihre Grenze überwiegend im Meer hat, erstreckt sie sich auf der Ostseite über Land von den Polargebieten im nördlichen Finnland über Osteuropa bis hinab zu den griechischen Inseln und endet in einem eher unklaren Grenzzustand auf Zypern. Die Bedeutung der innereuropäischen Grenzen hat im Verlauf des Integrationsprozesses stark abgenommen, zugleich ist die Bedeutung der Außengrenzen gewachsen. Hier kumuliert sich die geballte Grenzschutzverantwortung. Die Europäische Union in ihrer aktuellen Verfasstheit ist auf klare äußere Grenzen angewiesen, um Freiheit, Sicherheit, Rechtsordnung und Solidarität im Inneren zu garantieren. Wenn auch nicht als unbezwingbare Festung, so ist die EU doch gewissermaßen als Burg mit Zugtor und Eingangsbeschränkungen konstruiert. Aktuell spricht Artikel 3 Absatz 2 des EU-Vertrags in diesem Zusammenhang von »geeigneten Maßnahmen in Bezug auf die Kontrollen an den Außengrenzen«, um einen »Raum der Freiheit, der Sicherheit und des Rechts ohne Binnengrenzen« zu ermöglichen. Wir finden: Wer die EU weiterentwickeln will, muss dieser Realität ins Auge blicken und von hier aus vorandenken. Elementar in unserem Verständnis ist, dass der Europäische Grenzschutz mit einem gemeinschaftlichen und humanen Asyl- und Migrationssystem (siehe Thesen 32 und 34) Hand in Hand gehen muss. Eine Politik der Abschottung ist mit den Werten der EU und im Angesicht der globalen Realitäten keine Option.

Wie ist der Grenzschutz aktuell organisiert? Die Hauptverantwortung für die Sicherung und Überwachung der EU-Außengrenzen liegt weiterhin bei den Mitgliedsstaaten. Um diese zu unterstützen, wurde 2004 die Europäische Agentur für die Grenz- und Küstenwache, besser bekannt als FRONTEX, gegründet. Seitdem wurde sie stetig ausgebaut und soll bis 2027 eine ständige Reserve von 10 000 Grenzbeamtinnen erhalten.[35] Im Verhältnis zu nationalen Grenzschutz- und Sicherheitskapazitäten ist diese Zahl überschaubar. Der Verantwortungsmix beim Schutz der EU-Außengrenzen erweist sich im Angesicht der hohen Zahl an Schutzsuchenden und der Effektivität der Organisierten Kriminalität als wenig zukunftsfest. Und auch FRONTEX selbst hat Probleme. Die Agentur sieht sich nicht nur Vorwürfen der Menschenrechtsverletzungen ausgesetzt, sondern entzieht sich aktuell auch einer direkten Kontrolle durch das Europäische Parlament. Eigene Ausbildungskapazitäten gibt es ebenso nicht.[36]

Um die Außengrenzen der EU nachhaltig zu sichern und zu schützen,

muss die Hauptverantwortung von der nationalen auf die europäische Ebene übergehen. Schließlich liegen in einem offenen Europa die Grenzen von Ländern wie Frankreich oder Deutschland nicht am Rhein oder der Oder, sondern im Mittelmeer und am Mariza. Wir schlagen vor, FRONTEX zu einer vollumfänglichen Europäischen Grenzschutzpolizei (EGP) weiterzuentwickeln, zu deren Personalstand und technischer Ausstattung *alle* EU-Mitgliedsstaaten beitragen. Die bisherigen nationalen Grenzpolizeien werden nicht vollkommen aufgelöst, aber zu einem beträchtlichen Teil in die EGP übergehen.

Die EGP ist dem EU-Außen- und Sicherheitsrat (siehe These 25) untergeordnet und wird dadurch einer direkten Kontrolle von Parlament, Kommission und Senat (bzw. Rat) unterstellt. Eine Personalstärke von 100 000 Personen, wie schon von politischen Akteurinnen vorgeschlagen, scheint realistisch.[37] Im Selbstverständnis und der Ausrichtung soll die EU-Außengrenze nicht als unüberwindbarer Schutzwall, sondern, in enger Verknüpfung mit einem europäischen Asyl- und Migrationssystem, als sichere Außengrenze mit klaren Zugangsregeln und -möglichkeiten verstanden werden.

Qualifizierte Zuwanderung mit der EU Blue Card

34 **Die EU soll durch den Ausbau des Blue-Card-Systems zu einer gemeinsamen Migrationspolitik finden, um die Union durch qualifizierte Einwanderung zukunftsfest zu machen.**

Europa ist ein Kontinent der Migration. Nach UN-Angaben lebten 2019 weltweit 272 Millionen Menschen in Staaten, in denen sie nicht geboren wurden. Fast jeder dritte von ihnen

(82 Millionen, um genau zu sein) hat in der EU eine neue Heimat gefunden. Mittlerweile sind 11 Prozent der EU-Gesamtbevölkerung (1990: noch 6,8 Prozent) außerhalb der Union geboren und machen sie zunehmend vielfältiger.[38] Der Weg in eine buntere Gesellschaft verläuft dabei nicht immer spannungsfrei. An allen Ecken Europas ist die Migrationspolitik ein Dauerbrenner. Die einen sehen einer Zukunft voller Vielfalt und friedlichem Miteinander entgegen, während andere einen Verlust europäischer Kultur fürchten. Und mittendrin: Millionen Zugewanderte, denen ein Mix aus Warmherzigkeit, Schweigen und Ablehnung bis hin zu offener Gewalt entgegenkommt. Menschen, die hier ankommen, treffen auf vieles, nur nicht auf eine gemeinsame, europäische, migrationspolitische Haltung: 27 Einzelregelungen statt eines einheitlichen europäischen Rahmens, der Orientierung und Perspektive bietet. Obwohl Migration eine globale Realität ist, reagiert die EU immer noch hauptsächlich auf nationaler Ebene.

Die EU muss **eine gemeinsame migrationspolitische Stimme** finden. Im Angesicht der demografischen Entwicklung und Innovationsträgheit ist der Kontinent auf Zuwanderung angewiesen, während in der Welt Millionen talentierter Menschen vergeblich auf neue Perspektiven und Chancen warten. Bisher sind die Zuwanderungsmöglichkeiten in die EU beschränkt und lassen sich wie folgt zusammenfassen: Zuwanderung aufgrund höchster Qualifikation (EU Blue Card), Zuwanderung per Ehe oder Lebenspartnerschaft mit einer EU-Bürgerin, temporäre Zuwanderung per bestehendem Arbeitsvertrag oder als Studierende oder Wissenschaftlerin. Die Möglichkeiten der Migration für Menschen außerhalb dieser Kategorien sind so gut wie unmöglich, weswegen viele den Umweg über das Asylsystem gehen und damit »illegale« Wege der Zuwanderung wählen. Die EU braucht einen migrationspolitischen Kurswechsel hin zu klar definierten, offeneren und kontrollierbareren Mechanismen, um Menschen (mit Qualifikation) eine Perspektive zu bieten.

Mit dem vom Thinktank Bruegel erdachten Blue-Card-System, angelehnt an das bekannte Green-Card-System der Vereinigten Staaten, existiert schon heute ein vielversprechendes Instrument.[39] Die Blue Card wurde 2009 vom Europäischen Rat auf den Weg gebracht und ermöglicht hoch qualifizierten Drittstaatangehörigen den Aufenthalt in der EU zu Arbeitszwecken. Der Aufenthaltstitel wird jeweils von einem Mitgliedsstaat für die Arbeit in ebendiesem für ein bis vier Jahre erteilt. Doch die Hürden für den Erhalt einer Blue Card sind extrem hoch: Die Antragstellerinnen müssen neben einem abgeschlossenen Hochschulstudium und einer Jobzusage auch ein Gehalt nachweisen, welches eineinhalb Mal über dem Durchschnittsjahresgehalt des jeweiligen Gastlandes liegt. In Deutschland liegt das Mindestgehalt, das zu einer Blue Card berechtigt, bei etwa 53 000 Euro, in Spanien bei 34 000 Euro und in Bulgarien bei 8168 Euro. Bei diesen Barrieren ist es kaum verwunderlich, dass 2018 gerade einmal 31 678 Blue Cards in der ganzen EU ausgestellt wurden, davon 27 241 in Deutschland, 1576 in Polen und 1523 Frankeich.[40] Über zehn Jahre nach der Einführung ist die Blue Card noch immer weit davon entfernt, ein verbreitetes und erfolgreiches Instrument der koordinierten Migrationspolitik zu sein. Doch der Grundgedanke ist gut.

Wir schlagen vor, den Blue-Card-Ansatz zu diversifizieren und zu verbreitern und damit zu einer gemeinsamen migrationspolitischen Linie in Europa zu kommen. Das System soll sich stärker am US-amerikanischen Vorbild orientieren. Menschen aller Bildungshintergründe müssen die Möglichkeit haben, sich für eine Blue Card zu bewerben, wenn sie eine Jobzusage, einen Arbeitsvertrag oder eine tragfähige Geschäftsidee haben. Auch Investorinnen sowie Menschen mit besonderen Fähigkeiten, sei es auf dem Gebiet der Kunst, Bildung, Literatur, Religion, Ethik oder des Sports, gehören dazu. Die Gültigkeitsdauer muss verlängert werden, und auch ein Lotterie-System wie in den Vereinigten Staaten ist denkbar. Statt 27 einzelner Plattformen und Antragsverfahren muss es eine gemeinsame europäische Migrationsplattform geben, auf der Menschen, die qualifiziert und gezielt in die EU einwandern wollen, sich informieren und den Antrag gemeinsam mit ihren Familien stellen können. Wir schlagen vor, das schon heute existierende EU Immigration Portal innerhalb der zuständigen Generaldirektion der Kommission, Migration und Inneres (HOME) zu einer echten Einwanderungsbehörde weiterzuentwickeln, die in enger Abstimmung mit den Mitgliedsstaaten, Regionen und Städten die Zuwanderung vereinfacht und steuert. Diesem Gedanken folgend, muss die migrationspolitische Steuerung von der nationalen auf die europäische Ebene übergehen und zugleich um die Möglichkeit erweitert werden, dass Regionen und Städte direkt melden können, in welchen Sektoren und Branchen Arbeitskräfte benötigt werden. An die Europäische Einwanderungsbehörde kann ein Europäisches Jobportal angehängt werden, welches in möglichst vielen Sprachen konkrete Job- und Engagementperspektiven in der EU aufzeigt. Zugleich schlagen wir vor, weltweit EU-Migrationszentren einzurichten, in denen sich Zuwanderungsinteressierte über Migrations- und Jobmöglichkeiten, deren Voraussetzungen, aber auch Beschränkungen in der EU informieren können. In der Summe geht es darum, in der EU ein Verständnis für die Notwendigkeit einer qualifizierten Zuwanderung zu wecken und zugleich Zuwanderungsinteressierten weltweit nachvollziehbare und gangbare Wege aufzuzeigen.

Nach den Sternen greifen: eine EU-Marsmission

35 Die EU soll eine eigene bemannte Mission zum Planeten Mars planen und durchführen, um europäische Wissenschaft zu befeuern, europäische Identität zu stärken und geopolitische Statur zu erlangen.

Der Weltraum spielt in den Prozessen und Debatten der Europäischen Union bislang keine große Rolle. Das ist wenig verwunderlich, geht es bei der EU doch in erster Linie um die politische Zusammenarbeit auf dem Kontinent. Und da schon die Koordinierung der Außenbeziehungen zu anderen Ländern die EU an ihre Limits bringt, bleibt ein umfangreiches EU-Weltraumprogramm buchstäblich in den Sternen. Gleichzeitig gibt es Argumente, weshalb sich die Europäische Union verstärkt mit den Fragen beschäftigen soll, die jenseits unseres Planeten liegen. In der Weltraumforschung liegt großes wissenschaftliches Potenzial, das zur Lösung von Problemen auf der Erde herangezogen werden kann. Weltraummissionen, die höchste Qualität und Präzision in unterschiedlichsten Sektoren voraussetzen, dehnen den Rahmen dessen, was technisch möglich ist, und führen so auch zu Innovationsschüben in vielen anderen, nicht direkt mit der Raumfahrt verwandten Bereichen. Zudem haben besonders bemannte Missionen jenseits der Erdatmosphäre eine eigene, fast schon erhebende Inspiration. **Wenig vereint Menschen jeglicher Hintergründe, Hautfarben, Sprachen, Religionen oder Kulturräume enger als ein gemeinsamer Schritt in die Bereiche außerhalb unseres Heimatplaneten.** Aus diesen und weiteren Gründen schlagen wir vor, eine bemannte EU-Marsmission zu planen und in den 2030er-Jahren durchzuführen. Dazu muss entweder eine eigene EU-Weltraumorganisation gegründet werden. Alternativ kann die Marsmission aber auch in Zusammenarbeit mit der European Space Agency (ESA) durchgeführt werden, eine rechtlich und formell von der EU unabhängige Institution, der auch Nicht-EU-Staaten angehören. In jedem Fall braucht es eine gemeinsame Strategie, die technische, administrative und politische Zusammenarbeit über Ländergrenzen hinweg und nichts weniger als die Aktivierung des vollen wissenschaftlichen und technologischen Potenzials europäischer Regierungen, Universitäten, Forschungszentren, Unternehmen und Organisationen.

Ganz neu ist die Idee nicht. Schon 2001 startete das »Aurora«-Projekt mit dem Versuch, eine EU-Marsmission vorzubereiten. Daraus ist nie etwas geworden: 2010 wurde die Projektwebsite weitestgehend unkommentiert offline genommen.[41] Andere Länder, darunter die USA, China und Russland, sind aber weiterhin am Ball und planen eigene Missionen zum Roten Planeten. Auch private Firmen wie SpaceX verfolgen diesen nächsten großen Schritt der Menschheit. Vor diesem Hintergrund und im Kontext einer globalisierten Welt, in der Länder Alternativen zu nationalen Alleingängen finden müssen, ist eine wissenschaftliche und friedliche Mission zum Nachbarplaneten unseres Sonnensystems auch eine (außen-)politische Aktivität. Das Hissen nicht einer nationalen, sondern der EU-Flagge auf dem Roten Planeten und die darin zum Ausdruck kommende Repräsentanz unterschiedlicher Länder und Kulturen haben das Potenzial, auch die **Weltraumforschung als Menschheitsprojekt** zu verstehen.

Bereits die Planung und Vorbereitung einer EU-Marsmission hätte eine ganze Reihe positiver Effekte und Nebeneffekte: Der notwendige Leistungsschub in technischen, aber auch sozialen und organisatorischen Bereichen, der zwangsläufig für ein solches Unterfangen benötigt wird, kann einen regelrechten Innovationsschub in der EU auslösen – sei es in der (Weiter-) Entwicklung von Triebwerken und optischen Instrumenten, der Software und digitalen Infrastruktur, von Raumanzügen, Verpflegungsmöglichkeiten und medizinischen Erkenntnissen, aber auch von effektiven Kommunikations- und Entscheidungswegen hin zu einem neuen Verständnis der Zusammenarbeit militärischer und zivilwissenschaftlicher Strukturen. Dieser Innovationsschub wird die internationale Attraktivität europäischer Forschungsprogramme und Universitäten steigern und gleichzeitig den USA Konkurrenz um die klügsten Köpfe der Welt machen. Die Lösungssuche mit den vielen zu klärenden Fragen soll weltweit ausgeschrieben werden und Firmen, NGOs, Start-ups sowie militärische und staatliche Akteurinnen in der EU einbeziehen und aktivieren. Ein solch wahrlich astronomisches Unterfangen wird in großem Maße zur Vertiefung der europäischen Zusammenarbeit und Identität führen, die Union in einem gemeinsamen Ziel einen und gleichzeitig die geopolitische Statur der EU stärken – und bei alldem eine neue, geeinte Stimme aufs globale Parkett bringen.

Als letzte Idee: Das EU-Marsraumschiff soll dann den Namen der ersten Präsidentin des direkt gewählten Europäischen Parlaments, Simone Veil, tragen. Auch das wäre eine Revolution der guten Art. »Simone Veil, ready for take-off?«

KAPITEL 4: EIN GERECHTES EUROPA

Stellen wir uns die Europäische Union als Haus vor, so ist die Menschenwürde das Fundament, auf dem alles steht: die Erkenntnis, dass jeder Mensch einen Wert hat, unabhängig von Merkmalen wie Geschlecht, Hautfarbe, Herkunft oder der sexuellen Orientierung. Gerechtigkeit ist der Zement dieses Hauses, der alles zusammenhält und vor Instabilität schützt. Beide *Funktionen* haben direkten Einfluss auf die Struktur, Integrität und die Resilienz der Europäischen Union.

Gerechtigkeit und Würde sind tief verankert in den EU-Verträgen und in ihrem Selbstverständnis als solcher. Die EU-Grundrechtecharta begründet sich nicht nur ausdrücklich auf der Menschenwürde, sie legt auch die einzelnen Dimensionen fest und garantiert in den Grundrechten die Zugänge zu den Pfeilern eines menschenwürdigen Lebens. Eine Armada an EU-Verordnungen, Richtlinien und Institutionen kümmert sich ganz konkret um Gerechtigkeitsfragen: beispielsweise von der Verordnung zur Koordination der sozialen Sicherungssysteme über die Antirassismusrichtlinie bis hin zu EU-Agenturen wie dem European Institute for Gender Equality (EIGE) oder dem Gerichtshof der Europäischen Union (EuGH).

Im internationalen Vergleich schlagen sich sowohl die EU als auch die meisten ihrer Mitgliedsstaaten nicht schlecht. So sind im »Rule of Law Index 2020«, einer globalen Untersuchung von Rechtsstaatlichkeit und Gerechtigkeitssystemen, sieben Plätze in der Top 10 von EU-Ländern belegt.[1] Andere Messinstrumente stellen der EU ebenso gute Noten aus. Sei es beim Thema Geschlechtergerechtigkeit, LGBTQ*-Rechten oder beim Arbeitnehmerinnenschutz: Die EU schneidet besser ab als andere Regionen der Welt.

Diese Werte dürfen jedoch nicht darüber hinwegtäuschen, dass, trotz guter Durchschnittswerte, viele Gerechtigkeitsfragen noch unzureichend adressiert, gelöst, und sogar teilweise ignoriert werden. Und während »Würde« auf dem Papier den höchsten Stellenwert einnimmt, bleibt in der Praxis davon nicht immer viel übrig: Überfüllte Lager mit Schutzsuchenden am Mittelmeer, der menschenfeindliche Umgang mit Minderheiten wie den Sinti und Roma, das Fehlen von gleichen Chancen und Möglichkeiten für Frauen und Mädchen, der Flickenteppich an unterschiedlicher Rechtsprechung für Lesben, Schwule, Inter- oder Transmenschen, ein ungleicher Zugang zu sozialen Sicherungssystemen, aber auch eine gefühlt sehr diffuse Einteilung in EU-Bürgerinnen unterschiedlicher Klassen belegen ein Feld, auf dem noch viel Arbeit zu tun ist.

Gerechtigkeit und Würde sind keine Luxuswerte, sondern unverzichtbares Fundament und Zement für eine stabile und nachhaltige europäische Zukunft. Durch Diskriminierung, Ausgrenzung und unterschiedliche Standards wird nicht nur millionenfach individuell Leid erzeugt, Ungerechtigkeiten und Entwürdigungen haben auch kollektive Folgen. Sie bremsen Innovation, Wohlstand und Frieden aus und verstärken die Polarisierung, Ungleichheit und Konflikte. Die Anerkennung von Vielfalt und Respekt vor der individuellen Würde sichert den Frieden, Europas höchstes Gut. Der norwegische Friedensforscher Johan Galtung hat bereits vor 50 Jahren das Konzept des positiven Friedens entwickelt, der sich nicht bloß durch die Abwesenheit von Gewalt auszeichnet, sondern vielmehr auch strukturelle und sogenannte »symbolische Gewalt« (wie der französische Soziologe Pierre Bourdieu sie nennt) ausschließt. Wenn also Menschen aller Couleur auf die Straßen gehen, um gegen strukturellen Rassismus zu protestieren, und dabei »no justice, no peace« (»keine

Gerechtigkeit, kein Frieden«) rufen, so weisen sie auf die Abwesenheit eines positiven Friedens hin. Amy Herr, eine amerikanisch-finnische Friedensforscherin, deren Mann Vincent-Immanuel Herr ist, hat in der Küche eine Postkarte aufgestellt, in der dieser Zusammenhang andersherum als Auftrag beschrieben wird: **»If you want peace, work for justice«** (»Wenn du Frieden möchtest, arbeite für Gerechtigkeit«). Wie wir es auch drehen und wenden, Frieden, Stabilität und eine rundum gute Gesellschaft gibt es nicht ohne Gerechtigkeit und Würde – die jeder und jedem zusteht.

Die EU mag ihre Defizite haben, doch zum Glück gibt es konkrete Vorschläge und Ideen, wie die EU dem eigenen Anspruch auf universale Menschenwürde und parteilose Gerechtigkeit näherkommen kann. Hinter diesen Ideen stecken Menschen: Kluge Denkerinnen und Philosophinnen, Juristinnen und Aktivistinnen haben sich zu diesen Themen schon seit Jahrhunderten Gedanken gemacht. Die EU hingegen kann viel mehr tun. Nämlich, Ideen Realität werden lassen und so Gerechtigkeit und Würde nicht nur auf dem Papier, sondern noch mehr im Alltag aufleben lassen.

Sicherheit und Schutz mit der Europäischen Sozialunion

36 **Die EU soll sich zu einer Sozialunion weiterentwickeln, um in einer digital-globalisierten Welt auch zukünftig ihren Unionsbürgerinnen ein Mindestmaß an sozialen Rechten garantieren zu können.**

Ein vereintes Europa der Würde, der sozialen Gerechtigkeit und des Zusammenhalts ist nicht ohne eine Vertiefung und Harmonisierung der Sozialpolitik denkbar. Über Jahrzehnte stand die ökonomische Integration im Zentrum des europäischen Einigungsprozesses – und das ausgesprochen erfolgreich. Weniger öffentliche Aufmerksamkeit und politische Hingabe erfuhr hingegen das Streben nach sozialer Vertiefung, obwohl es genauso tief in der europäischen DNA verankert ist. Bereits im *Manifest von Ventotene*, das 1941 von Altiero Spinelli, Ernesto Rossi und Eugenio Colorni verfasst wurde und als eines der wegweisenden Dokumente europäischer Integrationsgeschichte gilt, wird die soziale Dimension der europäischen Einigungsidee und die Schaffung eines »angemessenen Lebensstandards« sowie »menschlicher Lebensbedingungen« betont.[2] Inspiriert vom Geiste Schumans und Monnets gab es auch Anfang der 1950er Ambitionen, Europa sozialpolitisch stärker zusammenzuführen. Die Idee einer Europäischen Gesundheitsgemeinschaft (1952) geht unter anderem auf diese Zeit zurück.[3] Die Pläne konnten jedoch nicht rechtzeitig genug Unterstützung in den Staaten mobilisieren. Während die Europäisierung des Wirtschaftsraums in großen Schritten voranging, verblieb die Sozialpolitik in den Händen der Nationalstaaten. Der Gedanke dahinter: Das vereinte Europa sorgt für Wohlstand, und die Nationalstaaten organisieren, dass dieser innerhalb der Länder gerecht verteilt wird.

Bis in die 1980er-Jahre hinein ging die Formel halbwegs auf. Dann erfuhr Europa eine wettbewerbsstaatlich-neoliberale Wendung, die zu einer schleichenden Erosion des »sozialen Integrationskompromiss monnetscher Prägung« führte.[4] Die Stärkung des innergemeinschaftlichen Wettbewerbs und der ökonomischen Liberalisierung setzten die nationalen Sozialsysteme zunehmend unter Druck. Sozialstandards wurden abgebaut oder unzureichend weiterentwickelt. In der Folge stellt sich das soziale Europa heute als fragmentiert dar: Während man in Zypern nur ein halbes Jahr lang Arbeitslosengeld erhält, sind es in Dänemark bis zu zwei Jahre.[5] Erhält man in Kroatien

Mutterschutz von 14 Wochen, so sind es in Bulgarien ganze 58,5 Wochen.[6] Und stehen in Deutschland Pflegebedürftigen Mittel aus der staatlichen Pflegeversicherung zur Verfügung, kennt man diese zusätzliche Leistung in vielen anderen EU-Staaten schlichtweg nicht. Auch verharrt die soziale und finanzielle Ungleichheit in der EU seit Jahren auf einem besorgniserregend hohen Niveau. Noch immer sind rund 22 Prozent der EU-Bevölkerung armutsgefährdet – ein Wert, der sich seit 2008 nur wenig verändert hat.[7] Und der Trend schreibt sich fort. Die Vermögens- und Chancenschere in der EU driftet immer weiter auseinander, die Notwendigkeit für Mechanismen der sozialen Balance steigt.

Einzelne europäisch koordinierte sozialpolitische Maßnahmen, wie etwa die europäische Beschäftigungsstrategie, die Mindestnormen bei der Arbeitssicherheit oder auch die Einführung einer europäischen Krankenversicherungskarte, konnten den generellen Trend nicht stoppen. Die EU wurde zwar wirtschaftlich wettbewerbsfähiger, aber nicht im gleichen Maße gerechter und sozialer. Erst in jüngerer Vergangenheit, insbesondere durch die massiven wirtschaftlichen und sozialen Verwerfungen im Rahmen der Weltfinanz- und europäischen Staatsschuldenkrise und im Zuge der Covid-19-Pandemie, erfährt die Idee eines sozialen Europas wieder Rückenwind. Umfang und Ausgestaltung des vom Europäischen Rat verabschiedeten Covid-19-Wiederaufbaufonds und mehrjährigen Finanzrahmens verdeutlichen, trotz Kritik einzelner Mitgliedsstaaten, dass die Wirtschaftsgemeinschaft erste Schritte hin zu einer Solidargemeinschaft unternimmt.[8]

Für uns ist klar: **Die EU muss sich zu einer Sozialunion weiterentwickeln,** um auch zukünftig unter den verschärften Bedingungen des globalen und digitalen Zeitalters ihren Bürgerinnen ein Mindestmaß an Sozialstandards zu gewähren. Hierfür braucht es einen Kurswechsel. Der unfaire Wettbewerb, der Waren, Kapital und Dienstleistungen in der EU frei fließen lässt, aber Bürgerinnen über unterschiedliche Sozialstandards und Steuern gegeneinander ausspielt, muss beendet werden. Europas Bürgerinnen sind gewissermaßen in »sozialpolitischen Korsetten gefangen« ohne die Möglichkeit, sich effektiv gegen »die Renationalisierung der Kosten dieses Spiels zu wehren«, schreiben Ulrike Guérot und Robert Menasse.[9] Das zementiert die soziale und finanzielle Spaltung der EU. Wir schlagen vor, dass die Gemeinschaft unverzüglich mit der Konstruktion einer Sozialunion beginnt und dabei in zwei Schritten vorgeht: Die EU-Staaten einigen sich im ersten Schritt auf gemeinsame Standards und Bedingungen in den Kernfeldern der Sozialpolitik. Ob bei der Elternzeitregelung oder dem Renteneintrittsalter, bei Dauer der Versorgung bei Erwerbsunfähigkeit oder Mindestlohn. **Europas Bürgerinnen brauchen Klarheit, welche Leistungen ihnen wie lange zur Verfügung stehen und zu welchen Bedingungen sie leben und arbeiten** – auch bei grenzüberschreitenden Biografien.

Im nächsten Schritt werden die Systeme europäisiert und zugleich regionalisiert. Die Arbeitslosenrückversicherung soll den Anfang machen, wie vom Deutschen Institut für Wirtschaftsforschung (DIW) vorgeschlagen.[10] An ihr wollen wir exemplarisch zeigen, wie es funktionieren kann. Wer im gemeinsamen Binnenmarkt arbeitslos wird, muss auch von einem gemeinsamen Sicherungssystem aufgefangen werden. Beschäftigte des europäischen Marktes zahlen gemeinsam in eine neue Europäische Arbeitslosenversicherung ein und erhalten aus ihr einen nach jeweiliger Lebens- und Erwerbsregion – nicht nach Mitgliedsstaat – gestaffelte Mindestleistung an Arbeitslosengeld. Wer in Städten lebt, wird mehr Arbeitslosengeld brauchen als in den ländlichen Orten. Regionen, die eine konjunkturelle Schwächephase durchlaufen, werden dadurch gestützt, während sich Regionen, die sich in einem ökonomisch-zyklischen Hoch befinden, nicht überhitzen. Auf die Dauer betrachtet, können sich die Zyklen und innereuropäischen sowie staatlichen Transfers ausgleichen. Die Europäische Arbeitslosenversicherung garantiert dabei ein Mindestmaß an Leistungen, die um solche aus nationalen oder regionalen Versicherungssystemen ergänzt werden. Unser Vorschlag bedeutet damit nicht die Auflösung nationaler Sicherungssysteme, die sich zweifelsohne über Jahrzehnte bewährt haben, sondern deren Entlastung und Fokussierung, weil Basisleistungen dann über das gemeinsame europäische System abgedeckt werden. In Kürze: EU-Bürgerinnen leisten gemeinschaftlich die soziale Mindestsicherung, regionale und nationale Strukturen ermöglichen ergänzende Leistungen.

Auf die Arbeitslosenversicherung folgen die weiteren Sicherungsmechanismen unter dem Schirm einer EU-Sozialunion. Eine EU-Kranken-, Unfall- und Pflegeversicherung, eine gemeinsame Regelung zur Elternzeit (siehe These 86) und dem Kindergeld bis hin zur Grundsicherung und Wohngeldregelung. Wir plädieren auch hier für eine regionale Staffelung und Ausrichtung. Denn die sozialen Grenzen in Europa verlaufen nicht national, sondern regional. Das europäische Sicherungssystem wäre hierbei Garant für ein Mindestmaß an Schutz, sodass niemand durch das Raster fällt.

All diese Vorschläge können jedoch nicht nachhaltig greifen, wenn nicht zugleich auch ein Mindestmaß an innereuropäischer Solidarität entsteht, sowohl unter den Bürgerinnen als auch unter den politischen Akteurinnen. Wie kann einer Bürgerin aus Helsinki in Finnland vermittelt werden, dass sie eine Familie aus Chamalières in Frankreich bei der Pflege ihrer Angehörigen über die Versicherung unterstützt? Wie auch bei der Schaffung der nationalen Sicherungssysteme werden Europas Bürgerinnen und Politikerinnen Vertrauen und Mut ineinander haben müssen. Die Zeichen dafür stehen günstig. Eine Mehrheit der Bürgerinnen ist schon heute offen für diese

Schritte. Je nach Mitgliedsland wünschen sich 63 bis 86 Prozent der Bürgerinnen verbindliche Mindeststandards zur sozialen Sicherheit in der EU. Selbst in Deutschland befürworten dies 62 Prozent.[11] Und wie auch bei der Schaffung der nationalen Sicherungssysteme braucht Solidarität Zeit, um zu wachsen und zu gedeihen - aber auch Entschlusskraft. Solidarität braucht einen Rahmen, sie braucht aber auch die Tat. Wichtig ist, überhaupt zu beginnen. Auch in der EU kann das gelingen, und die EU-Sozialunion kann dabei helfen, ein europäisches Wir-Gefühl entstehen zu lassen.

Lohngleichheit zwischen den Geschlechtern

37 Die EU soll die geschlechterspezifische Diskriminierung bei Gehalt und Entlohnung mit einer Verordnung verbieten, um dem Gender-Pay-Gap entgegenzuwirken.

Die ungleiche Bezahlung der Geschlechter ist immer noch eine bedrückende europäische Realität. Obgleich das Ziel der Entgeltgleichheit zwischen Frauen und Männern bereits 1957 im Artikel 119 im Gründungsvertrag der Europäischen Wirtschaftsgemeinschaft (EWG) festgelegt wurde, bewegt sich der Fortschritt im Schneckentempo.

Millionenfach erfahren Frauen noch immer eine Ungleichbehandlung und monetäre Minderwertschätzung ihrer Arbeit. Im Schnitt verdienen Frauen in der EU rund 14,1 Prozent (unbereinigter Gender-Pay-Gap) weniger pro Stunde als ihre männlichen Kollegen. Spitzenreiter der Ungleichheit sind Estland und Lettland mit rund 21 Prozent, Österreich mit 20 und Deutschland mit 19 Prozent, während Italien mit rund 5 Prozent, Bulgarien mit 3 und Luxemburg mit etwa 1 Prozent die geringsten Unterschiede aufweisen.[12]

Vielfältige Faktoren wie die Teilzeitquote, (bezahlte oder unbezahlte) Auszeiten für Kinder oder die starke Repräsentanz von Frauen in den sozialen Berufen beeinflussen diese Ungleichheit. Doch damit nicht genug. Zusätzlich zur Erwerbsarbeit widmen sich Frauen in der EU rund 22 Stunden die Woche (Männer 9 Stunden) der unentgeltlichen Sorgearbeit, etwa im Haushalt, bei der Erziehung oder der Pflege von Angehörigen.[13] Arbeiten also, die vielfach von der Gesellschaft (und besonders von uns Männern) als selbstverständlich wahrgenommen und zu oft übersehen werden. Dabei bremst die strukturelle Ungleichheit nicht nur Millionen Frauen in der EU mit ihren Qualitäten, Fähigkeiten und Ideen aus, sondern schwächt die EU-Gesellschaften insgesamt. Der Kontinent nutzt das Potenzial von über 50 Prozent der Bevölkerung unzureichend. Das ist keinesfalls nur eine ökonomische Frage, es ist allen voran eine **Gerechtigkeits- und Prinzipienfrage.** Die tagtägliche Missachtung der europäischen Zielsetzung der Entgeltgleichheit, welche seit Gründungstagen Teil der europäischen DNA ist, ist ein Armutszeugnis. Der Nichteinsatz gegen Geschlechterungerechtigkeit kann in der Folge kein Bestandteil einer ernsthaften europäischen Haltung sein.

Mit den im März 2021 vorgestellten Maßnahmen zur Lohntransparenz geht die Kommission nächste Schritte in diese Richtung,[14] aber noch nicht genug. Nach 60 Jahren Bemühungen, den verschiedensten EU-Richtlinien und begrenzt wirkungsvollen freiwilligen Bekundungen braucht die EU Klarheit und Entschlusskraft. Wir schlagen vor, dass innerhalb der EU die ungleiche Bezahlung zwischen Frauen und Männern bei gleicher Arbeit verboten und damit Artikel 119 der Römischen Verträge realisiert wird.

Ein Blick nach Island zeigt, warum das funktioniert und warum es nötig ist, »etwas Radikales zu unternehmen«, wie es der isländische Sozialminister Þorsteinn Víglundsson formulierte.[15] Seit dem 1. Januar 2018 ist die Insel der weltweit erste Staat, der geschlechterbasierte Lohndiskriminierung gesetzlich verbietet und einen Verstoß sanktioniert. Unternehmen und Behörden mit mehr als 25 Mitarbeitenden müssen sich zertifizieren lassen, dass sie gleiche Löhne für beide Geschlechter zahlen. Wer es nicht tut, riskiert Strafen.

Ein Jahr nach Einführung hatten sich immerhin schon die Hälfte der Unternehmen zertifiziert. Flankiert wird das neue Gesetz von einer Reihe anderer Maßnahmen, die Island bereits einige Jahre zuvor eingeführt hatte. Beispielsweise von einer Frauenquote von 40 Prozent in Führungspositionen, der Aufnahme dieser Thematik in die Schullehrpläne oder auch der Schaffung eines Ministeriums für Gleichberechtigung. Wir schlagen vor, vom isländischen Erfolg zu lernen und die geschlechterspezifische Lohndiskriminierung in der EU durch eine eigene Verordnung, die von den Mitgliedsstaaten in vollem Umfang umzusetzen ist, zu untersagen. Die Nationalstaaten sollen zusätzlich auf ihren regionalen und föderalen Ebenen Strukturen schaffen, die die Einhaltung in Unternehmen und Institutionen regelmäßig überprüfen und bei Verstoß ahnden.

Dieser Vorschlag ist ein großer Schritt in Richtung eines weltweit ersten Kontinents der Lohngleichheit.

Parität im Europäischen Parlament

38 Das Europäische Parlament soll mit einem Reißverschlussverfahren nach französischem Vorbild paritätisch zwischen Frauen und Männern besetzt werden, um so eine gerechte Repräsentanz zu ermöglichen.

Der European Gender Equality Index untersucht, wie gleich bzw. ungleich Männer und Frauen in verschiedenen Lebensbereichen behandelt werden und welche Möglichkeiten ihnen zustehen oder verwehrt werden. In keinem Bereich sind Frauen den Männern weiter hinterher als im Zugang zu Positionen von Macht und Einfluss. Ganz besonders zeigt sich das in der Politik. Europäische Frauen stellen weniger als ein Drittel aller Abgeordneten der nationalen Parlamente (28,6 Prozent) und sind darüber hinaus in den Regierungen unterrepräsentiert. Das Europäische Parlament ist etwas besser aufgestellt und hat es 2019 immerhin auf einen Frauenanteil von 40 Prozent geschafft.[16] Das ist ein Etappensieg, aber kein Grund, vom Gas zu gehen. Der Frauenanteil ist je nach Staat noch sehr unterschiedlich verteilt.

Das Problem der niedrigen Repräsentation von Frauen in Parlamenten ist nicht neu, daher gibt es schon eine ganze Reihe von Ideen und Konzepten zur Verbesserung der Lage. Allgemein werden Vorschläge rund um eine Erhöhung des Frauenanteils durch gesetzliche Maßnahmen unter dem Begriff des Paritätsgesetzes zusammengefasst – angelehnt an ein entsprechendes Gesetz in Frankreich aus dem Jahr 2000, das Parteien dazu verpflichtet, bei der Listenaufstellung Männer und Frauen abwechselnd aufzustellen. Auch andere Länder haben entsprechende Gesetze bereits verabschiedet. So hat Spanien 2007 eine Regelung verabschiedet, nach der bei Parlamentswahlen

40 Prozent der Listenplätze an Frauen gehen müssen. Tatsächlich liegt der Anteil spanischer Parlamentarierinnen seitdem immer *über* 40 Prozent – eine legislative (und geschlechtergerechte) Erfolgsgeschichte. In nordischen Ländern wie Schweden oder Finnland verpflichten sich die meisten Parteien freiwillig zu einer Frauenquote, was bisher auch ganz gut funktioniert. Beide Länder haben den höchsten Anteil weiblicher Abgeordneter in der EU. Quoten (ob freiwillige oder gesetzliche) und auch das tatsächliche Einhalten dieser sind also nach wie vor nötig, um Frauen den gleichen Zugang zu den Parlamenten zu ermöglichen. In den meisten anderen Ländern sieht es nämlich weniger rosig aus: Teilweise werden gesetzliche Regelungen bewusst ignoriert und Strafzahlungen in Kauf genommen, um mehr Männer als Kandidaten aufstellen zu können. In Kroatien ist das beispielsweise der Fall.[17]

Für die Wahl zum Europäischen Parlament gibt es bisher keine Regelung. Hier kann recht einfach Abhilfe geschaffen werden. Wir schlagen vor, für die **Wahl zum Europäischen Parlament ein gesetzlich verpflichtendes Reißverschlussverfahren** einzuführen, nach dem alle Wahllisten abwechselnd mit Frauen und Männern zu besetzen sind. Vorbild kann das französische Paritätsgesetz sein – allerdings ohne die Option, die Regelung per Strafzahlung zu ignorieren. Eine Liste, die nicht paritätisch besetzt ist, wird entsprechend nicht zur Wahl zugelassen.

Ein Paritätsgesetz auf EU-Ebene hat nicht nur positive Auswirkungen auf Politikerinnen, die bisher in von Männern dominierten Parteien das Nachsehen haben. Es kann auch eine nicht zu unterschätzende Symbolwirkung haben und Frauen und Mädchen in der ganzen Union dazu inspirieren, selbst in die Politik zu gehen. Die ehemalige schwedische Außenministerin Margot Wallström brachte es bei einer Rede in Tunis mit Blick auf die Beteiligung von Frauen in Politik und anderen Führungspositionen auf den Punkt: »We should never accept that women have less than half the representation. If someone ever asks why, you might just ask them to look around. There's not much to lose by giving it a try, is there?«[18] Dieser Losung sollten das Europäische Parlament und alle anderen nationalen und regionalen Entscheidungsgremien folgen.

Junge Perspektiven auf allen politischen Ebenen

39 EU-weit sollen nach kroatischem Vorbild Jugendräte entstehen, die politische Institutionen beraten und begleiten, um junge Perspektiven in der Politik zu fördern und zu stärken.

Die Belange junger Menschen kommen in der Politik regelmäßig zu kurz. Das hat verschiedene Gründe: die mangelnde politische Erfahrung junger Menschen, jugendunfreundliche Strukturen, eine niedrige Wahlbeteiligung, die demografische Veränderung und eine damit einhergehende sinkende Relevanz junger Menschen als Wählerinnengruppe. Was die Gründe im Detail auch sein mögen, das Resultat ist die Abwesenheit junger Stimmen und Perspektiven in vielen politischen Entscheidungsprozessen und daraus folgende reale Auswirkungen auf das Leben und die Lebensqualität junger Menschen. Die schleppende Digitalisierung im Bildungsbereich, eine zögerliche Klimapolitik oder der langsame Umbau der Verkehrssysteme sind Ausdruck einer Politik und Haltung, die die Interessen und Lebenswirklichkeiten der jungen und zukünftigen Generationen nur unzureichend berücksichtigt.

Eine Lösungsmöglichkeit haben wir in Kroatien entdeckt: Hier existieren auf lokaler und regionaler Ebene, also in Städten und Gemeinden, sogenannte Jugendräte, die die Politik vor

Ort konkret beraten und die Interessen junger Menschen vertreten. Die Räte wurden mit dem Youth Council Act im Jahr 2014 ins Leben gerufen. Alle Mitglieder der Jugendräte werden in der Regel in allgemeiner Wahl gewählt, was für viele junge Leute auch die erste eigene Erfahrung im Wahlkampf ist (und damit für spätere politische Partizipation prägt und prädestiniert). Die Mitglieder müssen zwischen 15 und 30 Jahre alt sein und sind drei Jahre lang Teil des jeweiligen Jugendrats.[19]

Die tatsächliche Schlagkraft und der Einfluss der Jugendräte hängen am Ende des Tages jedoch maßgeblich von der Bereitschaft der Stadtverwaltung oder der Bürgermeisterin ab, die Jugendräte nicht nur zu dulden, sondern ihnen auch Gehör zu schenken und ihre Vorschläge ernst zu nehmen. So gut die Grundidee ist, auch in Kroatien läuft sie noch weit unter Potenzial. Gerade einmal 92 von 576 lokalen Verwaltungen haben die Jugendräte bisher eingeführt, trotz gesetzlicher Vorgabe.[20] Ein Jugendrat kann also ein wirkungsvolles Instrument sein – oder nur ein Lippenbekenntnis. Die Einrichtung eines Jugendrates ist daher idealerweise verpflichtend und eingebettet in eine umfassende jugendpolitische Strategie. »Entscheidend ist, wie agil diese Strategien in der Praxis umgesetzt werden«, sagt uns Anna Grebe, die seit vielen Jahren Verbände, Institutionen und Kommunen jugendpolitisch berät. »Ein fest verankertes Jugendgremium funktioniert dann am besten, wenn es auch Input von anderen Jugendlichen bekommt, die nicht Mitglied des Gremiums sind. Dort, wo unterschiedliche Instrumente und Formate von Jugendbeteiligung sich im Partizipationsmix gegenseitig ergänzen und immer wieder auf ihre Wirksamkeit hin überprüft werden, dort erleben Jugendliche eine besonders hohe politische Selbstwirksamkeit.«

Mit Blick auf die geringe Repräsentation junger Menschen in allen EU-Ländern und auf allen Ebenen und besonders im Hinblick auf die meist niedrige Wahlbeteiligung schlagen wir die **Einführung von Jugendräten nach kroatischem Vorbild in allen EU-Ländern** vor. Besonders die lokale Ebene bietet sich hierfür an und schafft gleichzeitig ein besseres Verständnis für die Relevanz lokaler Politik. Denkbar ist aber auch, Jugendräte auf Länder- bzw. Regionalebene, im nationalen Kontext oder sogar als Beratungsorgan der EU-Institutionen in Brüssel einzurichten. Wichtig ist hierbei, den Zugang durch allgemeine Wahl zu sichern (was auf lokaler Ebene sicher am besten funktioniert), um eine Monopolisierung der Jugendvertretung durch organisierte Jugendverbände zu vermeiden.

Ende der LGBTI* -Diskriminierung in der EU

40 **Die vollständige Akzeptanz der LGBTI* -Gemeinschaft ist zentral für Europas Werte- und Würdeanspruch und soll durch eine umfassende rechtliche Gleichstellung und mehr Aufklärung erreicht werden.**

Die EU als ein Ort der Würde und Vielfalt ist nicht denkbar ohne die rechtliche, soziale und kulturelle Akzeptanz sexueller Minderheiten und des dritten Geschlechts. Davon ist die EU allerdings noch weit entfernt: Sowohl Schwule, Lesben, Bi- und Transsexuelle (LGBT*) als auch intergeschlechtliche Menschen (I) erfahren in der EU immer noch Ausgrenzung und Diskriminierung. Der neueste LGBTI-Report zeigt: Rund 40 Prozent der betroffenen Personen berichten von persönlicher Belästigung oder Diskriminierung aufgrund ihrer sexuellen Orientierung, rund 60 Prozent würden sich nicht trauen, in der Öffentlichkeit die Hand ihres Partners oder ihrer Partnerin zu halten; circa 11 Prozent erfuhren in den vergangenen fünf Jahren Gewalt.[21]

All das fußt auf Jahrhunderten der Ablehnung und Unterdrückung menschlicher Vielfalt durch kulturelle Normen, religiöse Vorstellungen und einer heteronormativen Idee von Gesellschaft und Zusammenleben. Millionenfache Schicksale stecken dahinter, schließlich verstehen sich rund 6 Prozent der EU-Bevölkerung als LGBTI*, und um die 10 Prozent ordnen sich einem Spektrum außerhalb klassischer heterosexueller Zuschreibungen zu.[22]

Für die EU lässt sich vereinfacht feststellen, dass je weiter östlich, desto schwieriger die Situation für Betroffene. In Polen haben sich gar 100 Gemeinden und Landkreise zu »LGBT-ideologiefreien Zonen« *(Strefa wolna od ideologii* LGBT*)* erklärt, und in Ungarn verbietet ein neues Gesetz die nachträgliche Änderung des Geschlechts auf amtlichen Dokumenten.[23] In vielen Teilen Osteuropas – und nicht nur da – steht die LGBTI* -Ablehnung exemplarisch für eine tiefe Verunsicherung und Uneinigkeit in zentralen Fragen des europäischen Miteinanders: Welche Werte und Normen halten die EU zusammen? Wo liegen die gesellschaftspolitischen Prioritäten? Wie umgehen mit dem (vermeintlichen) Verlust von Traditionen und Gewohnheiten in einer Welt im Wandel? Die LGBTI* -Frage ist zu Europas Gretchenfrage geworden: »Nun sag, wie hast du's mit den europäischen Werten und der Würde jedes Menschen?«[24]

Für uns ist klar: **Eine Ausgrenzung sexueller oder geschlechtlicher Minderheiten lässt sich mit dem europäischen Werte- und Würdeverständnis nicht vereinbaren.** In Artikel 21 der Grundrechtecharta der Europäischen Union heißt es unmissverständlich: »Diskriminierung insbesondere wegen des Geschlechts, (…) oder der sexuellen Ausrichtung sind verboten.« Was die EU und die Betroffenen schleunigst brauchen, ist Akzeptanz und Verbindlichkeit. Die im November 2020 vorgestellte LGBTIQ-Strategie der EU-Kommission liefert einen wichtigen Beitrag dazu. Hier werden erstmals gemeinsame Ziele und Standards festgelegt und auch Gelder für den Einsatz gegen Diskriminierung und *hate speech* mobilisiert.[25] Doch das geht noch nicht weit genug. Insbesondere Kirchen und Glaubensgemeinschaften, die in vielen Teilen Europas bis heute meinungsprägend sind, müssen sich die unbequeme Frage anhören, inwieweit sie eine menschenunfreundliche und zuweilen bigotte Sicht auf die Thematik noch beibehalten und wie dies mit eigenen Werten der Nächstenliebe in Einklang zu bringen ist. EU-Fördergelder müssen konsequent zurückgehalten werden, wenn in Regionen oder ganzen Staaten sexuelle Minderheiten diskriminiert und ausgeschlossen werden.

Zu einer umfassenden LGBTI*-Akzeptanz gehört auch **die EU-weite formale Anerkennung des dritten Geschlechts,** also der gelebten Erfahrung, mit einem Körper geboren zu sein, der den normativen Vorstellungen von männlich/Mann und weiblich/Frau nicht entspricht. Dabei handelt es sich um alle, die sich nicht in das binäre Geschlechtersystem einordnen lassen (wollen), sei es aufgrund körperlich unbestimmter Geschlechtsmerkmale oder einer nichtbinären Geschlechtsidentität. EU-Länder wie Malta, Portugal, Deutschland und Dänemark haben dafür schon Gesetzgebungen auf den Weg gebracht und ermöglichen den entsprechenden Personen Eintragungen wie »divers« oder »x« im Personenstandsregister oder in amtlichen Dokumenten. Wir schlagen vor, dass eine Anerkennung in allen EU-Staaten und auf europäischer Ebene ermöglicht wird und alle amtlichen Dokumente die Option »divers« erhalten oder es freigestellt wird, ob ein Geschlecht überhaupt eingetragen wird.

Ehe für alle in allen EU-Staaten

41 In allen EU-Staaten soll gleichgeschlechtlichen Paaren die Eheschließung ermöglicht werden.

Die EU ist bei der Frage der Eheöffnung für gleichgeschlechtliche Paare in Ost und West gespalten. Wer in einer gleichgeschlechtlichen Partnerschaft leben, dauerhaft Verantwortung füreinander übernehmen und dafür eine Ehe schließen will, kann dies aktuell nur in zwölf EU-Mitgliedsstaaten tun. In sieben weiteren ist immerhin alternativ die eingetragene Lebenspartnerschaft eine Option, während ein formaler Verbund eines gleichgeschlechtlichen Paares in Bulgarien, Lettland, Litauen, Polen, Rumänien und der Slowakei explizit ausgeschlossen ist.

Uns selbst betrifft das Thema unmittelbar: Martin lebt mit einem Mann zusammen, Vincent mit einer Frau. Bis 2017 wurden wir auch in Deutschland vor dem Gesetz unterschiedlich behandelt. Diese Ungerechtigkeit hat uns dazu bewegt, 2015 einen offenen Brief an die deutsche Bundesregierung zu schreiben. Unter dem Titel #EsIstZeit haben den Brief rund 150 prominente Personen des öffentlichen Lebens und weitere 50 000 per Online-Unterschriften mitgetragen. Im Brief hieß es damals: »Für immer mehr von uns, mittlerweile eine überwältigende Mehrheit unserer Gesellschaft, ist Gleichheit nur möglich, wenn die Liebe zwischen zwei Menschen nicht mit zweierlei Maß gemessen wird. Ist Freiheit nur erreicht, wenn Familie und Ehe keine Frage des Geschlechts, sondern der gelebten Verantwortung füreinander sind.«[26] Was für Deutschland gilt, gilt mittlerweile auch für die EU. Rund 76 Prozent der EU-Bürgerinnen unterstützen heute die Forderung nach der Ehe für alle.[27]

Dass es Menschen in einigen EU-Staaten bis heute grundsätzlich nicht möglich ist, eine rechtlich geschützte Partnerschaft einzugehen, steht im Widerspruch zu den Grundwerten der EU. Um diesen Widerspruch aufzuheben, schlagen wir zweierlei vor: Zum einen soll es allen Paaren – unabhängig von Geschlecht oder sexueller Orientierung – in der EU ermöglicht werden, eine solche verbindliche Partnerschaft einzugehen. Das Vorbild dafür findet sich in Frankreich. Hier wurde 1999 der sogenannte Zivile Solidaritätspakt *(Pacte civil de solidarité, kurz* PACS*)* eingeführt. Diese zivilrechtliche Partnerschaftsform ermöglicht es Paaren, egal ob hetero-, bi- oder homosexuell, Verantwortung füreinander zu übernehmen und beispielsweise steuerliche oder Erbschaftsfragen gemeinsam zu regeln. Der Solidaritätspakt wird von lokalen Behörden und nicht, wie bei der Ehe üblich, vom Amtsgericht geschlossen – und wird auch als »Ehe light« bezeichnet. Das Modell erfreut sich großer Beliebtheit. Rund 190 000 Partnerschaften, davon 96 Prozent zwischen heterosexuellen Paaren, werden mittlerweile pro Jahr geschlossen. Geheiratet wird in Frankreich mit 230 000 Mal pro Jahr nur ein wenig öfter.[28] Der Pakt scheint zur Lebensrealität und zu den Wünschen vieler Bürgerinnen zu passen. Mittlerweile gibt es den Solidaritätspakt auch in Luxemburg, andere Länder wie Österreich oder die Schweiz denken über die Einführung nach.

Wir schlagen vor, dass der Zivile Solidaritätspakt nach französischem Vorbild eine Option für alle Paare in der Europäischen Union wird. **Allen Paaren in der EU soll darüber hinaus der Zugang zur Ehe ermöglicht werden**. Abgeleitet vom Grundverständnis der Gleichheit, unabhängig vom Geschlecht und der sexuellen Orientierung, ist auch dieser Schritt für eine EU der Würde und Gerechtigkeit unverzichtbar. Um einen gesellschaftlichen Konsens für die Eheöffnung in den skeptisch eingestellten Staaten herzustellen, soll den betreffenden Ländern eine Übergangsfrist von bis zu fünf Jahren gewährt werden. Folgt nach der Frist keine umfassende rechtliche Gleichstellung für gleichgeschlechtliche Paare, sollen Kürzungen der EU-Fördermittel oder der Ausschluss von Bewerbungen auf diese folgen. Die Schaffung beider Optionen, der zivilen Partnerschaft nach französischem Vorbild und der Ehe für alle, kann es mehr Paaren in der EU ermöglichen, Verantwortung füreinander zu übernehmen. Das wäre nicht nur ein Segen für Europas Paare, sondern auch für Europas Gesellschaft(en). Weil Verantwortung füreinander im Kleinen beginnt und dann ins Große ausstrahlt.

Rassismus effektiv bekämpfen

42 Der Ansatz des Racial Equality Mainstreaming soll Leitgedanke europäischer Politik auf allen Ebenen sein und eine neue EU-Agentur zur Bekämpfung strukturellen Rassismus gegründet werden, um ein sicheres Leben ohne Diskriminierung für alle Bürgerinnen zu fördern.

Europa hat ein Rassismusproblem – strukturell, kulturell, politisch und sozial. In allen Teilen Europas und auf allen gesellschaftlichen Ebenen erfahren Menschen aufgrund ihrer Hautfarbe, Herkunft, kulturellen Merkmale oder Minderheitenzugehörigkeit Diskriminierung, Ausgrenzung oder Abwertung. Miriam Mona Müller, afrodeutsche Feministin, Politikwissenschaftlerin und Expertin im Bereich Social Change, schreibt uns dazu: »Sprache und Themensetzung im gesellschaftlichen Diskurs machen immer wieder deutlich, dass in Europa rassistische Denkmuster und ein (un-)bewusstes Verständnis von weißer Vorherrschaft existiert. Das bereitet mir nicht nur Sorgen, sondern macht Angst.« Die Zahlen zu Rassismus und Diskriminierung in der EU verdeutlichen Müllers aufrüttelnde Analyse. So haben 46 Prozent der Angehörigen von Minderheiten persönlich Diskriminierung oder Herabwürdigung wegen ihrer Hautfarbe innerhalb der letzten zwölf Monate erlebt – besonders im öffentlichen Raum, beim Job oder bei der Arbeitsplatzsuche.[29] 30 Prozent der Menschen afrikanischer Abstammung gaben an, in den letzten fünf Jahren rassistisch belästigt worden zu sein, rund 5 Prozent haben in diesem Zeitraum rassistisch motivierte Gewalt erfahren (mit 14 Prozent in Finnland und 13 Prozent in Irland und Österreich sind hier rassistische Übergriffe am häufigsten). Nur etwa 14 Prozent der Vorfälle wurden der Polizei oder einer anderen Behörde gemeldet, die meisten Fälle bleiben im Verborgenen.[30] Am stärksten diskriminiert fühlen sich Menschen afrikanischer Herkunft in Frankreich und Italien, Sinti und Roma in den östlichen Mitgliedsstaaten und türkischer Herkunft in den Niederlanden, Österreich und Dänemark.[31] Die Zahlen zeichnen ein Bild, vor dem weite Teile der Mehrheitsgesellschaft in Europa lange die Augen verschlossen haben. Rassismus ist eindeutig nicht nur ein US-amerikanisches oder außereuropäisches Problem, sondern betrifft die EU allumfassend.

»Viele Menschen, gerade auch in Europa, erleben Ausgrenzung und Abwertung aufgrund ihres Äußeren, ihrer (vermeintlichen) Herkunft oder Kultur, obwohl dies qua Gesetz bereits verboten ist. Wenn wir uns eine europäische Identitätskultur wünschen, dann sind all unsere Kulturen und Hintergründe eine enorme Bereicherung auf dem Weg zum gemeinsamen Miteinander«, sagt uns Lamia Özal, Rechtsanwältin und Tochter türkischer Eltern, die in Deutschland geboren und aufgewachsen ist. Tatsächlich verpflichtet die EU-Grundrechtecharta alle Mitglieder dazu, die unantastbare Würde des Menschen zu »achten und zu schützen«. Darüber hinaus ist die Diskriminierung etwa aufgrund von sozialer oder ethnischer Herkunft, genetischer Merkmale, Minderheitenzugehörigkeit etc. explizit »verboten« (Artikel 21). So zumindest in der Theorie. Dass die Praxis davon abweicht, weiß auch EU-Kommissionspräsidentin Ursula von der Leyen und brachte es im Juni 2020 in einer einprägsamen Rede im EU-Parlament auf den Punkt: **»In unserer Union ist kein Platz für Rassismus oder jegliche Form von Diskriminierung.«** Sie hebt weiter hervor: »Wenn wir auf Rassismus stoßen, müssen wir Alarm schlagen und sofort einschreiten. Und wir müssen uns darüber im Klaren sein, dass Wachsamkeit und ein bewusster Umgang mit dem Thema im Kleinen beginnen. Mit jeder und jedem Einzelnen von uns. Zum bewussten Umgang gehört auch, sich selbst zu hinterfragen. Zum bewussten Umgang gehört, in Fällen von Diskriminierung nicht zu schweigen. Und es gehört dazu, Privilegien infrage zu stellen, die wir möglicherweise als völlig normal ansehen, die aber eigentlich nicht selbstverständlich sind.«[32] Für Fortschritt in der Rassismusbekämpfung braucht es aber nicht nur eine individuelle Veränderungsbereitschaft, sondern strukturelle Reformen.

Das European Network Against Racism (ENAR), ein im Jahr 1998 gegründetes Netzwerk mit über 600 Mitgliedsorganisationen, welches sich dem Einsatz gegen Rassismus und Diskriminierung widmet, macht eine ganze Reihe von Vorschlägen. Besonders das Konzept des Racial Equality Mainstreaming ist für die EU interessant.

Ähnlich wie beim Gender Mainstreaming geht es hier darum, Anti-Diskriminierung und Anti-Rassismus in allen Entscheidungen und Prozessen mitzudenken und, wo nötig, entsprechende Vorkehrungen oder Anpassungen proaktiv vorzunehmen. Dadurch werden potenzielle Probleme und Ausgrenzungen entweder von vornherein ausgeschlossen oder minimiert. Durch Racial Equality Mainstreaming ändert sich auch die Perspektive: Diskriminierung wird nicht mehr als bedauerlicher Einzelfall abgetan oder auf ein individuelles Fehlverhalten geschoben, sondern explizit als strukturelles und systemisches Problem begriffen, das auch eine strukturelle Anpassung erfordert. Nach den Vorstellungen von ENAR soll Racial Equality Mainstreaming ein Leitgedanke für alle Policies, Gesetze und Prozesse werden – ob auf EU- oder nationalstaatlicher Ebene – und so intersektional in der Breite seine Wirkung entfalten.[33] Zur Überwachung und Koordinierung dieser Arbeit braucht es Expertinnen – und Strukturen.

Wir schlagen vor, nach dem Vorbild des European Institute for Gender Equality (EIGE) eine neue EU-Agentur einzurichten, die direkt dem Einsatz für die Gleichberechtigung aller Menschen und dem Abbau von Diskriminierung in der EU dient: das European Institute for Racial Equality (EIRE). Das neue Institut soll das Wissen zu diesem Thema bündeln, eng mit Netzwerken wie ENAR und nationalen Organisationen kooperieren und Politik, Medien, Unternehmen und der Öffentlichkeit mit Informationen, Hintergründen und Handlungsempfehlungen beratend zur Seite stehen. Dabei können alltagstaugliche Toolkits, Ressourcen und Datenbanken entstehen, die privaten wie öffentlichen Institutionen helfen, Muster des strukturellen Rassismus zu erkennen und dagegen vorzugehen. Denkbar ist, EIRE in Bulgarien, Kroatien oder Rumänien anzusiedeln – diese EU-Länder sind bisher keine Gastgeberinnen einer dezentralen EU-Agentur. Durch die Gründung von EIRE und der Einführung des Racial Equality Mainstreaming wird die EU das Problem des Rassismus nicht über Nacht lösen, wohl aber einen wichtigen Beitrag für eine mittel- und langfristige Verbesserung leisten. Unabhängig davon, hat von der Leyen völlig recht: Es liegt auch am Individuum, **Rassismus keinen Raum zu geben,** im Fall der Fälle einzuschreiten und so Teil einer gerechten und egalitären EU zu werden.

Eine barrierefreie EU auch im Privatsektor

43 Menschen mit Behinderung sollen in der EU auch die Produkte und Dienstleistungen im privaten Sektor barrierefrei nutzen können.

Eine Europäische Union der Würde und Gerechtigkeit ist nicht ohne Barrierefreiheit denkbar. Alle EU-Bürgerinnen sollen die Chance haben, möglichst einfach und ohne Hindernisse am sozialen, wirtschaftlichen, kulturellen und politischen Leben teilzunehmen, sich auszutauschen und ihr Potenzial zu entfalten. Für rund ein Fünftel der Menschen in der EU ist dies nur unter erschwerten Bedingungen möglich, sie nämlich leben mit einer oder mehreren Behinderungen.[34] Und die Zahl wächst. Mit der demografischen Entwicklung sind insbesondere immer mehr ältere Mitglieder der Gesellschaft auf Unterstützung und Barrierefreiheit angewiesen. Die EU hat die Entwicklung im Blick und schon einige konkrete Verbesserungen erreicht. Ausgehend von der Grundrechtecharta und der UN Convention on the Rights of Persons with Disabilities (UNCRPD) hat die Union bisher ein ganzes Bündel an Maßnahmen entwickelt, um das Leben mit einer Behinderung zu erleichtern. Dazu gehören unter anderem der barrierefreie Zugang zu den Services von Behörden (on- wie offline), die Entwicklung gemeinsamer Standards für Ausweisdokumente, die Schaffung eines allgemeinen Rahmens für die Verwirklichung der Gleichbehandlung im beruflichen Umfeld oder auch die Verbesserung des Reisens mit öffentlichen Verkehrsmitteln. Mit dem 2019 verabschiedeten Rechtsakt zur Barrierefreiheit sollen darüber hinaus auch gemeinsame Standards für die einfache Zugänglichkeit und Bedienung von elektronischen Geräten, wie Smartphones, Computern oder Geldautomaten und E-Commerce-Plattformen, gelten.[35] All das sind wichtige Schritte auf dem Weg zu einer inklusiven EU. Doch die Bemühungen gehen noch nicht weit genug.

Gerade in der Privatwirtschaft stoßen Menschen mit Behinderung vielfach auf Hindernisse und werden von der Teilhabe ausgeschlossen. Hier gibt es noch keine EU-weiten **verbindlichen Vorgaben zur Herstellung von Barrierefreiheit.** Das Spektrum reicht von fehlenden Zugangsmöglichkeiten zu Supermärkten und Geschäften über nicht vorhandene behindertengerechte Toiletten bis hin zu unleserlichen Webauftritten. *Ein* EU-Mitgliedsstaat macht vor, wie es anders gehen kann: Österreich. Nach einer zehnjährigen Übergangsfrist trat dort am 1. Januar 2016 umfassend das österreichische Bundes-Behindertengleichstellungsgesetz (BGStG) in Kraft.[36] Es verpflichtet auch private Unternehmen, die der Öffentlichkeit Waren oder Dienstleistungen anbieten, dazu, Barrierefreiheit herzustellen und dafür angemessene Maßnahmen zu treffen. Der Mechanismus ist klug gewählt. Statt Tausender einzelner Vorgaben für jedes Geschäftsfeld definiert das Gesetz unmissverständlich, dass Menschen mit Behinderung das gleiche Recht auf öffentliche Angebote (auch die von Unternehmen) haben und ihnen ein diskriminierungsfreier Zugang möglich sein muss. Ist dies nicht gewährleistet, können sich Betroffene unkompliziert bei einer Servicestelle des Österreichischen Sozialministeriums melden. Dort wurde eine Schlichtungsstelle eingerichtet, es stehen Anwältinnen für Gleichbehandlungsfragen zur Verfügung, kostenfreie Mediationen werden angeboten, und es wurde ein Monitoringausschuss geschaffen, der die Wahrung der Rechte für Menschen mit Behinderung gewährleistet. »Der österreichische Ansatz hat Vorbildcharakter für die gesamte EU«, sagt uns der Gerechtigkeitsaktivist Raul Krauthausen im Gespräch und erläutert weiter: »Es geht nicht darum, eine Rampe mehr oder weniger zu errichten, es geht darum, allen Menschen die gleichen Möglichkeiten und Zugänge zu geben und die Barrieren, die uns trennen, niederzureißen.«

Wir schlagen vor, in der gesamten EU – in Anlehnung an das österreichische Gesetz – einen Rechtsrahmen zu schaffen, der auch die Akteurinnen der Privatwirtschaft verpflichtet, ihre öffentlich zugänglichen Produkte, Dienstleistungen und Angebote barrierefrei zu gestalten, und Diskriminierung effektiv abbaut. Hierfür soll den Unternehmen und Organisationen in der EU eine fünf- bis zehnjährige Übergangsfrist gewährleistet werden, um sich auf die veränderten Bedingungen einzustellen. National wie regional müssen Anlaufstellen entstehen, in denen Unterstützung, Mediation und Rechtsbeistand leicht zugänglich sind. Angedockt an die EU-Kommission und besetzt mit Repräsentantinnen aus EP, Kommission, Senat/Rat sowie Vertreterinnen von Behinderten- und Wohlfahrtsverbänden, soll ein Monitorgremium eingerichtet werden, welches die EU-weiten Fortschritte überwacht und dokumentiert. Diese neuen Vorgaben können den **Weg hin zu einem inklusiveren Europa ebnen.** Sie senden ein kraftvolles Signal an alle EU-Bürgerinnen: Das ist ein Kontinent, der allen Menschen, egal ob mit oder ohne Einschränkungen, ein Leben in Würde, in Gerechtigkeit, mit den gleichen Chancen und Möglichkeiten eröffnet. Nichts anderes darf die EU wollen, wenn sie ihre Werte und ihren Anspruch einlösen will.

KAPITEL 5: EIN VERNETZTES EUROPA

Austausch und Mobilität sind zentrale Aspekte der Europäischen Idee. Verbindungen schaffen Vertrauen ineinander und Verständnis füreinander und sichern damit Frieden und Wohlstand. Die EU hat mit ihren pass- und visafreien Grenzübergängen im Schengenraum einen weltweit einzigartigen Erfahrungs-, Wirtschafts- und Kulturraum geschaffen. Hier sind Menschen, Güter und Ideen ständig in Bewegung. Zwei Millionen EU-Bürgerinnen arbeiten in einem anderen EU-Land, als sie leben, und überschreiten regelmäßig Grenzen.[1] 22 Millionen Menschen sind täglich mit dem Zug unterwegs, davon fahren rund 7 Prozent auf internationalen Verbindungen.[2] Pro Jahr gehen um die 200 000 Jugendliche und junge Erwachsene mit Erasmus+ ins EU-Ausland.[3]

Diese Zahlen sind ein guter Start, mehr aber nicht. Tatsächlich sind die Zugänge zu einer sinnvollen und verlässlichen Infrastruktur in der EU ungleich verteilt, von unterschiedlichen nationalen Regelungen geplagt und besonders in peripheren Regionen sowie im Osten und Südosten der EU nur mangelhaft verfügbar. Während einige Länder über Hochgeschwindigkeitszüge verfügen, verkehren in anderen nur Regionalbahnen oder Busse. Eine grenzübergreifende Infrastruktur, besonders auf der Schiene, existiert vielerorts nur unzureichend, sodass sogar unmittelbar benachbarte Länder gefühlt weit entfernt bleiben. Auch kurze Entfernungen werden daher zu häufig per Flugzeug oder eben gar nicht zurückgelegt. Auch auf lokaler Ebene fehlt es in den meisten EU-Staaten an einer inklusiven Infrastruktur und günstigen oder kostenlosen Zugängen zum

Nahverkehr. Gerade hier liegt zurzeit großes Potenzial zur Senkung des ökologischen Fußabdrucks der EU brach. Will die EU ihre Green-Deal-Ziele erreichen, liegt in der Mobilität ein entscheidender Schlüssel. Größer noch sind die Defizite aber bei der digitalen Infrastruktur und digitalen Anwendungen. Besonders in diesem Bereich ist die Union auf beinahe verantwortungslose Weise abhängig von globalen Konzernen oder Regierungen von Drittstaaten. »Eine Spaltung der Welt in zwei Technosphären, eine amerikanische und eine chinesische, gilt fast schon als sicher. Die Frage ist, ob es daneben noch dritte Sphären – darunter eine europäische – geben wird. Wenn nicht, würde die bipolare Konfrontation in der digitalen Welt wohl zu einer erneuten Spaltung Europas führen«, analysieren die Europakennerin bzw. -kenner Claudia Huber und Cornelius Adebahr.[4]

Die Infrastruktur im physischen und digitalen Raum spielt schon jetzt eine entscheidende Rolle in der Entwicklung und Stärkung einer gemeinsamen europäischen Identität. Integration, Kooperation und wirtschaftlicher Austausch sind maßgeblich auf Schienen, Server und einheitliche Standards angewiesen. Auch wenn einzelne EU-Staaten hier auf einem guten Weg sind, so bleibt viel Aufholbedarf für die Union als ganze. Hier setzt dieses Kapitel an und macht konkrete Vorschläge zum Austausch der Infrastruktur auf lokaler, europäischer und digitaler Ebene. Allen Thesen ist die Überzeugung gemein, dass es bei der Infrastruktur um mehr geht als um Strukturen. Gute und verlässliche Infrastruktur vermittelt und stärkt ein Lebensgefühl, das für die EU als ganze stehen kann: Gemeinsam ist besser als alleine. Für uns steht die EU für Inklusion, Verfügbarkeit, universale Zugänge und einen konstruktiven Austausch innerhalb der Union, aber auch mit den Nachbarregionen. Diesem Geist widmen wir dieses Kapitel.

Inklusive und lebenswerte Städte und Gemeinden

44 **Europas Städte und Gemeinden sollen zugänglicher für Frauen, Familien, Ältere und Menschen mit Beeinträchtigungen werden, um so allen Menschen eine sichere Teilhabe am öffentlichen Leben zu ermöglichen.**

Europa ist ein Kontinent der Urbanisierung. Ganze 75 Prozent aller EU-Bürgerinnen leben und arbeiten in Städten.[5] Das sind Menschen aller Hintergründe und mit teilweise sehr unterschiedlichen Bedürfnissen. Dennoch sind die meisten Städte der EU (wie auch der Welt) infrastrukturell hauptsächlich auf die einer einzigen, bestimmten Gruppe ausgerichtet: berufstätige Männer. Besonders häufig auf jene, die mit dem Auto zur Arbeit fahren. Die öffentliche Verkehrsinfrastruktur, die Architektur von Bürogebäuden oder öffentlichen Einrichtungen stellt diese Gruppe häufig in den Mittelpunkt und orientiert sich daran, welche Voraussetzung diese brauchen, um ihren Aufgaben möglichst effektiv nachgehen zu können.

So werden in den meisten Städten Autofahrer (überdurchschnittlich häufig Männer) wichtiger empfunden als Fußgängerinnen. Barrierefreie Zugänge zu Spielplätzen, Fahrradwegen oder sauberen öffentlichen Parks haben das Nachsehen gegenüber Parkhäusern, durchoptimierten Ampelschaltungen oder Bürotürmen. Bei der Arbeit selbst richten sich Zimmerdurchschnittstemperaturen vielfach nach den Bedürfnissen von Männern. In vielen Großraumbüros ist die Temperatur auf deren optimalen Wert eingestellt, zum Nachsehen der Frauen, die eine etwas höhere Temperatur benötigen.[6] Und wer kennt nicht die langen Schlangen, die sich in der Konzertpause im Kino oder im Flughafen vor den Damentoiletten bilden, während für die Männer genügend Platz vorhanden ist?

Die Liste könnte fast endlos fortgesetzt werden. Was all diese Punkte gemeinsam haben? Sie gehen auf die Stadtplanung, Architektur und Verkehrskonzeption zurück, die *von* berufstätigen Männern *für* berufstätige Männer konzipiert, gebaut oder eingerichtet wurde. Es ist also nicht verwunderlich, dass nicht nur Frauen oft zu kurz kommen, sondern auch Familien, Kinder, ältere Menschen oder all jene, die mit Einschränkungen oder Behinderungen leben. In ihrem Buch *Unsichtbare Frauen: Wie eine von Daten beherrschte Welt die Hälfte der Bevölkerung ignoriert* zeigt die Journalistin Caroline Criado-Perez auf, dass Daten, die hauptsächlich männliche Leben, Durchschnittswerte und Bedürfnisse erfassen, die Grundlage sind für eine Welt, in der Frauen übersehen, vergessen und außen vor gelassen werden. Oft mit wortwörtlich fatalen Folgen. Nachdem sie in ihrem Buch die Folgen dieser Datenlücke akribisch dokumentiert hat – Einstellungspraktiken, das Fehlen weiblicher Dummys in Autocrashtests, normierte Größen und Rezepte in der Medizin, im Handwerk, der Kunst, Politik und so weiter –, kommt sie zu dem Schluss: »Die Lösung für die geschlechter- und genderbezogene Datenlücke liegt auf der Hand: Wir müssen die Lücke in der Repräsentation von Frauen schließen. Wenn Frauen in der Forschung und Wissensproduktion an Entscheidungsprozessen beteiligt sind, werden Frauen nicht vergessen. Die Leben und Perspektiven von Frauen werden sichtbar. Davon profitieren Frauen auf der ganzen Welt. [...] [Davon] profitiert [...] oft die gesamte Menschheit.«[7]

Diese Vorteile erkannt hat die Stadt Wien, die sich als Vorbild und Vorreiterin der inklusiven und geschlechtergerechten Stadtplanung in Europa etabliert hat. Der Trick ist nicht nur, mehr Frauen und Menschen diverser Hintergründe als Architektinnen oder Stadtplanerinnen einzusetzen, sondern in Umfragen und Erhebungen immer wieder neu herauszufinden, welche Gruppen von Menschen konkret was benötigen. Die

Stadtplanerin Eva Kail ist Expertin in solchen Statistiken und hat viele Ergebnisse in die aktuelle Entwicklung ihrer Stadt Wien einfließen lassen. So haben Untersuchungen ergeben, dass Frauen mehr zu Fuß unterwegs sind als Männer, ein reiner Fokus auf Autoverkehr also besonders Frauen benachteiligt. Familien und ältere Menschen brauchen hingegen gute Zugänge zum öffentlichen Nahverkehr, breitere Bürgersteige und Parks, die sicher und auch nachts gut beleuchtet sind.[8] Bei einer inklusiven Stadtplanung geht es aber nicht nur um die Schaffung von Sicherheit und Komfort, sondern auch darum, wie sich eine Stadt anfühlt und wofür sie steht. So werden im neu entwickelten Wiener Stadtteil Seestadt Aspern alle Straßennamen nach Frauen benannt – auch, um eine Balance zu schaffen zum bisherigen Beinahe-Monopol männlicher Namensgeber.[9]

Die Urbanisierung wird in der EU auch in Zukunft eine wichtige Rolle spielen. Deshalb ist es wichtig, heute die Weichen für **eine inklusive europäische Stadtkultur** zu stellen, in der sich Menschen aller Couleur und Hintergründe wohl- und sicher fühlen und ihren Aufgaben und ihrem Privatleben gut nachgehen können. Wir schlagen vor, das Modell Wiens zum Vorbild für alle Städte der EU zu nehmen. Im ersten Schritt ist eine Datenerhebung wichtig, sowohl auf lokaler Ebene zur Bewertung der Bedürfnisse vor Ort, aber auch in Form einer EU-weiten Richtlinie mit Ideen, Vorschlägen und Tipps für lebenswerten städtischen Raum. Ein solcher Leitfaden kann in alle Amtssprachen übersetzt und Städten, Kommunen und Gemeinden zur Verfügung gestellt werden. Ein nächster Schritt muss dann die Festlegung von Mindeststandards sein, die sich, in regionaler Variation, durch alle EU-Städte ziehen sollen: Abgesenkte Bürgersteige, beleuchtete Straßenunterführungen und ein barrierefreier Zugang zu Bahnsteigen und Behörden müssen zu einem EU-weiten Standard werden. Auch private Unternehmen und Einrichtungen sollen in die Planungen eingebunden werden. Zur Unterstützung beim Ausbau öffentlicher Strukturen kann ein Förderprogramm inklusive Stadtplanung aufgesetzt werden, welches Kommunen und Städte bei der Umsetzung finanziell unterstützt. Von der inklusiven Stadtplanung profitieren am Ende alle.

Hochgeschwindigkeits- und Nachtzüge europaweit

45 Die EU soll ihr Hochgeschwindigkeits- und Nachtzugnetz massiv ausbauen, um Mobilität und Nachhaltigkeit zu stärken.

Bahnfahren ist nicht nur eine der nachhaltigsten Möglichkeiten, durch Europa zu reisen, es kann mit etwas Ambition auch die schnellste, effektivste und kapazitätsstärkste Option werden. Seit nunmehr 200 Jahren ist das europäische Schicksal eng mit dem Bahnverkehr verknüpft – im Guten wie im Schlechten. Die Industrialisierung und der kulturelle Austausch, aber auch die Kriegswirtschaft und Deportation wären ohne Dampfkraft und Schienenwege nicht denkbar gewesen. **Heute führt auf dem Weg in eine friedliche, grüne und solidarische Zukunft kein Weg an der Bahn vorbei.**

Seit den 1980er-Jahren wird die europäische Verkehrspolitik verstärkt koordiniert. Die Schaffung des Trans-European Transport Networks (TEN-T) sorgte dafür, dass der Ausbau von Verkehrswegen aller Art über Grenzen hinweg vorangetrieben wurde. Das hat den Weg für stark frequentierte und beliebte Bahnstrecken geebnet. Die Hochgeschwindigkeitsstrecken von Brüssel nach Paris oder Berlin nach München zählen dazu, ebenso der Brennerbasistunnel, der mit 64 Kilometern längste Eisenbahntunnel der Welt, an dem vermutlich noch bis mindestens 2030 gebaut wird. Schon 2011 ging die Europäische Kommission noch einen Schritt weiter und entwarf das Bild eines gemeinschaftlichen europäischen Verkehrsraums, bei dem die Anzahl fossiler Verkehrsträger drastisch reduziert wurde. Ziel bis 2050 ist hierbei, 60 Prozent des ölabhängigen Verkehrs auf klimaneutrale Optionen umzustellen und 50 Prozent des Passagier- und Frachtverkehrs auf Schienen und Wasserwege zu verlagern.[10] Auch der Europäische Green Deal der Von-der-Leyen-Kommission möchte sich diesem Thema widmen.

Diese Fortschritte dürfen jedoch nicht über die Defizite hinwegtäuschen. Kaum ein Bereich ist noch so fragmentiert und von nationalen Kuriositäten geprägt wie der Bahnverkehr. In Italien fahren Züge links, in Deutschland rechts. In Spanien sind die Schienen breiter als in Frankreich. Portugiesische Signale sehen anders aus als rumänische und so weiter und so fort. So manch europäische Bahnambition endet schnell am nächsten Grenzübergang.

Dieses historisch gewachsene Geflecht zu entwirren und für mehr Einheitlichkeit zu sorgen, ist ein Generationenprojekt. Oberste Priorität hierbei muss die Erfüllung und Umsetzung der schon heute vereinbarten Standards und Projekte haben. Die Realisierung des European Rail Traffic Management Systems (ERTMS), eines einheitlichen Verkehrs- und Zugleitsystems für die wichtigen transeuropäischen Strecken, liegen deutlich hinter Plan. Ebenso geht der Ausbau grenzüberschreitender Bahnstrecken nur schleppend voran.[11] [12] Auch sind die Investitionsvolumen in den Bahnverkehr innerhalb der EU sehr ungleich verteilt. Während Luxemburg und die Schweiz über 400 Euro pro Kopf und Jahr in den Schienenverkehr investieren, Österreich und Schweden immerhin über 180 Euro, sind es in Deutschland gerade mal 76 Euro und in Frankreich 42 Euro.[13] Wer mehr Verkehr auf die Schiene verlagern will, muss die existierende Infrastruktur besser vernetzen, Kapazitäten deutlich erhöhen und europäische Zusagen erfüllen.

Das allein wird aber nicht reichen. Europa zum grünsten und mobilsten Kontinent der Welt zu machen, braucht größere Ambitionen. Das Wiener Institut für Internationale Wirtschaftsvergleiche hat sich dazu Gedanken gemacht. Ein Vorschlag des österreichischen Thinktanks sieht die Schaffung eines **europäischen Hochgeschwindigkeitsnetzes mit gänzlich eigenen Schienensträngen** und einheitlichen Signal- und Sicherheitsstandards vor. Ohne Lokomotivwechsel an der Grenze oder Regionalzüge, die blockieren. Die großen Ballungs- und Wirtschaftszentren der EU werden so nicht nur miteinander verknüpft, sondern auch mit peripheren Regionen wie Sizilien, dem Westbalkan oder auch den baltischen Staaten verbunden. Inselstaaten wie Irland, Malta oder Zypern sind dem Entwurf nach durch Fährverbindungen angeschlossen. Der Vorschlag sieht Verbindungen von Brüssel nach Helsinki, von Lissabon nach Paris oder auch von Nikosia über Athen und Sofia nach Wien vor – alles mit deutlich erhöhter Geschwindigkeit. Mit einem solchen Hochgeschwindigkeitsnetz würde eine Reise von Berlin nach Paris statt neun Stunden nur noch etwa vier dauern – bei durchschnittlichen Geschwindigkeiten zwischen 250 und 350 km/h.[14]

Wir schlagen vor, nicht nur die Infrastruktur und Verbindungen in diesem Sinne auszubauen, sondern auch dem Reiseerlebnis selbst ein Upgrade zu verpassen. Im EU-Haushalt sollen Fördermittel mobilisiert werden, die die Bahnunternehmen dabei unterstützen, ihre Züge noch barrierefreier, familien- und arbeitsfreundlicher zu gestalten. Die Gelder können teilweise durch die Einstellung von Subventionen für den Flugverkehr mobilisiert werden. Die nächste Generation von europäischen Hochgeschwindigkeitszügen muss über großzügige Familienbereiche, mehr Plätze für Reisende mit Einschränkungen, stabile Internetverbindungen und Co-Working-Bereiche mit Arbeits- und Gesprächsräumen verfügen.

Nicht nur das Reisen am Tag, sondern auch in der Nacht hat Zukunftspotenzial. Nachtzüge erfreuen sich in Europa wieder verstärkter Beliebtheit, wie die Nightjet-Züge der ÖBB zeigen. Wer am Abend in München einsteigt und am nächsten Morgen entspannt in Florenz ankommt, kann die Faszination und Praktikabilität sicherlich nachvollziehen. Mittlerweile trommeln nicht nur EU-Abgeordnete wie Anna Deparnay-Grunenberg, Hannah Neumann, Hildegard Bentele, Gabriele Bischoff oder Martina Michels engagiert für mehr Nachzugverbindungen,[15] auch das deutsche und französische Verkehrsministerium haben das nächtliche Verkehrspotenzial erkannt. Bis 2030 soll es allein in Frankreich wieder zehn Nachtzugverbindungen geben.[16] Doch ein Problem bleibt. Die Anschaffungskosten für die Züge sind hoch, der Betrieb wenig rentabel.

Um für eine echte **Nachtzugrenaissance in der EU** zu sorgen, schlagen wir zweierlei vor. Zum einen sollen auf wenig rentablen Strecken öffentliche wie private Anbieter von Nachtzügen Subventionen aus dem EU-Haushalt erhalten, um mit modernem Wagenmaterial, gutem Service und festen Taktzeiten Europa bei Nacht vernetzen zu können. Zum anderen soll ein öffentlich finanzierter Pool von Nachtzugwagen und passenden Lokomotiven aufgebaut werden, der diese zu attraktiven Konditionen an Bahnunternehmen verleast. Dieser Vorschlag von Mobilitätsvordenker Jon Worth würde jungen Anbietern den Markteintritt erlauben und etablierten den Wiedereinstieg erleichtern.[17] Fahrt frei! Ein zuverlässiges Nachtzugnetz gehört genauso zur Grundverkehrsversorgung wie der Tagverkehr.

Ein Bahntunnel zwischen Spanien und Marokko

46 Spanien und Marokko sollen mit einem Eisenbahntunnel verbunden werden, um die Union enger mit Nordafrika zu vernetzen.

Wer einmal an der Straße von Gibraltar stand und vom Südzipfel Spaniens hinüber nach Marokko geschaut hat, den lässt der Anblick nicht mehr los. Weniger als 15 Kilometer liegen zwischen Afrika und Europa an der schmalsten Stelle. Im Frühjahr 2019 besuchten wir die Meerenge, sowohl auf der spanischen als auch auf der marokkanischen Seite – eine geografisch wie kulturell eindrückliche Erfahrung. Ein ungebrochener Meereswasserstrom fließt vom Nordatlantik ins Mittelmeer, da dieses durch die hohe Verdunstungsrate und wenigen Flusszuläufe rund 1,4 Meter tiefer als der Atlantik liegt. In den oberen Schichten strömen über eine Million Kubikmeter Wasser in jeder Sekunde durch die Meerenge gen Osten. Das macht die Straße von Gibraltar zu einem schwer überwindbaren Hindernis für Mensch und Waren. Was früher nur unter schwierigsten Bedingungen gelang, ist auch heute noch für moderne Schiffe ein Kraftakt. Es ist in dieser Hinsicht nicht verwunderlich, dass sich trotz aller geografischen Nähe beide Seiten sehr unterschiedlich entwickelten – ökonomisch, politisch wie kulturell.

Was würde geschehen, wenn diese Barriere dauerhaft überbrückt werden würde? Visionärinnen haben sich darüber schon früh den Kopf zerbrochen. Abgesehen von den kühnen Plänen des deutschen Architekten Herman Sörgel, der in den 1930er-Jahren das Mittelmeer an dieser Stelle mit einem Staudamm abtrennen und zum Teil austrocknen wollte, wird seit 1980 verstärkt an Brücken und Tunnelideen herumgedacht.[18] Während eine Brücke technisch äußert anspruchsvoll wäre, ist ein Eisenbahntunnel zwischen Spanien und Marokko eine realistische

Option. Seit 2003 tauschen sich beide Länder regelmäßig über Szenarien und technische Möglichkeiten einer Unterquerung der Meerenge aus. Studien und geologische Untersuchungen überprüften die Machbarkeit und kommen zur Erkenntnis, dass Afrika und Europa ein 34 bis 38 Kilometer langer Bahntunnel verbinden kann, je nach Lage zwischen 300 und 475 Meter tief unter dem Mittelmeer.[19] Der Tunnel würde in der Umgebung des spanischen Orts Tarifa beginnen und auf der marokkanischen Seite in der Nähe der Stadt Tanger enden. Auf beiden Seiten könnten die Bahnstrecken mit überschaubarem Aufwand an die vorhandenen Hochgeschwindigkeitsnetze angeschlossen werden. Die Reisezeit zwischen Madrid und Marrakesch würde sich damit um das Dreifache verkürzen, und es können völlig neue Expressverbindungen zwischen Europa und Afrika für Personen und Güter entstehen.

Wir schlagen vor, das Gibraltar-Tunnelprojekt zu einem prioritären EU-Verkehrsprojekt zu machen und es fest in der Verkehrswegeplanung zu verankern.

Die Vorteile liegen auf der Hand. Neben den ökonomischen, kulturellen und sozialen Impulsen, die ein vereinfachter (und geregelter) Austausch von Gütern, Menschen und Ideen zwischen Spanien und Marokko haben kann, hat der Tunnel das Potenzial, ein neues Kapitel in der europäisch-afrikanischen Beziehung aufzuschlagen. Er manifestiert ein neues Verständnis im Miteinander der beiden Kontinente, das da lautet: **Kooperation statt Abschottung, Nähe statt Distanz, Augenhöhe statt europäischer Selbstgefälligkeit, Engagement und Aufbruchswille auf beiden Seiten.** Der Tunnel kann das europäische Bewusstsein dafür öffnen, dass die Zukunft Europas in einer engen Zusammenarbeit mit den Ländern Afrikas liegt und es konkrete Schritte und Projekte braucht, die politische und wirtschaftliche Stabilität und Kooperation zu stärken. Diesem Verständnis folgend, schlagen wir vor, dass die Kosten für das Projekt – diese liegen bei mindestens acht Milliarden Euro – nicht nur von Spanien und Marokko übernommen werden, sondern sich auch die anderen EU-Mitgliedsstaaten über den EU-Haushalt zu mindestens einem Viertel beteiligen.

Kostenloser Nahverkehr für die Mobilitätswende

47 In der EU sollen Menschen ein kostenfreies Basisangebot für den Nahverkehr erhalten, um einer Vision eines mobilen und grünen Europas gerecht zu werden.

Als erstes Land der Welt hat das EU-Mitgliedsland Luxemburg 2020 den öffentlichen Personennahverkehr (ÖPNV) für alle Menschen, ob Pendlerinnen oder Touristinnen, kostenlos zugänglich gemacht. Fahrkartenautomaten wurden abgebaut, Schalter geschlossen, und Kontrollen gehören der Vergangenheit an. Es ist der Anfang einer umfassenden Verkehrswende, wie die luxemburgische Regierung ankündigte. Nötig ist es. Das Großherzogtum gehört zu den vier Ländern mit der weltweit höchsten Autodichte pro Einwohnerin.[20] Wer früh zur Arbeit oder in den Kindergarten will, steht in Luxemburg regelmäßig im Stau. Um die 105 Stunden verlieren Autofahrerinnen dort jährlich in der Rushhour. Eine Erfahrung, die Pendlerinnen auch in vielen anderen europäischen Ballungsräumen und Städten kennen. 165 Stunden sind es in Bukarest, 133 in Paris, 119 in Athen, 108 in Rom, und 105 Stunden in Hamburg. So weit die Zahlen im Jahr 2020. Vor der Covid-19-Pandemie lagen sie spürbar höher.[21] Die Zahlen überraschen nicht, schließlich werden von den jährlich zurückgelegten Kilometern im Personenverkehr in der EU immer noch 83 Prozent mit dem

Auto zurückgelegt, während nur 9 Prozent den Bus und 8 Prozent den Zug nutzen.[22]

Die Zahlen machen deutlich: Die EU braucht die Mobilitätswende vom fossilbasierten Individualverkehr zum nachhaltig betriebenen ÖPNV. Ein **kostenfrei zugänglicher Nahverkehr** wie in Luxemburg kann den entscheidenden Impuls dafür setzen. Kurz nach Einführung können sich 87 Prozent der Luxemburgerinnen zukünftig vorstellen, öfter den Bus, die Bahn oder Tram zu nehmen.[23] Und auch andere europäische Städte, die ein kostenfreies ÖPNV-System eingeführt haben, machen positive Erfahrungen: so auch Tallinn in Estland. Dort können gemeldete Einwohnerinnen der Stadt kostenfrei fahren. In der Folge stiegen seit der Einführung die Fahrgastzahlen jährlich, und in der Summe hat die Zahl der Nutzerinnen des ÖPNV (44 Prozent) mittlerweile die der Autos (38 Prozent) überholt.[24] Dies war nicht der einzige Hebel, der zum Umstieg anregte, auch das Autofahren wurde verteuert: Parkgebühren wurden erhöht und neue Park-and-Ride-Plätze gebaut. Auch die französische Stadt Dunkerque zeigt, dass es funktioniert. Dort wurde 2018 die kostenfreie Nutzung der Buslinien für alle Bewohnerinnern und Besucherinnen eingeführt. Seitdem stieg die Anzahl der Fahrgäste um 60 Prozent, der Autoverkehr ging zurück, und es wurden insbesondere auch jene gesellschaftlichen Gruppen mobil, die vorher sehr wenig in der Stadt unterwegs waren.[25] Seit 2020 testet auch Augsburg diesen Ansatz und bietet kostenfreie Fahrt im Innenstadtbereich.[26] In allen Fällen zeigt sich: Eine Erhöhung der verfügbaren Transportkapazitäten ist wichtige Voraussetzung für eine erfolgreiche Einführung eines kostenfreien Systems. Überfüllte Züge, lange Wartezeiten oder ungünstige Anbindungen verschrecken selbst die veränderungswilligsten Reisenden.

Wir schlagen vor, in allen EU-Ballungsräumen und Städten mit über 50 000 Menschen ein Grundangebot des Nahverkehrs kostenfrei zur Verfügung zu stellen. Regionale Mobilität darf in der EU keine Frage des Geldbeutels sein, sondern muss, egalitärem europäischem Verständnis folgend, allen zugänglich sein.

Nach unserem Vorschlag würde den Reisenden eine Basisleistung kostenfrei zur Verfügung stehen. Das heißt, in regulären Bussen, Trams, U- und S-Bahn-Linien kann einfach mitgefahren werden. Der beschleunigte Verkehr, beispielsweise in Form von Expressbuslinien, Flughafenzubringern oder schnellen Regionalzügen bliebe weiterhin gebührenpflichtig. Auch darf das Ziel nicht sein, Verkehrsträger gegeneinander auszuspielen, sondern sie vielmehr sinnvoll zu vernetzen.

Die Verknüpfung des klassischen Personennahverkehrs mit einem System von Leih- und Lastenfahrrädern oder Elektro-Autos ist elementar, um eine wirkliche Alternative zum privaten Auto zu bieten. Und wer bezahlt das alles? Schon heute sind große Teile des ÖPNV staatlich und damit steuerfinanziert. In Luxemburg belaufen sich die jährlichen Kosten für den Nahverkehr auf 491 Millionen Euro, die kostenfreie Öffnung und der Wegfall der Ticketgebühren hat zu vertretbaren Mehrkosten von 41 Millionen Euro geführt.[27] Straßen und Gehwege stehen Bürgerinnen in der EU in den meisten Fällen auch kostenfrei zur Verfügung und werden gemeinschaftlich finanziert. Warum nicht auch der ÖPNV? Es wäre eine echte europäische Verkehrsrevolution.

Internet für alle

48 EU-Bürgerinnen sollen ein Grundrecht auf einen schnellen und stabilen Internetzugang erhalten, um in allen Teilen der Union am politischen, kulturellen und ökonomischen Leben teilhaben zu können.

Ein Leben ohne Internet ist möglich, aber sinnlos.[28] So ließe sich die allumfassende Abhängigkeit von einem funktionierenden Internetanschluss im europäischen Leben der Jetztzeit beschreiben. Arbeiten, Nachrichten erhalten, sich bilden und politisch engagieren, die Familie zusammenhalten oder auch die Liebe fürs Leben finden, all das findet immer öfter im Internet statt. Ein störungsfreier und im Idealfall auch schneller Onlinezugang ist dafür nötig. In weiten Teilen der EU ist dies heute schon möglich. 89 Prozent der EU-Haushalte verfügen über einen Breitbandanschluss.[29] In ländlichen Regionen, beispielsweise in Teilen Ostdeutschlands, Süditaliens, Polens, Rumäniens, Bulgariens, Frankreichs und Griechenlands, ist man jedoch immer noch abgehängt.[30] Hier besteht Ausbaubedarf, und die Covid-19-Pandemie führte anschaulich vor Augen warum das elementar wichtig ist. Es geht um mehr als die Verbesserung der Netze, es geht um eine ganz grundsätzliche Frage: Ist das Internet nicht mittlerweile eine elementare Voraussetzung, um am sozialen, ökonomischen, kulturellen und auch demokratischen Leben teilnehmen und die Grundrechte als EU-Bürgerin vollumfänglich wahrnehmen zu können? **Brauchen EU-Bürgerinnen nicht ein Grundrecht auf Internet?** Estland hat in dieser Frage längst entschieden. Hier gibt es seit 2000 ein Grundrecht auf einen Onlinezugang. Fast alle Lebensbereiche wurden in dem Land seitdem digitalisiert: 99 Prozent der Verwaltungsleistungen laufen dort mittlerweile online.[31] Bei Wahlen geben schon rund 43 Prozent der Wählerinnen ihre Stimme online ab.[32] 2010 zog Finnland dann nach und sprach sich sogar für ein Grundrecht auf einen Breitband-Zugang aus.[33] Auch die deutsche Bundesregierung plant ab 2025 ein ähnliches Vorhaben.[34]

Wir schlagen vor, das Grundrecht auf Internet als EU-Grundrecht zu verankern. Freier Internetzugang ist ähnlich wichtig wie das Recht auf freie Meinungsäußerung, auf Versammlungsfreiheit oder Zugang zur ärztlichen Grundversorgung. Diesem Gedanken folgend, soll das Internetgrundrecht ein fester Bestandteil der Grundrechtecharta werden. Wie auch im Fall anderer Grundrechte wird der neue oder erweiterte Artikel das Thema auf die oberste Ebene des europäischen Selbst- und Werteverständnisses heben und gleichzeitig die rechtliche Möglichkeit zum Einklagen eines Internetzugangs einräumen. Abgeschaltete Internetzugänge wie in Weißrussland (2020) oder gesperrte soziale Netzwerke in der Türkei (2014) unterstreichen diese Bedeutung des freien und verfügbaren Internets für die Demokratie und Pluralität. Schon heute macht die EU-Kommission deutlich, wie wichtig ein barrierefreier, offener und diskriminierungsfreier Zugang zum Internet für alle ist.[35] Der Schritt hin zu einer Aktualisierung der Grundrechtecharta ist nicht mehr weit. Die EU muss diesen Schritt jetzt gehen und damit auch über die eigenen Grenzen hinaus ein Signal setzen. Die EU ist ein Ort der digitalen Pluralität, der Freiheit, der Information, und alle sollen die Möglichkeit haben, sich daran zu beteiligen.

Europäische Server für europäische Daten

49 Die EU braucht sichere Speicherkapazitäten in einer eigenen Cloud, um unabhängiger von außereuropäischen Konzernen und Servern zu werden.

Wenn europäische Internetnutzerinnen ihre Daten speichern, tun sie das bevorzugt bei US-amerikanischen Unternehmen. Bequem lässt es sich in der bunten und benutzerfreundlichen Welt von Google, Microsoft, Amazon, IBM oder Dropbox ein Konto einrichten und von jedem beliebigen Ort auf der Welt auf die eigenen Dateien zugreifen. Der europäische Cloud-Markt mit einem Umsatzvolumen von über 21 Milliarden Dollar liegt fest in den Händen der US-Konzerne, die sich fast gänzlich den Markt untereinander aufteilen.[36] Die gespeicherten Daten vieler Europäerinnen liegen daher nicht auf europäischen Servern, sondern in den USA – weit entfernt von europäischen Datenschutzstandards und dem Zugriff durch den US-amerikanischen Cloud Act ausgesetzt. Dieser Rechtsakt ermöglicht es US-Behörden, ungeachtet europäischer Sicherheitsvorstellungen auf gespeicherte Daten zuzugreifen.

Europäische Alternativen zu US-Cloud-Anbietern, die in puncto Anwendungsvielfalt, Marktkapitalisierung oder Wachstumspotenzial Schritt halten können, gibt es kaum. Häufig finden sich europäische Anbieter nur in Nischenmärkten. Dabei werden starke europäische Alternativen dringend gebraucht, denn die Datenmengen steigen schon jetzt rasant und werden es auch in Zukunft tun. In der Industrie werden Fertigungsstraßen digitalisiert, Verkehrsnetze laufen verstärkt datenbasiert, und auch Anwendungen im Dienstleistungsbereich, im Haushalt oder in der Schule sind ohne ständige Datenströme kaum mehr denkbar. Auf bis zu 75 Milliarden Dollar Umsatzvolumen wird der europäische Cloudmarkt bis 2026 anwachsen, prognostizieren Marktforscherinnen.[37] Die Abhängigkeit von außereuropäischen Cloud-Anbietern mit ihren Oligopolstrukturen ist bei diesen Wachstumsaussichten bedenklich. Gerade wenn es um sicherheitsrelevante Daten oder Persönlichkeitsrechte geht, wird die fehlende europäische Datensouveränität zum Problem. Man stelle sich einen ernst zu nehmenden Krisenfall vor, in dem eine ausländische Regierung die Option hat, Millionen europäischer Cloud-Nutzer vom Zugriff auf ihre extern gespeicherten Daten auszuschließen oder diese zu durchsuchen. Diese Form der Abhängigkeit ist ein Sicherheitsrisiko und gefährdet Europas Freiheit.

EU-Internetnutzerinnen, Unternehmen und staatliche Akteurinnen müssen sich emanzipieren und umfangreiche eigene Cloud-Kapazitäten schaffen. Ein aussichtsreicher Versuch dafür ist GAIA-X. Das Projekt, das von der deutschen und französischen Regierung vorangetrieben und durch europäische Unternehmen und Wissenschaftsvertreterinnen unterstützt wird, will zentrale und dezentrale Infrastrukturen in der EU zu einem homogenen und nutzerorientierten System verknüpfen. Dabei soll die europäische Super Cloud privaten, öffentlichen und kommerziellen Nutzerinnen einen einfachen Zugang zu europäischen Speicherpatz- und Rechenleistungskapazitäten bieten und höchsten Sicherheits- und Datenschutzstandards entsprechen. Es soll eine Dateninfrastruktur geschaffen werden, »die den freiheitlichen Werten und der Selbstbestimmung aller europäischen Bürgerinnen und Bürger und der Unternehmen gerecht wird«, heißt es bei den Initiatorinnen.[38]

Wir schlagen vor, GAIA-X zügig zu einer gesamteuropäischen Initiative zu machen. Koordiniert durch die europäische Kommission und unter Beteiligung von mindestens der Hälfte der Mitgliedsstaaten, soll nach dem Vorbild des Airbus-Konsortiums ein Verbund aus staatlichen Akteurinnen, Unternehmen, NGOs und der Wissenschaft gebildet werden. Es erscheint uns dabei sinnvoll, dem Projekt zwei verschiedene Ausrichtungen zu geben: Auf der einen Seite kann ein gewinnorientiertes europäisches Unternehmen entstehen, welches professionellen Nutzerinnen, wie Unternehmen oder Ministerien, umfangreiche Rechen- und Speicherkapazitäten gegen Gebühr zur Verfügung stellt. Auf der anderen Seite soll aber auch ein gemeinnützig orientierter Ableger gegründet werden, der allen EU-Bewohnerinnen mindestens 50 GB Online-Datenspeicher und einfache Webapplikationen, wie Text- oder Tabellenprogramme und eine eigene E-Mail-Adresse, kostenfrei zur Verfügung stellt. Diese gemeinnützige Cloud kann von einer Stiftung verwaltet werden, die wiederum Anteile an der kommerziellen EU-Cloud hält. Damit wäre eine langfristige Finanzierung gesichert, und ein Teil der Gewinne käme unmittelbar den Bürgerinnen Europas zugute. Die EU-Cloud-Infrastruktur wird den amerikanischen Großkonzernen Paroli bieten und der EU digitale Souveränität für die Zukunft sichern.

Digitale Souveränität mit eigenem Betriebssystem

50 **Europa soll ein eigenes Betriebssystem für Smartphones und weitere Geräte entwickeln, um das Oligopol chinesischer und US-amerikanischer Unternehmen zu brechen und digitale Souveränität zu erlangen.**

Wer verstehen will, dass sich Europa inmitten eines globalen Kräftemessens befindet, der muss nicht die große Politik betrachten. Ein Blick auf das eigene Mobilfunkgerät in der Hand- oder Hosentasche reicht. 75 Prozent aller EU-Bürgerinnen nutzen ein internetfähiges Smartphone.[39] Dabei stammen nicht nur rund 90 Prozent der Geräte von außereuropäischen Herstellern wie Samsung, Apple, Huawei, Xiaomi oder LG; viel entscheidender noch: Der Markt der Betriebssysteme wird überhaupt nur von zwei amerikanischen Anbietern dominiert. Google mit dem Android-System (68 Prozent) und Apple mit iOS (31 Prozent).[40] Zusammen bilden sie ein mächtiges Duopol und haben vom Silicon Valley aus die Welt der mobilen Daten fest im Griff.

Diese Marktdominanz bei den mobilen Betriebssystemen ist für die EU, ihre Bürgerinnen, Wirtschaft und Politik in vielerlei Hinsicht problematisch. Dies war erst kürzlich während der Covid-19-Pandemie zu spüren. Die in Europa entwickelten Anwendungen (Apps) zur Pandemiebekämpfung mussten konsequent am Standard und System der US-Konzerne ausgerichtet werden. Nur so konnten sie in Europa überhaupt eine relevante Reichweite erzielen. Das führte dazu, dass beispielsweise über 15 Millionen Nutzerinnen von Deutschlands Corona-App mehrere Wochen auf die Behebung eines Fehlers warten mussten, weil Apple keine Aktualisierung seines Betriebssystems durchführen wollte.[41]

Auch wenn das Update glücklicherweise keine gesundheits- oder sicherheitsrelevanten Implikationen zur Folge hatte, führt der Fall dennoch die europäische Abhängigkeit von US-Unternehmen und damit auch der US-Politik vor Augen. Will man auf der anderen Seite des Atlantiks, aus welchen Gründen auch immer, Europa einmal zeigen, wer das Sagen hat, muss man einfach nur mit dem nächsten Update das Betriebssystem lahmlegen, und schon gehen in der EU millionenfach die Smartphonelichter aus.

China hat längst erkannt, dass diese Abhängigkeit auf Dauer wenig Gutes verheißt. Mit Nachdruck entwickelte Huawei dort ein eigenes Betriebssystem und empfahl Europa im gleichen

Atemzug, ebenso ein eigenständiges System zu entwickeln.[42] Man würde es dann sogar auf Huawei-Geräten in Europa nutzen, betonte der chinesische Konzern.[43] Ein freundlicher Hinweis, der über die machtpolitischen und technologischen Ambitionen Chinas nicht hinwegtäuschen sollte. Fest steht: Die EU muss unabhängiger werden und braucht ihr eigenes Smartphone-Betriebssystem.

Wir schlagen vor, dem GAIA-X-Ansatz zu folgen und in einem gemeinschaftlichen Bündnis **ein leistungsfähiges europäisches Betriebssystem** zu entwickeln. Trotz der hohen Marktdurchdringung und der technologischen Fortschritte der Konkurrenz ist es für diesen Schritt nicht zu spät. Die EU verfügt über die technologischen, humanen und finanziellen Ressourcen für solch ein Unterfangen. Mit dem Linux-System gibt es schon heute ein europäisches Betriebssystem, das zu diesem Zweck ausgebaut und verbessert werden kann. Da Hardware und Betriebssystem eng verknüpft sind und nicht gänzlich unabhängig voneinander entstehen können, ist auch ein legislativer Schritt nötig. Wir plädieren dafür, eine neue EU-Regelung zu schaffen, die außereuropäischen Smartphone-Herstellern vorschreibt, dass ihre Geräte, die sie in der EU vertreiben, immer auch mit dem EU-Betriebssystem laufen müssen. Die Installation des europäischen Systems muss Nutzerinnen in der EU so einfach wie möglich gemacht werden – im Idealfall sind es nur ein paar Klicks. Die Kosten für den Erwerb sollen außerdem nicht über zehn Euro liegen. Dafür erhalten Europäerinnen ein zuverlässiges System, welches nach den hohen europäischen Datenschutz- und Sicherheitsstandards entwickelt wurde und bei dem sie darauf vertrauen können, dass nicht irgendwann plötzlich das Licht ausgeht.

Ethische Standards für Algorithmen und KI

51 **Die EU soll einen Ethikkodex und verbindliche Standards für künstliche Intelligenz und Algorithmen festlegen, um die Werte und Grundrechte auch im digitalen Zeitalter zu wahren.**

Wie kann man Verkehrsflüsse optimieren, das Kreditausfallrisiko von Bankkunden ermitteln und mit etwas Glück sogar Kriminalfälle und deren Lokalität vorhersagen? Das Zauberwort heißt künstliche Intelligenz (KI). Smarte Algorithmen, die ständig neu dazulernen, selbst in den komplexesten Situationen den Überblick behalten und Entscheidungen treffen, bevor ein Mensch überhaupt begriffen hat, dass es ein Problem gibt. Schöne neue digitale Welt, mag man meinen. Doch bei näherem Hinsehen zeigen sich auch die Untiefen der KI. Auf welcher Basis, nach welchen Kriterien und mit welcher Intention ein Algorithmus zu Ergebnissen kommt, bleibt meist wenig nachvollziehbar im Quellcode verborgen. Das ist bedenklich, insofern die Entscheidungen, die durch Algorithmen getroffen werden, immer öfter einen unmittelbaren Einfluss auf unser Leben haben, sei es bei der Gesundheitsversorgung oder bei der Jobvergabe. »Die größte Gefahr ist, dass ein falsches Verständnis der Fähigkeiten der Technologie besteht und Menschen denken, Algorithmen seien neutral«, erklärt Carla Hustedt, die den Bereich Digitalisierte Gesellschaft bei der Stiftung Mercator leitet.[44]

Algorithmische Systeme werden von Menschen gemacht, und zwangsläufig schreibt sich *ihre* Sicht der Dinge in den Code mit ein. Das ist insofern problematisch, da die Daten die bestehende Diskriminierung und Ungleichheiten in der Gesellschaft spiegeln und lernende Systeme sie weiter reproduzieren. Die Zielvorgaben von Systemen führen also zu diskriminierenden

Ergebnissen, verursacht u.a. durch die fehlende Diversität im Techsektor. In den IT-Unternehmen liegt der Anteil weiblicher Kräfte in Frankreich oder Irland bei unter 20 Prozent, in Bulgarien, Rumänien und Lettland immerhin bei über 25 Prozent.[45] Rund 84 Prozent der europäischen Gründerinnen sind weiß.[46] In der Folge ist kein Code biasfrei. Hinzu kommt, dass algorithmische Systeme vielfach auch in Regionen der Welt entstehen, die von europäischen Werten und der hier vorherrschenden Datenschutzaffinität recht wenig halten. Wenn sich Codes dann auch noch selbstständig und wenig nachvollziehbar weiterentwickeln, können sich Ungerechtigkeiten fortschreiben und sogar handfeste Gefahren für Sicherheit, Gesundheit und die Wahrung europäischer Grundrechte zur Folge haben.

Die Welt der Algorithmen und KI braucht Regeln, Standards und Prüfmechanismen. Dafür muss sich die EU digitalethisch emanzipieren, und sie sollte nichts weniger als den Anspruch hegen, zum Leuchtturm für Ethik, Transparenz und Vertrauenswürdigkeit im Bereich KI zu werden. Alles als Teil einer Strategie für eine digitale europäische Souveränität. Schon heute verfügt die EU-Kommission über eine Experteninnengruppe für KI, die mit ethischen Leitlinien und Ideen von sich reden macht. Jedoch steckt die breite gesellschaftliche Diskussion noch in den Kinderschuhen, sind ethische Standards in den Mitgliedsstaaten noch unterschiedlich weit entwickelt und lässt die Durchsetzung bestehender Gesetze im digitalen Raum oft noch zu wünschen übrig.

Die europäische Datenschutzgrundverordnung (DSGVO) hat vorgemacht, dass eine europäische Regel weltweit Strahlkraft entwickeln kann. Wenn auch kontrovers diskutiert und in der Praxis nicht gerade ein Publikumsliebling, so ist die DSGVO doch auf dem Weg zu einem Maßstab weit über Europas Grenzen hinweg. **Ein europäischer Ethikkodex für Algorithmen und künstliche Intelligenz** kann diesem Beispiel folgen. Der Kodex, der ähnlich wie ein verfassungsgebender Prozess von einer divers besetzten Kommission unter Einbeziehen der Perspektiven aus der Wissenschaft, Zivilgesellschaft, Politik, Wirtschaft und Kultur erarbeitet werden sollte, kann helfen, dass Grundrechte und europäische Werte auch in einer Zukunft von Robotern und komplexen Codes gewahrt werden. Abgeleitet vom Kodex kann ein europäisches Ökosystem aus Verordnungen, Richtlinien und Selbstverpflichtungen entstehen, die dem Handeln von Unternehmen und staatlichen Institutionen einen Rahmen setzen und zugleich Bürgerinnen schützen. Die EU soll nach unserer Auffassung dabei so weit gehen, Unternehmen und Institutionen den Zugang zum europäischen Digitalmarkt zu verweigern, gerade in Bereichen mit hoher Sicherheitsrelevanz, deren Algorithmen sich nicht an die Standards des Europäischen Digitalkodex halten. So kann die EU einmal mehr beweisen, dass sie kein Spielball anderer Mächte ist, sondern selbstbewusst und werteorientiert eigene Spielregeln setzt.

Google for Europe

52 **Die EU braucht eine eigene leistungsfähige Suchmaschine, um ihren Bürgerinnen eine sichere und transparente Alternative zu Google anzubieten.**

Längst ist nicht mehr Öl der wertvollste Rohstoff der Erde, es sind Daten. Ständig hinterlassen wir sie, privat wie beruflich, individuell wie kollektiv. Im Gegensatz zu Öl verbrauchen sich Daten aber nicht. Ihr Wert steigt, je öfter und virtuoser sie genutzt, je klarer sie strukturiert und Muster darin erkannt werden. Das macht Daten zum ultimativen Wirtschafts- und

Machtfaktor unserer Zeit. Doch wie den Überblick in all der Daten- und Informationsvielfalt behalten? Suchmaschinen und ihre begleitenden Angebote helfen dabei. Schnell einen Begriff oder eine Adresse eingeben und schon eröffnen sich gut strukturierte Wissenswelten oder praktische Wegbeschreibungen. Machtbewusste Großkonzerne und überwachungsaffine Regime außerhalb der EU wissen dieses Informationsbedürfnis für sich zu nutzen. Sie platzieren entweder gezielt kommerzielle Angebote oder schränken Suchergebnisse bewusst ein. Beunruhigend ist die Marktdominanz nur weniger Player. 93 Prozent der europäischen Internetnutzerinnen vertrauen sich den Such- und Strukturfähigkeiten des amerikanischen Unternehmens Google an. Konkurrenten wie Bing, Yahoo, Ecosia oder Yandex spielen kaum eine nennenswerte Rolle.[47]

Vor Google sind Europas Bürgerinnen unbekleidet. Gutgläubig vertrauen sie der Suchmaschine ihre politischen Ansichten, intimsten Leidenschaften und auch ihren Gesundheitszustand an. Sie verschaffen dem US-Konzern damit in Form von Metadaten eine Machtfülle, die sich nur schwer bemessen lässt. Der gläserne Mensch ist längst Realität. Wir haben es in europäischer Gutgläubigkeit und Überforderung selbst so gewollt. Der EU-Kommission ist diese digitale Machtakkumulation längst ein Dorn im Auge, allen voran der dänischen EU-Kommissarin Margrethe Vestager, zuständig u. a. für Digitales und Wettbewerb. Als eine Art **europäische Digital-Jeanne-d'Arc** führt sie einen Feldzug zur Befreiung der Europäerinnen aus den Pranken der amerikanischen Techkonzerne. Allein 4,3 Milliarden Euro Strafe brummte sie Google 2018 auf, weil das Unternehmen im Android-Betriebssystem eine Bevorzugung der eigenen Suchmaschine einwebte,[48] gefolgt von 1,5 Milliarden Euro wegen Missbrauchs der marktbeherrschenden Stellung bei der Suchmaschinenwerbung 2019.[49]

Doch Milliardenstrafen werden auf Dauer nicht helfen,

ebenso nicht eine Zerschlagung der Konzerne. Europäische Internetnutzerinnen brauchen Alternativen, und wichtiger, sie müssen diese Alternativen nutzen. Schon heute gibt es europäische Suchmaschinenanbieter, die zu guter Qualität bei gleichzeitig hohen Datenschutzstandards und ökologischen Kriterien ihre Dienste anbieten. Es lohnt sich aber, größer zu denken. Die **Schaffung einer eigenen europäischen Suchmaschine** ist möglich, und sie ist nötig, um sich in der EU unabhängiger zu positionieren. In den frühen 2000er-Jahren kamen schon einmal unter dem Dach des Projektes Quaero Partnerinnen aus vielen Teilen Europas zusammen, um die Suchmaschinenlandschaft zu revolutionieren. Damals scheiterte das Vorhaben jedoch an nationalen Interessen und fehlendem Mut.

Wir schlagen vor mit neuer Kraft die Idee wieder aus der Taufe zu heben und den Aufbau einer gemeinnützig ausgerichteten europäischen Suchmaschine voranzutreiben. Ein europäisches Google, dessen oberste Ziele Transparenz, der Schutz von Daten und eine CO_2-neutrale Arbeitsweise ist. Finanziert und organisiert werden soll diese Suchmaschine unter dem Dach einer Stiftung, zu deren Kapitalstock EU-Mitgliedsstaaten, Unternehmen und Privatbürgerinnen beitragen. Das macht sie unabhängig von Werbeeinnahmen. Im Gegensatz zu Google wird diese Suchmaschine für alle Nutzerinnen transparent machen, wie ihre Algorithmen aufgebaut sind und nach welchen Kriterien Rankings entstehen. Europas Antwort kann zusätzlich von Anfang an dem Anspruch folgen, gerade auch die tieferen Ebenen des Internets systematischer aufzubereiten und damit ungesehenes Wissen an die Oberfläche zu holen. Dies kann das Internet sicherer machen, da Onlinekriminalität früher erkannt und verfolgt werden wird.

KAPITEL 6: EIN ÖKOLOGISCHES EUROPA

Nachhaltigkeit im Sinne der Völkerverständigung und langfristigen Friedenssicherung war von Anfang zentraler Baustein der Europäischen Idee. Durch konkrete Policies im Hier und Jetzt sollte eine langfristige Kooperation zwischen den europäischen Völkern gewährleistet werden. Diese Verzahnung von Realpolitik und Zukunftsgestaltung kann gerechtfertigt als visionär gelten. Im 21. Jahrhundert muss die EU diesen *Modus Operandi* auch auf andere Politikfelder ausdehnen. Um nichts weniger als um den Frieden und die Zukunft geht es nämlich auch in der ökologischen Nachhaltigkeitssicherung: Sie bewahrt und wertschätzt die Lebensgrundlagen, ohne die alles andere nicht funktionieren kann. Hier hat die EU noch einen weiten Weg vor sich. Nach wie vor leistet sie sich nach China und den USA den drittgrößten Ausstoß an Kohlenstoffdioxid in die Atmosphäre.[1] Zugutehalten kann sie sich nur, dass der Ausstoß europäischer Emissionen, im Gegensatz zu anderen Regionen, seit Jahren leicht rückläufig ist – circa 1,4 Prozent weniger pro Jahr im letzten Jahrzehnt.[2] Diese Reduktion wird allerdings nicht ausreichen, um die Ziele des Pariser Klimavertrags einzuhalten, der darauf abzielt, die globale Durchschnittstemperatur auf maximal 2 Grad über dem vorindustriellen Level zu halten. So hat die Mehrheit der EU-Mitglieder noch keine eigene Frist für den nationalen Kohleausstieg festgelegt – ein Energieträger, der für den größten Anteil von CO_2-Gasen verantwortlich ist. Deutschland ist nach wie vor für den größten Teil der EU-CO_2-Emissionen verantwortlich. 2018 etwa waren es 759 Millionen Tonnen. Danach folgen Polen mit 344 und Italien und Frankreich mit jeweils 338 Millionen Tonnen.[3] Ein Blick auf die Emissionen von Treibhausgasen nach Sektor zeigt, dass die Verbrennung von Trägern, seien es fossile Brennstoffe oder Biomasse, über die Hälfte aller Treibhausgase ausmachen, das meiste davon im Bereich der Energiegewinnung. Ein Viertel aller Treibhausgase geht auf den Transport in der EU und internationale Flüge zurück. Der Agrarsektor ist für bis zu 11 Prozent verantwortlich,[4] [5] durch den hohen Anteil von Methan aber möglicherweise schädlicher, als der Prozentwert andeutet.[6]

Dass der Klimawandel erhebliche negative Folgen für die EU hat, weiß auch die Kommission und listet Gesundheitsgefahren durch vermehrte Hitzetage, Stürme und plötzliche Wetterereignisse sowie Gefahren durch steigende Meeresspiegel für Europas Küstenregionen, aber auch Trinkwasserknappheit als ernst zu nehmende Entwicklungen auf.[7] Ursula von der Leyen hat dementsprechend auch den Klimaschutz als Top-Priorität ihrer Amtszeit festgelegt und Exekutivvizepräsident Frans Timmermans mit der Umsetzung eines Green Deals für die EU beauftragt, der immerhin eine rechtliche Verpflichtung zur Klimaneutralität bis 2050 beinhaltet.[8] Die EU wäre damit der erste Kontinent, der diesen Meilenstein erreichen würde.

Die Nachhaltigkeitssicherung ist aber nicht nur eine Frage der Emissionsreduktion, sondern braucht in erster Linie **einen Mentalitätswandel,** der eine ganze Gesellschaft durchziehen, berühren und mitnehmen muss. Umweltverschmutzung, Massentierhaltung und der Einsatz von Pestiziden sind in der EU nach wie vor gang und gäbe. Gleichzeitig fehlt es an Methoden und Werkzeugen, um einen schnellen grünen Wandel hin zu nachhaltigen und umweltfreundlichen Praktiken, Wirtschafts- und Lebensstilen zu unterstützen. Dieses Kapitel setzt hier an und macht Vorschläge, wie die grüne Transformation gelingen kann. Im Mittelpunkt dieses Kapitels stehen die EU-Bürgerinnen selbst. An ihnen wird sich entscheiden, nicht nur, ob die

EU die Pariser Ziele einhält, sondern auch, auf welche Art und Weise die grüne Transformation stattfinden wird: von oben verordnet gegen Widerstände, ohne passende Ausgleiche und Finanzierungsmodelle oder getragen auf vielen Schultern durch kollektive Verantwortungsübernahme und Subventionen für grüne Produkte und Lebens- und Arbeitsweisen. **Dass Klimaschutz ein Topthema besonders für viele junge EU-Bürgerinnen ist, eröffnet auch ein Chancenfenster.** Durch gemeinsame grenzübergreifende und partizipative Regelungen und Möglichkeiten kann die EU eine globale Führungsrolle im Einsatz für eine grüne und gesicherte Zukunft einnehmen.

Ein Europa ohne Kohle

53 Die EU soll alle verbleibenden Kohlekraftwerke bis 2030 vom Netz nehmen, um die Pariser Klimaziele noch einzuhalten.

Eine der zentralen Bedingungen für die Erfüllung des Pariser Klimaabkommens ist ein möglichst schneller Kohleausstieg, da dieser Energieträger besonders stark zur globalen Erwärmung beiträgt. Die *Climate Analytics* Studie »A stress test for coal in Europe under Paris Agreement« aus dem Jahr 2017 kommt zu dem Schluss, dass die EU die Pariser Ziele nur erreichen kann, wenn sie alle Kohlekraftwerke bis spätestens 2030 vom Netz nimmt.[9] In der EU sind zurzeit noch über 300 Kohlekraftwerke in Betrieb. Größte Betreiberländer sind Deutschland und Polen, die gemeinsam für über die Hälfte aller kohlebasierten Emissionen verantwortlich sind.[10] Die Nutzung von Kohlekraft und der politische Willen auszusteigen sind sehr unterschiedlich über die EU verteilt. Drei EU-Staaten sind mittlerweile kohlefrei: Belgien (seit 2016), Schweden und Österreich (beide seit 2020). Weitere Länder haben ein baldiges Ende ihrer jeweiligen Kohlekraftwerke versprochen: Frankreich will (die zugegebenermaßen wenigen) Kohlekraftwerke bis 2021 vom Netz nehmen, Portugal bis 2023, Italien bis 2025, die Niederlande, Finnland und Dänemark immerhin irgendwann bis 2030. In Deutschland wird aktuell das Jahr 2038 anvisiert, in anderen Ländern der EU ist ein Kohleausstieg bisher kein großes Thema. Im Sommer 2020 hat Polen mit der Ankündigung überrascht, den traditionsreichen Kohleabbau bis 2049 einzustellen (und einen Umstieg in Kernenergie zu forcieren). Der langsame Ausstieg erfolgt nach »deutschem Vorbild«, das sich ebenfalls Zeit lässt und vor einer raschen Umstellung zurückschreckt.[11]

Grundsätzlich nützt es wenig, wenn einige Länder vorbildlich schnell vorangehen und andere sich (zu viel) Zeit lassen oder gar keine Ausstiegspläne haben. **Der Kohleausstieg muss als gemeinsame EU-Aufgabe verstanden werden.** Daher können die Staaten, die bisher Wegbereiterinnen im Kohleausstieg sind, jene unterstützen, die sich schwerer damit tun. Der Kohleausstieg bringt mehr Vorteile mit sich als die Erfüllung des Pariser Klimaabkommens. So wird ein Europa ohne Kohlekraft auch ein sauberes und gesünderes Europa für alle sein. Weniger Feinstaubbelastung steigert die Lebenserwartung.[12] Gleichzeitig hat ein Kohleausstieg kurzfristig eine starke Wirkung auf das jeweilige Land bzw. die jeweilige Region. So hängen in Polen über 100 000 Arbeitsplätze am Kohlesektor.[13] Das darf kein Argument gegen den (zu langsamen) Kohleausstieg sein. Dennoch berücksichtigt eine effektive Strategie die Wirkung auf bestimmte Berufsgruppen und federt die negativen ökonomischen und sozialen Effekte mit Gegenmaßnahmen ab.

Wir schlagen vor, dass die EU gemeinschaftlich bis 2030 den Kohleausstieg vollzieht. Damit dies wirkungsvoll gelingt, braucht es einen EU-Kohleausstiegsfonds, der betroffene Länder und Regionen beim Transformationsprozess unterstützt. Abgeleitet vom Modell des deutschen Fonds zur Finanzierung der kerntechnischen Entsorgung, welcher 2017 eingerichtet wurde, sollen Energieunternehmen, die Kraftwerke mit fossilen Energieträgern betreiben, in der EU gesetzlich verpflichtet werden, Gelder in eine Kohleausstiegsfonds-Stiftung einzuzahlen.[14] Die Stiftung verwaltet die Gelder dann und unterstützt den Bau neuer Kraftwerke, finanziert Renaturierungsmaßnahmen und betreibt Wirtschaftsförderung in den jeweiligen Regionen.

In jedem Fall muss das Thema Kohleausstieg Top-Priorität für die Europäische Union sein – auch legislativ. Das heißt gegebenenfalls auch, EU-Mitglieder unter Druck zu setzen, ihre Kohlemeiler (früher) vom Netz zu nehmen und einen grünen Umbau – mithilfe von EU- und eigenen Mitteln – energisch voranzutreiben. Werden Fristen nicht eingehalten oder der Ausstiegstermin 2030 gar überschritten, drohen eine Kürzung von EU-Fördergeldern und Strafgebühren. Es braucht aber auch Vorbilder und Symbole. Insbesondere Deutschland, als wichtige Wirtschaftskraft der EU, muss seinen Ausstieg engagierter vorantreiben und seinen unmittelbaren Nachbarn, Polen, mit Technologie- und Wissenstransfer im Prozess unterstützen.

Ein Europa der erreichten Klimaziele und der sauberen Luft: Das muss keine europäische Utopie sein. Mit einem engagierten Kohleausstieg kann es zur Realität und zum Vorbild für die Welt werden.

Gemeinsam den Green Deal finanzieren

54 Die EU soll angedockt an die Europäische Investitionsbank eine Klimastiftung einrichten, um nachhaltige Investitionen auch durch private Gelder zu fördern.

Für die zügige und rechtzeitige Umsetzung der Pariser Klimaziele durch europäische Staaten, Unternehmen und Privathaushalte braucht es viel Finanzkraft. Auch wenn Nachhaltigkeitssteuern (siehe These 56) einen Schub leisten können, so ist der Finanzbedarf für die grüne Transformation doch umfassender. Neben den staatlichen – und damit steuerbasierten – Finanzquellen gibt es natürlich auch noch private. Diese zu aktivieren, kann Schlüssel für einen schnelleren ökologischen Umbau von Systemen und Lebensweisen sein.

2019 schlug der deutsche Wirtschaftsminister Peter Altmaier die Gründung einer Bürgerstiftung Klima vor.[15] Die Idee dahinter ist beachtenswert: Der Bund setzt eine Klimastiftung auf und gibt Startkapital hinein. Die Klimastiftung gibt zum einen festverzinste Anleihen mit langer Laufzeit heraus, die Privatanlegerinnen anregen sollen, sich an der Stiftung zu beteiligen. Die Zinsen für die privaten Anlegerinnen werden dann durch die staatlichen Einlagen finanziert. Zum anderen vergibt die Stiftung zinsbefreite langfristige Darlehen an Unternehmen oder auch Privathaushalte, die durch gezielte Investitionen ihre Umweltbilanz verbessern wollen. Familien können sich damit Solarpanels für das eigene Dach finanzieren, Pendlerinnen ein E-Auto leisten oder Unternehmen ihre Produktionsstraßen umweltfreundlicher gestalten. Laut dem Modell Altmaier sollen so genug Gelder zusammenkommen, um bis zu 50 Milliarden Euro in den grünen Umbau investieren zu können. Altmaiers Hintergedanke dürfte auch sein, auf diesem Weg Klimaschutz zu betreiben, ohne die Steuerzahlerin selbst übermäßig zu belasten.

Die Idee ist bislang in Deutschland nicht umgesetzt, liefert aber die Inspiration, über eine europäische Variante nachzudenken: Wir schlagen vor, eine **EU-Klimastiftung** zu gründen, die sich, nach dem Altmaier-Vorschlag, hauptsächlich über neu zu schaffende Europäische Klima-Anleihen mit festgelegtem Zinssatz finanziert und die klimafreundliche und ökologische Investitionen fördern soll. So soll sich jede EU-Bürgerin bei der Klimastiftung zinsfrei Geld leihen dürfen, um den eigenen ökologischen Fußabdruck zu verringern, sei es durch die Anschaffung eines Elektroautos, der Installation von Solarpanels oder um das Eigenheim energetisch zu sanieren. Gelder leihen könnten sich zudem Unternehmen, Betriebe oder andere Organisationen, immer unter der Voraussetzung, dass die angedachten Investitionen die EU-Klimabilanz verbessern. Die Stiftung kann an die Europäische Investitionsbank angedockt werden, um existierende administrative und operative Strukturen zu nutzen.

Die EU-Klimastiftung soll von einem eigenen Vorstand geleitet und von einer Kommission, bestehend aus Mitgliedern des Europäischen Parlaments, des Rats/Senats und der Kommission, unterstützt und überwacht werden. Angebrachte Größenordnung für die Stiftung können 500 Milliarden Euro sein, genug, um weitreichende Projekte und Investitionen anzustoßen. Die Belastung des EU-Haushalts durch den Vorschlag ist überschaubar, er würde schließlich nur die Deckung der Zinsen garantieren – maximal zehn Milliarden Euro jährlich.

Transparenz und Orientierung mit einem EU-Nachhaltigkeitslabel

55 Die EU soll mit einer Verordnung ein sogenanntes CO_2e-Label einführen, um den ökologischen Fußabdruck unterschiedlichster Produkte und Dienstleistungen auf einen Blick ersichtlich zu machen.

Der Klimawandel kann nur abgebremst werden, wenn Individuen mitmachen und ihren Beitrag leisten. Die Infragestellung und Anpassung von Gewohnheiten und Traditionen – ob auf persönlicher oder gesellschaftlicher Ebene – ist ein großes und schwieriges Unterfangen, das Zeit und Informationen braucht. Der Klimawandel wird immer noch oft als abstraktes Thema wahrgenommen, seine Bedrohung zwar theoretisch anerkannt, die eigene Rolle in der Lösung aber unterschätzt oder sogar ignoriert.

Dabei mangelt es auch an Wissen darüber, welche Prozesse, Produkte und Aktivitäten im Alltag den Klimawandel beschleunigen und welche unbedenklich oder zumindest weniger schädlich sind. Dass Vielfliegerei ein Problem ist oder Rindfleisch eine besonders schlechte CO_2-Bilanz hat, wissen mittlerweile viele. Doch bei vielen anderen Produkten oder Dienstleistungen ist es für Verbraucherinnen immer noch schwer einzuschätzen, wie klimaschädlich oder -freundlich diese sind. Ist ein Hafergetränk umweltfreundlicher als eines aus Mandel? Ist eine Fahrt von Barcelona nach Rom mit dem Schiff oder Zug besser? Und sind Avocados wirklich solche Umweltsünder? Wir sind überzeugt: Viele Menschen wollen das Richtige tun, wissen aber nicht, wie sich das in den Alltag übersetzen lässt und wie sie mit vielen kleinen Entscheidungen einen Beitrag leisten können.

Eine Möglichkeit, hier anzusetzen und Informationen bereitzustellen, ist **der Einsatz von CO_2e-Labeln auf Produkten.** CO_2e umfasst alle Treibhausgase und misst diese in ihrer Wirkung auf die Atmosphäre im Äquivalent (engl. e für »equivalent«) von Kohlenstoffdioxid (CO_2). Wenn also ein Liter Milch einen Wert von 1,4 Kilogramm CO_2e hat, so heißt das, dass die Produktion und der Transport von Milch durchschnittlich den Effekt hat, den 1,4 Kilogramm freigesetzte CO_2 hätten.[16] Obwohl bei der Milchproduktion hauptsächlich Methangase (und weniger CO_2) anfallen, ermöglicht die CO_2e-Berechnung den Vergleich von Klimaeffekten unterschiedlichster Produkte und Aktivitäten: Vom Schuhkauf bis zur Flugreise nach Australien, von einer Google-Suchanfrage bis zum Kühlschrank (und seinen Inhalten) kann (fast) alles in CO_2e berechnet werden.

Die Forderung eines CO_2e-Labels (besonders) für Lebensmittel gibt es schon länger. 2020 wurde in Deutschland zum Beispiel eine Petition mit dem Ziel gestartet, den Bundestag von der Einführung einer Kennzeichnung zu überzeugen. Über 57 000 Menschen haben unterschrieben.[17] Einige Unternehmen haben bereits freiwillig auf ihren Produktkartons ein solches Label aufgetragen. Das schwedische Unternehmen CarbonCloud ist eine der Marktführerinnen in der Berechnung solcher CO_2e-Abdrücke. Auf der Website wird anschaulich dargestellt, wie die Berechnungen durchgeführt werden und wie ein derartiges Label am Ende aussehen könnte.[18]

Basierend darauf, schlagen wir vor, dass die EU eine Verordnung zur **CO_2e-Kennzeichnung aller Lebensmittelprodukte** erlässt. Das Label muss gut sichtbar auf der Vorderseite aller Kartons oder Tüten angebracht sein und mit einem Blick kenntlich machen, welche Klimaeffekte die Herstellung und der Transport des jeweiligen Produktes vom Feld bis in den Supermarkt haben. Das Label kann auch wie eine Ampel gestaltet sein, deren Farbe sich je nach Umweltbelastung ändert. Eine solche Ampel kann auch starker Anreiz für Produzentinnen sein, die eigenen Prozesse zu optimieren oder die Lieferwege zu verkürzen. In einem weiteren Schritt können diese europäischen CO_2e-Label über den Supermarkt ausgeweitet und auch auf Flug- und Zugtickets, Fernsehern, der Mobilfunkrechnung oder Kleidungslabels angebracht werden. Die Technik und das Know-how zur Berechnung auch der vielfältigsten Prozesse existieren bereits, sie warten nur darauf, einer breiten Öffentlichkeit zugutezukommen. Durch ein solches Label, das konsequent EU-weit angewandt wird, kann das Problem der Unkenntnis über den Effekt beim Kauf bestimmter Produkte und Dienstleistungen gelöst werden. Dadurch werden Bürgerinnen aktiv in den Einsatz gegen Klimawandel eingebunden und können ihre Entscheidungen anpassen.

Das CO_2e-Label hat rein informativen Wert. Es sensibilisiert Verbraucherinnen, schränkt sie aber bewusst nicht ein. Im Idealfall reicht dies schon aus, um einen guten Teil der EU-Bevölkerung für das Thema zu sensibilisieren und zu einer Verhaltensänderung zu bewegen. Eine auf Freiwilligkeit basierende Konsum- und Verhaltensänderung hat jedoch Grenzen. Besonders umweltunfreundliche Produkte sollen mithilfe einer CO_2e-Steuer teurer werden, damit diese die tatsächlichen Kosten besser abbilden. Hierzu mehr in der nächsten These.

Wandel durch eine EU-Nachhaltigkeitssteuer

56 **Die EU soll eine CO_2e-Steuer einführen und gleichzeitig den Mindestpreis pro Tonne CO_2e auf 150 Euro (mit regelmäßiger Erhöhung) festlegen, um Treibhausgase in der EU zu senken.**

Freiwillige Selbstverpflichtungen zur Änderung von Handlungsweisen können ein guter erster Schritt sein, in der Praxis zeigen sie oft aber nicht die erhoffte Wirkung, besonders wenn es um tief sitzende Gewohnheiten und Muster geht. So blieben Frauen in vielen Ländern die Türen zu den Chefetagen jahrelang verschlossen, daran konnten auch die vielen gut gemeinten Appelle nichts ändern. Erst gesetzliche Quoten haben hier zur Einlenkung geführt.

Der Einsatz gegen den Klimawandel fühlt sich manchmal ähnlich an: Seit Jahren werden wir alle immer wieder ermutigt, unser privates Verhalten anzupassen oder im Konsum und täglichen Leben auf die Klimaeffekte zu achten. Das Resultat: Es geht viel zu langsam voran. Es ist entsprechend nicht verkehrt, sich über andere Anreize und Regelungen Gedanken zu machen.

Eine Option ist eine CO_2- bzw. CO_2e-Steuer, mit der der Ausstoß von Treibhausgasen besteuert wird. Prozesse und Produkte, die viele Treibhausgase verursachen, werden damit teurer, umweltfreundliche(re) hingegen erhalten durch einen niedrigeren Preis einen Marktvorteil. Eine CO_2e-Steuer setzt Anreize, damit Unternehmen ihre Produktions- und Logistikprozesse optimieren und auf nachhaltige Rohstoffe und Verfahren setzen. Die Steuer wirkt auch einem ganz realen Ungleichgewicht entgegen: Aktuell kosten Lebensmittel, die biologisch und nachhaltig angebaut und hergestellt werden, oft mehr als Konkurrenzprodukte, die einen höheren ökologischen Fußabdruck haben. Der Marktpreis repräsentiert nicht die tatsächlich für die Umwelt und die Gesellschaft entstehenden Kosten.

Eine EU-weite CO_2e-Steuer gibt es bisher nicht, obwohl die Idee nicht neu ist. Bereits 1994 hat die Enquete-Kommission »Schutz der Erdatmosphäre«, eine überfraktionelle Arbeitgruppe des Deutschen Bundestags, einen entsprechenden Vorschlag gemacht und die Bundesregierung ermutigt, sich auf EU-Ebene für eine solche Steuer einzusetzen.[19] Daraus ist bis heute nichts geworden. Allerdings gibt es seit 2005 den EU-Emissionshandel, der auch das Ziel verfolgt, europäische Emissionen zu senken. Vereinfacht erklärt, legt der Emissionshandel fest, dass für den Ausstoß von Treibhausgasen Zertifikate vorliegen müssen. Ein Kraftwerk also muss für jede Tonne CO_2 (oder andere Emissionen) eine Berechtigung haben. Ungenutzte Zertifikate können gehandelt, also an andere Firmen verkauft werden. Wer viele Gase produziert, braucht dementsprechend mehr Zertifikate als ein Energiebetreiber, der wenig Klimagase produziert. In der Theorie klingt das zwar gut, in der Praxis funktioniert der Emissionshandel aber lange nicht so, wie er soll. Das liegt auch daran, dass es keinen Mindestpreis für Zertifikate gibt und die Preise damit lächerlich niedrig sind. Umweltverschmutzung tut dem Geldbeutel großer Unternehmen also nach wie vor nicht weh.

Wir schlagen vor, diese Lücken zu schließen und gleich zwei Dinge zu tun: Erstens die Einführung einer EU-weiten CO_2e-Steuer auf Produkte und Dienstleistungen jeglicher Art und zweitens die Einführung von Mindestpreisen für Zertifikate im EU-Emissionshandel. Die CO_2e-Steuer kann sich an der schwedischen CO_2-Steuer orientieren, die es bereits seit 1991 gibt. Dort wurden im Zuge einer großen Steuerreform unter anderem die Lohnsteuern gesenkt und gleichzeitig eine CO_2-Bepreisung eingeführt. Bei der Einführung betrug der Preis pro Tonne emittierten CO_2 24 Euro, heute sind es 115 Euro. Auf einen

Liter Benzin zum Preis von umgerechnet 1,58 Euro macht die CO_2-Steuer beispielsweise 0,25 Cent aus.[20] Die EU sollte, ausgehend von diesen Vorbildern, eine europäische CO_2e-Steuerrichtlinie ausarbeiten, an der sich Nationalstaaten zur jeweiligen gesetzlichen Einführung orientieren können. Der Preis pro Tonne CO_2e soll sowohl in der direkten Besteuerung als auch im Emissionshandel auf (mindestens) 150 Euro festgelegt werden. Das mag eine deutliche Preissteigerung sein (ganz besonders im Emissionshandel, wo Tonnen CO_2 bisher für wenige Euro über die Theke gehen), ist aber notwendig, um **starke Anreize zu schaffen, EU-weit die Emissionen zu senken**. Die Mindestpreise pro Tonne CO_2e müssen regelmäßig entsprechend der europäischen Klimaziele nach oben angepasst werden.

CO_2-neutral im Internet surfen

57 **Server sollen in der EU zukünftig klimaneutral laufen und Verbraucherinnen verstärkt über ihren digitalen CO_2-Fußabdruck informiert werden, um den internetbasierten CO_2-Ausstoß zu senken.**

Das Internet setzt mittlerweile mindestens genauso viel CO_2 frei wie die globale Luftfahrt. Zu diesem Befund kommen immer mehr Untersuchungen. Sie zeigen: Je höher der Datenverbrauch, desto höher der Stromverbrauch für die entsprechenden Server. Jede Suchanfrage, jede übertragene E-Mail und jeder Videoabruf lässt irgendwo auf der Welt Kühlsysteme anspringen und Strom durch Leitungen fließen. Allein durch Onlinevideokonferenzen und Streamingdienste werden weltweit pro Jahr etwa 200 Milliarden Kilowattstunden Strom verbraucht (Stand 2019).[21] Das entspricht in etwa dem Stromverbrauch aller Privathaushalte in Italien, Polen und Deutschland zusammen. In Frankfurt, dort, wo sich die wichtigsten Server in Deutschland konzentrieren, werden etwa 20 Prozent des städtischen Stroms für den Betrieb der digitalen Infrastruktur benötigt. Das ist mehr als der Frankfurter Flughafen, einer der größten Airports in Europa, an Strom verbraucht.[22] Mit dem weiteren Anstieg der Datenmengen beispielsweise durch autonome Verkehrssysteme, digitale Bildungsangebote oder vernetzte Industrieproduktionen wird auch der Strombedarf steigen. Margrethe Vestager, Exekutiv-Vizepräsidentin der Kommission, sieht längst im Internetstromverbrauch eine »große Herausforderung« auf dem Weg zum Ziel der Klimaneutralität, dem sich die EU bis zum Jahr 2050 verschrieben hat.[23]

Will Europa seine Klimaziele erreichen, muss die Senkung des internetbasierten CO_2-Fußabdrucks eine Priorität werden. Dafür muss die Politik die Dringlichkeit erkennen, **die Wirtschaft braucht klare Vorgaben,** und Verbraucherinnen müssen verstehen, was jeder Klick verursacht. Daten machen vor Grenzen nicht halt, und so erweist sich nur **ein koordinierter europäischer Ansatz** als effektiv. Wir schlagen vor, dass alle europäischen Großserver zukünftig klimaneutral laufen müssen. Das heißt, sie werden per Ökostrom betrieben oder gezielt an Standorten errichtet, an denen ein einfacher Zugang zu erneuerbaren Energien besteht. Gleichzeitig kann man die Abwärme der Server zum Heizen von Wohnungen oder Schulen nutzen. Alle europäischen Bürgerinnen müssen dafür sensibilisiert werden, wie energieintensiv die Internetnutzung ist, und sollen auf der Monatsabrechnung ihres Internet- oder Telefonanbieters anschaulich sehen, welchen CO_2-Ausstoß ihre Datennutzung verursacht. Diese EU-Internet-Klimaneutralitätsstrategie kann zum Vorbild für andere Regionen der Welt werden und auch zur Auflage werden, wenn außereuropäische Unternehmen internetbasierte Services in Europa anbieten wollen.

Inlandsflugverkehr radikal beschneiden

58 Die EU soll eine unionsweite Kerosinsteuer einführen und Flüge innerhalb einzelner Mitgliedsstaaten weitestgehend abschaffen und mehr Verkehr auf die Schiene verlagern.

In der EU wird viel geflogen. 2017 überschritt das Flugpassagieraufkommen in der Union erstmals eine Milliarde Menschen jährlich. Der Flugverkehr fördert Mobilität und stärkt damit die europäische Integration. Dem gegenüber stehen die hinlänglich bekannten klimaschädlichen Effekte des Fliegens. Es ist daher erstaunlich, dass die EU gerade diesen Verkehrsträger bisher auf verschiedene Arten fördert und subventioniert. Kaum ein EU-Mitgliedsstaat erhebt Steuern auf Kerosin für den kommerziellen Flugverkehr. Davon profitieren Fluglinien und, allen voran, die Billigflieger. Sie haben gegenüber dem Schienenverkehr, der sehr wohl Steuern auf Elektrizität bzw. Diesel zahlen muss, einen handfesten Vorteil, sowie gegenüber dem Busverkehr, für den ebenso Treibstoffsteuern anfallen. Eine Ausnahme bilden die Niederlande, die als einziges EU-Land eine Kerosinsteuer eingeführt haben und aktuell planen, mit einer umfassenderen Luftfahrtsteuer sogar noch einen draufzulegen.[24] [25] Zusätzlich bezuschusst die EU bisher großzügig internationale und Regionalflughäfen. Nach einem Beschluss von 2014 sollen diese staatlichen Hilfen besonders für kleine Flughäfen ab 2024 auslaufen und danach untersagt sein.[26] Das ist ein Schritt in die richtige Richtung, aber nicht genug.

Um die Pariser Klimaziele einzuhalten, braucht es einen stärkeren Eingriff in den Luftverkehr. Wir schlagen vor, **EU-weit eine verpflichtende Kerosinsteuer für den kommerziellen Flugverkehr** einzuführen. Entweder als Teil dieser Steuer oder als zusätzliche

Abgabe sollen Flugtickets, die über einen EU-Flughafen laufen, eine verbindliche CO_2-Kompensation enthalten. Flüge aus, nach und innerhalb der EU, betrieben von inner- oder außereuropäischen Airlines, werden hierfür besteuert. Verbunden mit einem Ausbau des Bahnhochgeschwindigkeitsnetzes (siehe These 45) wird durch die Preissteigerung des Flugverkehrs eine Verlagerung zugunsten klimafreundlicher Alternativen erreicht. Besonders Inlandsflüge innerhalb von EU-Mitgliedsstaaten – sie machen aktuell 16 Prozent des Passagierflugverkehrs aus[27] – sind Klimakiller und müssen eingestellt werden.[28] Die größeren EU-Länder haben bereits belastbare Hochgeschwindigkeitszugnetze, weshalb Inlandsflüge selbst in Deutschland, Spanien oder Frankreich nicht wirklich benötigt werden. Ausnahmen können Zubringerflüge zu interkontinentalen Verbindungen sowie Linien zu (abgelegenen) Inseln oder auch innerhalb Schwedens oder Finnlands sein, die bisher noch nicht über ein ausreichend ausgebautes Hochgeschwindigkeitsbahnnetz verfügen.

Ein Baum für jede neugeborene Europäerin

59 Für jedes neugeborene Kind in der EU soll ein eigener Baum gepflanzt werden.

Europa ist ein Kontinent der Wälder. Fast 42 Prozent der Landfläche der EU sind von Wäldern bedeckt. Der Anteil der bewaldeten Flächen ist in Finnland mit 77 Prozent der Landfläche, in Schweden mit 75 Prozent, Slowenien mit 65 Prozent und in Spanien mit 57 Prozent besonders hoch.[29] Bäume sind echte Multitalente. Sie bieten Lebensraum für zahlreiche Tier- und

Pflanzenarten (in Deutschland sind es allein 13 000 Arten), schenken Menschen Erholung und liefern mit Holz einen der ökologisch nachhaltigsten Rohstoffe. Pro Hektar Wald werden je nach Beschaffenheit und Baumarten zwischen 15 und 30 Tonnen neuer Sauerstoff gebildet, rund 50 Tonnen Ruß und Staub aus der Atmosphäre gefiltert und bis zu 160 000 Kubikmeter Trinkwasser gebildet.[30] Wälder haben außerdem eine wichtige Pufferwirkung und helfen, Kohlendioxid der Atmosphäre zu entziehen: Ca. 10,5 Tonnen CO_2 kann ein Hektar Wald mittleren Alters jährlich binden. Das macht Bäume zu effektiven Klimaschützern. Die ETH-Zürich rechnete 2019 in einer Studie vor, dass die Aufforstung auf einer Fläche von 0,9 Milliarden Hektar helfen kann, zwei Drittel der anthropogenen (vom Menschen verursachten) CO_2-Emission aufzunehmen.[31] Auch wenn die Zahlen als übertrieben kritisiert wurden, ist die Grundüberlegung gut.[32] **Aufforstung und Waldpflege helfen zur Dämpfung der Klimakatastrophe.** Der Weg dahin ist noch weit. Allein während der Covid-19-Krise haben Rodungen in Regenwaldgebieten in Brasilien, dem Kongo oder Indonesien um 150 Prozent zugenommen, und die zunehmenden Klimaveränderungen setzen Europas Wälder so unter Stress, dass wichtige Waldflächen verloren gehen.[33] [34]

Die EU muss diesen Trend umkehren und das Potenzial der Wälder nutzen. Dafür braucht es ein koordiniertes, ambitioniertes und weitsichtiges Aufforstungs- und Waldumbauprogramm. Wir schlagen vor, bis 2050 die bewaldeten Flächen in der EU von 42 auf 50 Prozent zu steigern. Zusätzlich sollen existierende Wälder durch eine stärkere Diversifizierung der Baumarten resistenter gegen Temperaturschwankungen und Schädlingsbefahl gemacht und hierfür verstärkt Gelder im EU-Haushalt mobilisiert werden. Das europäische Aufforstungsvorhaben muss zu einem Projekt *aller* Europäerinnen werden und braucht dafür ein kraftvolles Symbol. Wir schlagen vor, für jedes neugeborene Kind in der EU je einen Baum zu pflanzen, und zwar entweder im Rahmen der Aufforstung existierender Wälder (old growth forests) oder aber in neu angelegten Europawäldern. Allein im Jahr 2019 wären auf diese Weise 4,2 Millionen neue Bäume gepflanzt worden. So viele Kinder wurden in diesem Jahr in der EU geboren.[35] Bei einer Dichte von 1000 Bäumen pro Hektar sind das 4200 Hektar neuer Wald. Jeder neu gepflanzte Baum kann mit einer ID-Nummer versehen werden, sodass jede junge EU-Bürgerin ihren Baum in einem Wald der EU besuchen kann. Die neuen Europawälder selbst können in peripheren Regionen der EU entstehen und dort den Tourismus ankurbeln.

Ein New Deal für Europas Landwirtschaft

60 Die EU soll ihre Gemeinsame Agrarpolitik (GAP) massiv reformieren, ökologische Landwirtschaft stärken und hohe Umweltschutzstandards einführen.

Die Landwirtschaft spielt eine entscheidende Rolle auf dem europäischen Weg zur Klimaneutralität. Schließlich ist der landwirtschaftliche Sektor für rund 11 Prozent der Treibhausgasemissionen in der EU verantwortlich, und liegt damit sogar *vor* dem industriellen Sektor mit 9 Prozent.[36] **Es wird keinen erfolgreichen europäischen Green Deal ohne einen *New Deal* für die Landwirtschaft geben.** Das wird ein hartes Stück Arbeit, denn es geht um nichts Geringeres als eine Revolution in einem der ältesten Felder der europäischen Zusammenarbeit. Schon in den Römischen Verträgen haben die sechs Gründungsländer vereinbart, ihre Landwirtschaftspolitik gemeinsam zu koordinieren. Zentraler Aspekt dieser Gemeinsamen Agrarpolitik (GAP) war es, die europäischen Landwirtschaftsbetriebe vor niedrigen Preisen aus Drittstaaten zu schützen und ihnen so eine Zukunft zu sichern. Die Maßnahmen waren zunächst eine Aufkaufgarantie. Landwirtschaftlichen Betrieben wurde die Abnahme aller Produkte zugesichert, im Idealfall durch Nutzerinnen im Supermarkt, ansonsten aber durch die Europäische (Wirtschafts-)Gemeinschaft selbst. Dadurch wurde das Prinzip von Angebot und Nachfrage de facto deaktiviert und Bauernhöfe und Betriebe ermutigt, so viel wie möglich zu produzieren. Der sprichwörtliche europäische Butterberg war die Folge. Die EG kaufte über Jahre hinweg Tausende Tonnen Butter, Milch, Getreide und andere landwirtschaftliche Produkte auf. Kein Wunder, dass die Agrarsubventionen in den 1970er-Jahren um die 70 Prozent des Europäischen Haushalts verschlangen. Diese Aufkaufgarantie wurde danach schrittweise zurückgenommen und durch landwirtschaftliche Prämien und Direktzahlungen ersetzt, die bis heute das Gerüst der GAP bilden. Die EU-Agrarförderung vereinnahmt noch immer den Löwenteil des EU-Haushalts. Im mehrjährigen Finanzrahmen 2014 bis 2020 waren es 38 Prozent.[37] Im Finanzrahmen 2021 bis 2027 sind es rund 34 Prozent.[38]

Die aktuelle GAP der EU basiert auf zwei Säulen: den Direktzahlungen an Landwirtschaftsbetriebe, die sich im Wesentlichen an der Nutzfläche orientieren (Säule I), und Investitionen in die Weiterentwicklung der Europäischen Landwirtschaft durch Förderung kleiner Betriebe, einer höheren Diversität in der Landwirtschaft und Maßnahmen zum Klimaschutz (Säule II). Dass die Direktzahlungen der Säule I mehr als dreimal so viele Gelder enthalten wie die Weiterentwicklungsprogramme der Säule II ist ein klares Indiz für die Prioritäten der EU in diesem Gebiet. Trotz aller Bekundungen zu den effektiven Maßnahmen zur Steigerung von Artenschutz, Biodiversität und des

Klimaschutzes durch die GAP bescheinigen unabhängige Studien der aktuellen EU-Agrarpolitik eine sehr negative Nachhaltigkeitsnote. Ein Forscherinnenteam für das *Science Magazine* beklagte, dass die GAP sich im Wesentlichen seit der Einführung in den Römischen Verträgen nicht geändert habe und nach wie vor zu wenig für Nachhaltigkeit tue. Im Gegenteil: Die EU-Agrarpolitik liege in vielen Bereichen unter dem, was gemäß der Nachhaltigkeitsziele der Vereinten Nationen und anderer internationaler Verträge geboten wäre. Auch die 2013 eingeführten Maßnahmen des sogenannten Greenings, in der die Direktzahlungen an bestimmte Voraussetzungen rund um Nachhaltigkeit, Umwelt- und Klimaschutz gekoppelt sind, haben nicht viel bewirkt. Als Hauptgründe für das Scheitern von Praktiken wie dem Greening beschreibt die Studie eine fehlende Transparenz auf der Policy-Ebene sowie ein ineffektives System der Kontrolle von grünen Maßnahmen in den Betrieben. Per Design und mit den riesigen Mitteln in Säule I haben große Betriebe gegenüber kleineren (ökologischen) Betrieben einen Vorteil und können sich mit wenigen Minimalanpassungen die weitere Unterstützung durch die Direktzahlungen sichern.

Wir schlagen vor, die GAP grundlegend zu reformieren. Es braucht einen New Deal für Europas Landwirtschaft und deutlich mehr Ambitionen. Die Anzahl der nach den Prinzipien der ökologischen Landwirtschaft betriebenen Flächen in der EU soll von heute 7,5 Prozent auf 25 Prozent 2030 und ganze 50 Prozent 2050 erhöht werden. Wie kann das gelingen? Zum einen müssen verstärkt Gelder von Säule I auf Säule II übertragen werden, um nachhaltige Strukturen und Prozesse zu schaffen und zu fördern, die auf Dauer auch ohne exorbitante EU-Subventionen wettbewerbsfähig und zukunftsfest sind. In Säule I muss die Vergabe jeglicher Agrarprämien direkt und unmittelbar von der Wirkung auf Tier und Umwelt des jeweiligen Betriebes abhängig sein. Da sich die Umweltkontexte von

Land zu Land, und auch zwischen einzelnen Regionen, erheblich unterscheiden, sollen die grünen Parameter auf lokaler Ebene viel mehr als auf europäischer Ebene festgelegt und auch überwacht und kontrolliert werden. Anders ausgedrückt: Betriebe, in denen Tiere leiden, die ihre Umwelt verschmutzen oder durch veraltete Technologien unnötig hohe Emissionen haben, sollen immer weniger und irgendwann gar keine EU-Gelder mehr erhalten. Andersherum verdienen ökologische Betriebe, die auf Biodiversität und Nachhaltigkeit achten und Tiere gut behandeln, EU-Unterstützung in deutlich höherem Maße als bisher. Ziel muss es sein, die astronomischen Kosten für Agrarsubventionen im EU-Haushalt immer weiter abzusenken. *Nur* noch 20 bis 25 Prozent des Haushalts soll mittelfristig dafür mobilisiert werden, langfristig noch weniger.

Zum anderen ist es nötig, den Transformationsprozess in der Landwirtschaft nicht nur aus der Erzeuger-, sondern auch aus der Nachfrageperspektive zu betrachten. Hier steckt ein wirkungsvoller Hebel. Wir schlagen die **Einführung eines europaweit reduzierten Steuersatzes für biologisch erzeugte Lebensmittel** vor, um die Nachfrage nach diesen gezielt zu steigern und sie gegenüber konventionell produzierten Produkten attraktiver zu machen. Der Anstieg der Nachfrage setzt Anreize für Betriebe, ihre Produktion umzustellen, und animiert zusätzlich die Konsumenten zur Verhaltensanpassung. Die Umsatzsteuersätze (gemeinhin als Mehrwertsteuer bezeichnet) in der EU sind unterschiedlich hoch. Nach unseren Vorschlägen soll auf Bio-Produkte europaweit jeweils immer nur der halbe Steuersatz erhoben werden. In Deutschland beispielsweise nur noch 3,5 statt 7 Prozent für Bio-Waren, in Spanien und Italien ein reduzierter Satz von 4 Prozent.

Durch die schiere Größe der EU-Landwirtschaft liegt in diesem Bereich einer der größten möglichen Hebel zur Umwandlung der EU in einen nachhaltigen Staatenverbund und für die

Erfüllung der Ziele des Green Deals. Ebenso kann durch Nicht-Handeln hier alles verloren gehen. Solange die GAP ein Moloch der kurzfristigen Förderung für Umweltschädigung bleibt, sind Erfolge in anderen Bereichen nicht viel mehr als ein Tropfen auf den heißen Stein. Eine mutige und starke Reform der GAP muss zentraler Teil der EU-Nachhaltigkeitsstrategie sein.

Dezentrale Bürgerenergie für die EU

61 Die EU soll dezentrale Einspeisungen durch Bürgerenergie unterstützen und weiterentwickeln, um den Anteil erneuerbarer Energien zu steigern und ihre Energieunabhängigkeit zu erhöhen.

Die Stromversorgung in der EU liegt zum großen Teil in der Hand großer Stromanbieter. Diese betreiben Kraftwerke – basierend auf Kohle, Kernspaltung, Fotovoltaik, Biomasse, Wasser, Wind etc. –, verkaufen ihren Strom dann an die Verbraucherinnen. Um die 20 Prozent dieser Energie kommen derzeit aus erneuerbaren Quellen. Diesen Anteil kräftig zu steigern, muss EU-Ziel sein. Allerdings wird es hier nicht reichen, darauf zu warten, dass große Anbieter neue und grüne Kraftwerke bauen. Die Bürgerinnen müssen sich direkt an der Energiewende beteiligen können. Der effektivste Weg dahin führt über das Konzept der Bürgerenergie (engl. *Community Renewables*). Die Idee: **Privatpersonen oder Gruppen können sich zusammenschließen und selbst Strom produzieren** – sei es durch ein Windrad, eine Biogasanlage oder Solarpanels. Der produzierte Strom wird dann von den Produzentinnen in das Netz eingespeist und erhöht dadurch den Anteil erneuerbarer Energien. Diese Modelle gibt es bereits seit den 1990er-Jahren in mehreren europäischen Ländern, sie stellen aber nach wie vor nur einen kleinen Anteil an der genutzten Energie der EU.

In Deutschland gibt es seit 1991 mit dem Stromeinspeisungsgesetz grundsätzlich die Möglichkeit, eigenen, erneuerbaren Strom zu produzieren und in das Netz einzuspeisen. Das Gesetz wurde seitdem mehrfach reformiert und heißt mittlerweile Erneuerbare-Energien-Gesetz (EEG). Produzentinnen wurden über eine Einspeisevergütung pro Kilowattstunde mit einer staatlich festgelegten Prämie bezahlt. In der Folge taten sich in Dörfern und Kommunen Menschen zusammen, um ihren Beitrag zum grünen Strom zu leisten – und gleichzeitig Geld damit zu verdienen. Ein echtes Win-win. 2014 wurde von der Einspeisevergütung auf ein Ausschreibungssystem umgestellt. Damit sollten die Preise für die eingespeiste Energie nicht mehr staatlich reguliert, sondern durch Wettbewerb bestimmt werden. In der Praxis unterbieten sich seitdem die Produzentinnen für die Energieeinspeisung einer bestimmten Größenordnung. Von diesem System profitieren letztendlich also die großen, etablierten Unternehmen, die den Wettbewerbsdruck und das damit verbundene Risiko für die eigene Wirtschaftlichkeit verkraften können. Kleine kommunenbasierte Projekte stehen somit häufig vor dem Aus oder starten gar nicht erst. Der staatlich garantierte Abnahmepreis über die Einspeisevergütung war ein attraktives Angebot, um einen kleinen Beitrag zu grüner Energie zu leisten. Das Ausschreibungsmodell kann diese Garantie nicht bieten, womit die Zukunft der Bürgerenergie in Deutschland fragwürdig erscheint.

Aus diesen Erfolgen, aber auch Fehlern, kann die EU lernen und das Thema Bürgerenergie ins Auge fassen: Rebecca Freitag und Craig Morris kennen sich bestens in dem Thema aus. Freitag, die auch zwei Jahre lang deutsche Jugenddelegierte für Nachhaltigkeit bei den Vereinten Nationen war, sagt uns im

Gespräch: »Ich erlebe immer wieder, wie viele Menschen mittlerweile bereit sind, für die Energiewende Einsatz zu zeigen und auf die Straße zu gehen. Was könnten wir erreichen, wenn wir diesen Menschen nun die Möglichkeit gäben, von ihrer Begeisterung für eine grüne Zukunft auch leben zu können?«[39]

Wie kann die EU dieses Potenzial entfalten? Wir schlagen vor, eine EU-weite Initiative zur Stärkung und Förderung der Bürgerenergie ins Leben zu rufen. Die EU hat zu dem Thema zumindest ein theoretisches Bekenntnis abgelegt: In ihrer Renewable Energy Directive wird die Förderung von »renewable energy communities« erwähnt, in der Praxis ist der Effekt jedoch gering und wird vollkommen den Mitgliedsstaaten überlassen. Es braucht also mehr Ambition. Ziel der hier vorgeschlagenen Initiative soll sein, EU-weite einheitliche Regelungen zur Produktion und Einspeisung von nachhaltigem Strom in das Energienetz zu finden und damit den Mitgliedsstaaten eine Blaupause für die Umsetzung vorzulegen. Das System soll auf EU-einheitlichen und grenzübergreifenden Einspeiseprämien beruhen, die den Produzentinnen die Sicherheit geben, für ihre Einspeisungen einen garantierten Preis zu bekommen. Zusätzlich zu den gesetzlichen Regelungen bedarf es auch einer Förderstruktur, die Kommunen und Menschen unterschiedlichster Hintergründe ermutigt, selbst Stromproduzentinnen zu werden. Die Nachhaltigkeitsstiftung kann zinsfreie Darlehen für die Schaffung solcher Infrastruktur bereitstellen (siehe These 54). Weitere Förderungen oder Subventionen durch die EU sind ebenso denkbar. Um auch das nötige Know-how zu vermitteln, schlägt Craig Morris die Einrichtung einer EU-Community Hotline vor, bei der angehende Stromproduzentinnen Antworten auf all die rechtlichen und technischen Fragen erhalten können.

Die Vorteile einer solchen EU-weiten Initiative und Förderstruktur rund um die Bürgerenergie erstrecken sich nicht nur auf die Steigerung erneuerbarer Energien in der EU, sondern berühren auch sicherheits- und geopolitische Bereiche und können gleichzeitig den ländlichen Raum stärken und fördern. Durch breite Schaffung dezentraler Energieproduzentinnen ist die EU nicht mehr so stark von wenigen Anbietern abhängig und kann auch ihre Bezüge aus importiertem Strom aus Nicht-EU-Ländern senken. Auf Dauer werden so wichtige Schritte in Richtung einer **vollkommenen Energie-Unabhängigkeit der EU** getan. Wie das deutsche Experiment zeigt, fördert die dezentrale Energieproduktion auch ländliche Bereiche, bringt Menschen in kleinen Unternehmen – die oft als basisdemokratische Genossenschaften aufgebaut sind – zusammen und schafft im besten Fall Arbeitsplätze vor Ort. Rebecca Freitag nennt die Bürgerenergie ein »Rezept für eine neue Identität in ländlichen Gegenden«. Auch das kann die EU gut gebrauchen.

Mit EU-Naturparks Biodiversität bewahren

62 **EU-Naturparks sollen geschaffen werden, um Biodiversität und Naturschutz in der EU zu wahren und zu fördern.**

Die EU befindet sich in einem anhaltenden Trend des Verlusts an Artenvielfalt, Wäldern und genereller Biodiversität. Ressourcenabbau, Flächenversiegelung und industrielle Landwirtschaft setzen der Natur in allen Mitgliedsländern schwer zu. Das Resultat ist verstörend: Der Bericht »Zustand der Umwelt in Europa 2020« der Europäischen Agentur für Umwelt zeigt auf, dass rund 60 Prozent aller Tier- und Pflanzenspezies und 77 Prozent aller natürlichen Habitate einen ungünstigen Umwelterhaltungswert aufweisen, also in ihrem aktuellen Zustand entweder angegriffen, eingeschränkt oder sonst wie belastet werden. Fische, Weichtiere und Amphibien sowie Grasflächen, Sumpf- und Küstengebiete und Frischwasserbereiche sind besonders bedroht. Zusammenfassend heißt es in dem Bericht: »The impact of Europe's alarming rate of biodiversity loss is as catastrophic as climate change.«[40]

Eine der Möglichkeiten, die Arten- und Habitatvielfalt zu schützen und auszubauen, ist das Anlegen von Naturschutzgebieten, häufig auch Nationalparks genannt. Wie der Name schon sagt, handelt es sich hier um in der Regel national verwaltete Gebiete, in denen Tiere und Pflanzen sich mehr oder weniger eingriffsfrei entwickeln können und die gleichzeitig Besucherinnen die Möglichkeit zur Erholung im Freien bieten. Weltweit gibt es über 4000 Nationalparks, die den Standards der International Union for Conservation of Nature (IUCN) entsprechen und somit tatsächlich ein gewisses Level an Schutz und Erhaltung der Natur garantieren. Europa hat mit 273 Nationalparks und weniger als 100 000 Quadratkilometern geschützter Fläche eine eher geringe Dichte an solchen Parks. In Nordamerika, im Ursprungsort der Nationalparkidee, gibt es mehr als 1300 Parks mit einer Gesamtfläche von über 1,6 Millionen Quadratkilometern.[41] Auch die Europäische Union hat die Wichtigkeit von Naturschutzgebieten anerkannt und eigene Maßnahmen zu deren Förderung ergriffen. So wurde 1992 das Natura-2000-Projekt ins Leben gerufen, ein Netzwerk aus Naturschutzgebieten, die von einheitlichen EU-Standards geprägt sind und die Artenvielfalt unterstützen und fördern. Natura-2000-Gebiete sind nicht zwangsläufig frei von jeglichem menschlichen Einfluss, sondern zielen darauf ab, Spezies und Habitate zu erhalten und auszubauen. So werden Teile der Natura-Gebiete für eine kontrollierte Landwirtschaft genutzt. Insgesamt sind rund 18 Prozent der EU-Landflächen vom Natura-2000-Projekt geschützt, was kein schlechter Start ist.

Hinter dem Natura-2000-Projekt steckt die richtige Erkenntnis, dass Naturschutz und ganz besonders Arten- und Habitatschutz grenzübergreifende Kooperation und Standards brauchen. Dies gilt für den europäischen Kontinent und seine vielen kleinen Staaten umso mehr, da sich Biosphären in vielen Fällen über mehrere Staaten erstrecken und Tiere sowieso nicht halt an nationalen Grenzen machen. Dieser Gedanke kann und muss größer gedacht werden.

Wir schlagen vor, das Natura-2000- Projekt zu erweitern und den **neuen Status eines EU-Naturparks** einzuführen. Ziel soll es perspektivisch sein, alle existierenden nationalen Schutzgebiete in den Status eines EU-Naturparks zu überführen und zusätzliche Gebiete dafür zu erschließen. Gemeinsame Standards, und insbesondere Schutz- und Erhaltungskonzepte, müssen EU-weit angewandt und umgesetzt werden. Das kann unter anderem bei der Aus- und Weiterbildung der Parkangestellten beginnen, über eine engere Zusammenarbeit in der Bestandsüberwachung von Spezies weitergehen und bis hin zu einer gemeinsamen Leitlinie auf EU-Ebene reichen. Die EU-Naturparks können von der existierenden EU-Agentur für Umwelt verwaltet werden, es böte sich aber auch die Einrichtung einer spezialisierten Agentur an, die in Zusammenarbeit mit den lokalen bzw. nationalen Einrichtungen operiert und diesen vorgestellt wäre. Schon jetzt sind Nationalparks beliebte Urlaubsziele, gleichzeitig sind sie auch Arbeitsplatzgeneratoren. Bei einem EU-weiten Netzwerk an Parks mit identischen Einstellungs- und Arbeitsbedingungen kann auch der internationale Austausch gefördert werden. Bürgerinnen können Jahreskarten erwerben, die den Zutritt zu allen EU-Naturparks ermöglichen. Im Vordergrund dieser Maßnahme steht aber eindeutig der **Schutz der europäischen Artenvielfalt.** Daher soll oberstes Ziel sein, neue Gebiete in EU-Naturparks umzuwandeln und in diesen den Wiederaufbau- und Regenerationsprozess der beschädigten Biodiversität in Gang zu setzen. EU-Staaten, die neue Gebiete unter Schutz stellen wollen, sollen dafür eine finanzielle Unterstützung erhalten.

Wer die Sache noch einen Schritt größer denken möchte, dem sei folgender Vorschlag angeraten: Alle EU-Naturparks können als eigene Rechtssubjekte verankert werden und damit teilweise aus der juristischen und rechtlichen Hoheit des jeweiligen EU-Staats herausfallen. EU-Naturparks unterstünden damit direkt der EU-Verwaltung und würden von ihr geschützt werden. Auch die Ausweitung auf Meereszonen wäre denkbar. So entstehen Naturschutzzonen, wo, ähnlich einer Botschaft oder einem Konsulat in einem Gastland, ein eigenes Recht gilt. Das wäre ein starkes Symbol für die Wichtigkeit der Natur für die Zukunft Europas.

KAPITEL 7: EIN FREIES EUROPA

Zivilgesellschaft ist ein großer Begriff, der über die Zeit immer wieder neu definiert und betrachtet wurde. Viele aktuelle Auffassungen von Zivilgesellschaft beinhalten diese oder ähnliche Elemente: Eine Zivilgesellschaft beschreibt den gesellschaftlichen Bereich, der a) zwischen institutionalisierter Politik, der gewinnorientierten Wirtschaft und gegebenenfalls dem Bereich des Privatlebens angesiedelt ist (obwohl die Grenze fließend verläuft), b) keine eigene politisch-institutionelle Macht hat, wohl aber Einfluss ausüben kann, indem c) die öffentliche Meinung geprägt, kanalisiert und gezielt für bestimmte Ziele und Veränderungen genutzt wird. Eine Zivilgesellschaft ist d) in der Regel in halbwegs losen und offenen Formen organisiert, z.B. in Vereinen, NGOs, Stiftungen oder mehr diffusen Bewegungen und Initiativen.[1]

Für eine freie und vielfältige Gesellschaft ist eine aktive Zivilgesellschaft unabdingbar. Dies gilt im besonderen Maße für die Zukunft der Europäischen Idee, die von Pluralität, Kooperation und einer gewissen Prise Idealismus lebt. Aus unserer Sicht hat eine Zivilgesellschaft generell, und besonders im Kontext der EU, zwei Aufgaben:

zum einen die Identifikation von Problemen und die Erarbeitung von Lösungsvorschlägen. Jürgen Habermas beschreibt die allgemeine Öffentlichkeit als »ein Warnsystem mit unspezialisierten, aber gesellschaftsweit empfindlichen Sensoren«.[2] Die Zivilgesellschaft verankert und strukturiert Strömungen, Meinungen und Gedanken der Öffentlichkeit und ist damit die erste Verteidigungslinie gegen Herausforderungen jeglicher

Art. Gleichzeitig ist sie Denkfabrik und Testraum für Lösungsansätze und neue Ideen.

Ihre zweite Aufgabe ist die Verteidigung und Bewahrung der Freiheit. Im Sinne von Hannah Arendt (die mit ihrem Denken unsere aktivistische Arbeit schon seit Längerem bereichert) ist Freiheit nur dann etwas wert, wenn sie genutzt wird. Dieses Nutzen von Freiheit fasst Arendt mit dem Begriff *handeln* zusammen, der wiederum von Initiative und stetigen Neuanfängen geprägt ist. Das Schlimmste, was einer Gesellschaft widerfahren könne, so Arendt, ist ein (schleichender) Verfall des Neuen und Unversuchten und eine Festlegung auf Verwalten, Verhalten und automatische, wiederkehrende Prozesse. Da »Unheil [...] immer automatisch« verlaufe, brauche es eine konstante Bereitschaft, alles immer wieder neu zu denken und neu zu machen.[3] Für die EU bedeutet dieser Gedanke, dass eine freie und offene Zukunft nur mit einer aktiven, lebendigen und mutigen Zivilgesellschaft möglich ist, die sich wiederum aus Individuen, Organisationen und Bewegungen zusammensetzt, die Einsatz für größere Themen als die der eigenen Person zeigen. Kurzum: Eine aktive Zivilgesellschaft ist die Lebensgrundlage einer offenen und freien europäischen Gesellschaft.

In diesem Kontext widmen wir dieses Kapitel der Stärkung der Zivilgesellschaft und ihren Aktivitäten innerhalb der EU. Ein zentraler Schwerpunkt ist hierbei eine bessere Vernetzung zivilgesellschaftlicher Akteurinnen mit den EU-Institutionen einerseits, untereinander und nationalgrenzübergreifend. Diese bisher fehlende Verzahnung, kombiniert mit unterschiedlichen Regelugen und Organisationsformen, ist zurzeit einer der größten Schwachpunkte des EU-zivilgesellschaftlichen Engagements. Das Aktivitätslevel von Zivilgesellschaften ist in der EU – je nach Land oder Region – sehr unterschiedlich ausgeprägt, auch wenn die Werte im globalen Vergleich als hoch zu betrachten sind. Der *Atlas der Zivilgesellschaft* bescheinigt Ländern wie Dänemark, Deutschland, Finnland, Schweden, Portugal, Estland oder den Niederlanden vollkommen offene Zivilgesellschaften. In 13 EU-Ländern wird von einer beeinträchtigten Zivilgesellschaft gesprochen. Ungarn schließlich gilt mittlerweile als beschränkte Zivilgesellschaft.[4] Andere Schwerpunkte sind die Steigerung von Transparenz und Zugängen sowie die Zusammenführung und gemeinsame Nutzung von *best practices* über staatliche Grenzen hinweg.

Ein Pakt mit Europas Zivilgesellschaft

63 Der Kommission soll eine neue Kommissarin für Bürgerangelegenheiten hinzugefügt werden, um europäische Zivilgesellschaft zu stärken und deren Potenzial strukturiert und nachhaltig zu entfalten.

Als wir 2014 auf unserer ersten Europaforschungsreise per Interrail unterwegs waren, fiel uns besonders das Fehlen eines politischen Engagements seitens junger Menschen und der Zivilgesellschaft im Allgemeinen auf. Mitten in der Krise der Jugendarbeitslosigkeit drehten sich viele Fragen um die wirtschaftliche Zukunft, Familienplanung und Arbeitssicherheit. Als wir fünf Jahre später, im Frühjahr 2019, wieder unterwegs waren, begegneten wir einem veränderten Kontinent: Ob in Lettland oder Spanien, Irland oder Polen, politisches oder gesellschaftliches Engagement konnten wir an fast jeder Straßenecke finden. In den fünf Jahren hatte sich etwas verändert. Pulse of Europe, Fridays for Future und viele weitere Initiativen und Bewegungen haben ein neues Zeitalter der aktiven europäischen Zivilgesellschaft eingeläutet, welches durch grenzüberschreitendes Wirken von Vereinen, Stiftungen und Wohlfahrtsverbänden ergänzt wird.

Wir hoffen, dass dieser Trend anhält, denn bei allen Problemen, die den Bewegungen und dem Engagement den Auftrieb gegeben haben, ist die aktive Zivilgesellschaft – und zwar sowohl die historisch und kulturell gewachsene als auch die aufblühende digitale – ein echtes Bollwerk der Verteidigung proeuropäischer Werte und der internationalen Zusammenarbeit.

Ähnlich denkt sich das auch Verena Ringler, EU-Expertin und Direktorin von European Commons, die 2019 den Vorschlag einer EU-Kommissarin für Bürger und Zivilgesellschaft gemacht hat. Ringlers Argument ist wie folgt: **Eine aktive Zivilgesellschaft ist das Fundament für eine erfolgreiche europäische Integration.** Diese Wichtigkeit muss auch von der Europäischen Kommission anerkannt und gezielt gefördert werden. Dafür braucht es eine eigene Stelle und ein neues Kommissariat.

Erstes Ziel dieser neuen Stelle ist es, in Politik und Verwaltung die Kenntnis und Fachlichkeit des zivilgesellschaftlichen Sektors und seiner Potenziale aufzubauen. Zweitens geht es darum, beidseitig das Vertrauen in die jeweilige Wirkmacht zu fördern. Beides ist nur dann zu erreichen, wenn Vertreterinnen der EU-Institutionen und der Zivilgesellschaft nicht übereinander, sondern miteinander reden – und, noch wichtiger, arbeiten. Denn mit gezielter Zusammenarbeit zwischen formellen Institutionen und den informellen, aber eigentlichen Botschafterinnen und Verteidigerinnen der europäischen Idee – den engagierten Menschen auf der Straße, in Vereinen, Stiftungen, NGOs und eigenen Kampagnen – lassen sich Dreamteams bilden. Sobald Vertreterinnen dieser beiden Welten zusammenarbeiten, können sie das Europa einerseits aus Brüssel heraus, aber auch aus den Regionen heraus gezielt weiterentwickeln.[5] »Relevant, ja, notwendig wird diese Form der Zusammenarbeit, um große Ziele wie den European Green Deal zu realisieren. Denn ob uns die profunde Transformation unserer Gesellschaft und unserer Vorstellungen von Wert, Werten und Wertschöpfung gelingt, entscheiden wir auf unseren Dorf- und Stadtplätzen, in unseren öffentlichen Verkehrsmitteln, Firmenkantinen und Gemeindeämtern«, sagt uns Ringler im Gespräch.

Das dritte Ziel der Bürgerkommissarin wäre die längst überfällige Weiterentwicklung des Binnenmarktes um einen strukturellen, rechtlichen und finanziell ausgebauten »non-profit Binnenmarkt«, der grenzüberschreitende Wirkung entfesselt – sowohl für jene, die Ressourcen zur Verfügung stellen (Stiftungen), als auch für jene, die Ideen, Zeit und Engagement zur Verfügung stellen.

Wir schließen uns Verena Ringlers Vorschlag einer neuen Stelle für eine EU-Bürgerkommissarin an und merken an, dass diese Position nicht nur produktive Verbindungen schaffen und stärken kann, sondern auch ein wesentliches politisches Signal wäre in Zeiten eines *Shrinking Space* (die zunehmenden Einschränkungen an Freiheit und Beteiligungsmöglichkeiten, die weltweit seit mindestens zehn Jahren zu beobachten sind). Während also die Zivilgesellschaft in europäischen Ländern unter Druck gerät und teilweise nicht mehr vollkommen frei agieren kann, so braucht es **eine mächtige Fürsprecherin der aktiven Bürgerschaft,** die sich den Interessen derjenigen verschreibt, die durch ehrenamtliches und wertegeleitetes Engagement in ihrem ureigenen Lebensumfeld unseren Kontinent besser machen wollen.

Dieser Vorschlag soll nicht die existierende Position der Europäischen Bürgerbeauftragten (Ombudsstelle) ersetzen, die zur Überwachung von Missbrauch in EU-Organen und Institutionen verantwortlich ist, sondern, wenn überhaupt, ergänzen und für eine direkte Vertretung von Bürgerinneninteressen in der Kommission sorgen.

Mehr Geld für Zivilgesellschaft

64 Die EU soll einen Fonds zur Förderung der Zivilgesellschaft aufsetzen, um aktive Zivilgesellschaft als Bollwerk der Demokratie und Freiheit langfristig und wirkungsvoll zu finanzieren und zu fördern.

Zivilgesellschaftliches Engagement geschieht oft im Ehrenamt. Doch gerade in Zeiten wachsender Einschränkungen und Bedrohungen für das freie zivilgesellschaftliche Wirken, wie in Teilen Osteuropas zu beobachten, gerät das ehrenamtliche Wirken schnell an seine Grenzen. Für tief greifende und wirkungsvolle zivile Arbeit braucht es schnellere Zugangswege zu finanzieller Unterstützung, langfristigere Finanzzusagen und einen zuverlässigen Handlungsrahmen. Genau hier zeigt sich ein folgenschweres Defizit. Während die institutionelle Politik und wirtschaftliche Akteurinnen über gut ausgestattete finanzielle Ressourcen verfügen und Gelder schnell freigegeben bekommen, sind ein Großteil zivilgesellschaftlicher Projekte notorisch unter- oder gar nicht finanziert. Dieser Mangel kann nur zum Teil durch private Stiftungen und Initiativen ausgeglichen werden, deren Präsenz und finanzielle Möglichkeiten sich innerhalb der EU stark unterscheiden und einen Spiegel des Ungleichgewichts zwischen Zentrum und Peripherie darstellen. Die finanzielle Förderung zivilgesellschaftlicher Projekte und Aktivitäten durch staatliche Stellen ist oft durch hohe Bewerbungsbarrieren und kurzfristiges Förderdenken gekennzeichnet. So unterstützt etwa die deutsche Bundesregierung demokratiefördernde oder verwandte Vorhaben nur zeitlich begrenzt als sogenannte Leuchtturmprojekte. Eine langfristige und institutionelle Finanzierung ist ausgeschlossen – unabhängig vom Erfolg der Förderung. In Deutschland war diese unzureichende staatliche Beteiligung an der zivilgesellschaftlichen Demokratieförderung Anlass genug, ein Demokratiefördergesetz zu verlangen, wie dies auch von der SPD oder den Grünen vorgeschlagen wird. Kern dieser Vorschläge ist die Sicherstellung großzügiger und vor allem langfristiger und institutioneller Förderung von Projekten, die sich insbesondere im Bereich der Abwehr von Rechtsextremismus, Populismus, Hassverbrechen und Diskriminierung betätigen. Ein solches Gesetz gibt es in Deutschland aber nach wie vor nicht. In anderen EU-Ländern sieht die Finanzierungslage in der Regel nach düsterer aus oder ist überhaupt nicht vorhanden.

Die **Demokratiesicherung durch die Zivilgesellschaft** ist und bleibt das zentrale Anliegen derjenigen, die sich eine geeinte, friedliche und pluralistische europäische Zukunft wünschen. Finanzierungsmöglichkeiten auf EU-Ebene sollen daher in Betracht gezogen werden. Tatsächlich fördert die EU heute schon die Demokratieentwicklung und Menschenrechte – allerdings hauptsächlich außerhalb der Union. So gibt es den (von der EU gegründeten, aber mittlerweile formell unabhängigen) Europäischen Demokratiefonds (EED), der sich auf Länder der unmittelbaren Nachbarschaft, hauptsächlich in Nicht-EU-Osteuropa, konzentriert und hier Gelder für Demokratieprojekte zur Verfügung stellt. Das Besondere am EED, so berichtet uns Alexander Graf Lambsdorff (einer der Wegbereiter des Fonds im Nachgang des Arabischen Frühlings), sind die niedrigen Zugangs- und Bewerbungshürden für Antragstellerinnen sowie der Umstand, dass im Exekutivkomitee zusätzlich zu Politikerinnen der EU- und Nationalstaatsebene auch Vertreterinnen der europäischen Zivilgesellschaft sitzen, ohne die keine Entscheidung getroffen werden kann. Auch das Europäische Instrument für Demokratie und Menschenrechte (EIDMR), ein EU-Programm, sieht Zivilgesellschaft als zentralen Schlüssel zum Aufbau und Erhalt von Demokratie, Rechtsstaatlichkeit und Menschenrechten, fördert wiederum aber hauptsächlich international. Bisher wird Demokratieförderung also primär als außen- oder entwicklungspolitische Dimension wahrgenommen. Warum nicht diese Ansätze auch *innerhalb* der EU zur Anwendung bringen?

In diesem Sinne schlagen wir vor, einen **EU-Fonds zur Förderung der Zivilgesellschaft** (European Endowment for the Advancement of Civil Society (EEACS)) aufzusetzen, der sich organisatorisch am EED orientiert, also operativ unabhängig von EU-Institutionen agiert, und explizit die finanzielle Förderung von zivilgesellschaftlichen Initiativen in den EU-Staaten in den Fokus nimmt. Idealerweise lässt sich der EEACS als große EU-weit tätige Stiftung vorstellen, die zivilgesellschaftliche Projekte in den Bereichen Demokratie, Rechtsstaatlichkeit, Pluralismus, Pressefreiheit und Menschenrechte in allen Mitgliedsländern sowie transnationale Vorhaben finanziert und damit ermöglicht bzw. stärkt. Wichtig ist, dass Förderungen, ob im Volumen von wenigen Tausend Euro oder mit Millionenbeträgen, institutionell und langfristig, mit Laufzeiten von bis zu zehn Jahren, vergeben werden können – und damit erfolgreichen Projekten eine Wiederbewerbung mit denselben oder ähnlichen Inhalten ermöglicht wird. Ein Exekutivkomitee, in dem EU-Politikerinnen sowie Expertinnen der Zivilgesellschaft vertreten sind, leitet den Fonds und fällt Förderentscheidungen. Ein Aufsichtsgremium, denen Mitglieder des Europäischen Parlaments und gegebenenfalls des Senats angehören, wird die Arbeit überwachen. Finanzielles Volumen der jährlichen Förderungen soll 250 Millionen Euro nicht unterschreiten. Das Budget kann durch eine gemischte Finanzierung aus dem EU-Haushalt, gezielten Beiträgen nationaler Regierungen sowie durch private Stiftungen aufgebracht werden. In Anlehnung an den EED-Ansatz sollten die Mittelzuwendungen der Geldgeberinnen nicht an spezielle Verwendungszwecke geknüpft sein und dem Exekutivkomitee zur ungebundenen Vergabe zur Verfügung stehen. Dies gewährleistet eine möglichst große Unabhängigkeit in der Fördervergabe. Entscheidend für den Erfolg und die Effizienz der neuen EEACS sind einfache Bewerbungsverfahren für interessierte Organisationen. »Gerade kleinere Initiativen haben oft nicht die Manpower und die Zeit, lange EU-Anträge auszufüllen. Bis das erste Geld fließt, hat sich das gesellschaftliche Problemfeld womöglich schon weiter verschärft oder ist das Engagement sogar hinfällig. Unsere Förderstrukturen müssen agiler werden«, betont Lambsdorff.

Geld alleine wird die Demokratie in der EU nicht retten, jedoch kann eine langfristige und umfangreichere Förderung der Zivilgesellschaft das demokratische Fundament festigen und frühzeitig Samen für die vereinte europäische Zukunft säen.

Politische Bildung in der EU fördern

65 Die EU soll eine neue digitale überparteiliche Plattform (später Agentur) für politische Bildung gründen, die EU-weit einen gleichwertigen Zugang zu politischer Bildung und gesellschaftlicher Teilhabe fördert, damit mündige und aktive Bürger in allen Mitgliedsstaaten die gemeinsamen europäischen Grundwerte sichern.

Die Bundeszentrale für politische Bildung (bpb) wird in Deutschland oft als etwas Selbstverständliches wahrgenommen. Im Politikunterricht in der Schule, in Fachpublikationen oder auch bei Podiumsveranstaltungen läuft uns die bpb immer wieder über den Weg – oft ohne dass wir viel darüber nachdenken, was eigentlich dahintersteckt und welchen Wert sie hat. Ursprünglich gegründet 1952 und unter ihrem heutigen Namen seit 1963 aktiv, ist die bpb ans Bundesinnenministerium angehängt und hat die Aufgabe, das Demokratiebewusstsein zu stärken, die aktive Beteiligung an politischen Debatten und Prozessen zu fördern und den Respekt und die Achtung vor Vielfalt und unterschiedlichen Meinungen zu festigen. Mit einem Budget von mittlerweile über 50 Millionen Euro jährlich hat die bpb die Möglichkeit, durch Veröffentlichungen, Veranstaltungen und Formaten ihrer Aufgabe nachzugehen. Der beliebte Wahl-O-Mat ist zum Beispiel auch ein Projekt der bpb.

Im europäischen Kontext ist die Bundeszentrale aber einmalig. Ein großes Versäumnis, wie Susanne Zels findet. Die Europaexpertin hat es sich zur Aufgabe gemacht, die EU von der Notwendigkeit zu überzeugen, auf europäischer Ebene vergleichbare personelle und finanzielle Investitionen in politische Bildung zu etablieren: ein European Centre for Democratic Competences (ECDC) als Lern-Hub und Dialogplattform für politische Bildung. Die Zeit, so findet sie (und wir schließen uns an), ist mehr als reif: In der EU gibt es klare Tendenzen eines Demokratieabbaus und der Missachtung von Rechtsstaatlichkeitsprinzipien.

Dieser Umstand zeigt sich an aktuellen Vertragsverletzungsverfahren gegen die polnische und ungarische Regierung zum Vorwurf der Verletzung von EU-Grundwerten. Doch diese Auseinandersetzungen und Debatten können nicht nur auf der Ebene von Regierungen und Parlamenten geführt werden. Grundlage für eine starke, belastbare und auch wehrhafte Demokratie ist eine aktive und politisch gebildete Zivilgesellschaft und Bürgerschaft inklusive unabhängiger Medien. Yascha Mounk beschreibt es ähnlich: »Die zunehmende Vernachlässigung der politischen Bildung ist deshalb ein weiterer Grund, warum die Bürger unserem System nicht mehr vertrauen. […] Es ist also an der Zeit, sich zu entsinnen, dass die **politische Bildung ein massives Bollwerk gegen autoritäre Versuchungen** formen kann.«[6] In Deutschland unterstützt die bpb die Formierung und Stärkung einer solchen Zivilgesellschaft und Medien, ohne dabei ihre Neutralität zu verlieren und parteipolitisch einseitig Werbung zu betreiben. Nur wenige andere EU-Mitgliedsstaaten investieren vergleichbar nachhaltig und umfassend in die demokratischen Kompetenzen ihrer Bevölkerung, insbesondere im außerschulischen Bereich. Die institutionelle Förderung von politischer Bildung ist sehr unterschiedlich und häufig eher schwach ausgeprägt. Vielfach sind private Stiftungen oder Nichtregierungsorganisationen treibende Kräfte für politische Bildung in den Ländern, es fehlt jedoch an nachhaltigen Finanzierungsmöglichkeiten und Strukturen, um eine breite Wirkung zu erzielen. In Ländern wie Polen und Ungarn wird von der Zivilgesellschaft zudem wiederholt der Vorwurf geäußert, dass nationale und europäische öffentliche Gelder wie Erasmus+ oft nur einseitig an Einrichtungen eines politischen oder gesellschaftlichen Lagers vergeben werden. Ein echtes und gefährliches Vakuum. In einem Gastbeitrag für die ZEIT schreiben die beiden Expertinnen Sophie Pornschlegel und Susanne Zels: »Europa hat in den vergangenen Jahrzehnten vor allem in den Binnenmarkt investiert – jetzt ist es allerhöchste Zeit, die Aufmerksamkeit stärker auf die Wertegemeinschaft zu richten, damit wir nicht nur wirtschaftlich, sondern auch gesellschaftlich ein Kontinent bleiben.«[7]

Susanne Zels arbeitet mit einer Gruppe Europaabgeordenter an der Umsetzung des European Centre for Democratic Competences als Pilotprojekt der EU. Langfristig soll dieses Pilotprojekt in einer dauerhaften **Europäischen Agentur für politische Bildung (EAPB)** münden. Ähnlich der deutschen bpb könnte diese wie folgt aufgebaut sein: Geleitet von einer Direktorin, kontrolliert wird die Arbeit durch einen Lenkungsbeirat, der sich aus Mitgliedern aus dem Europäischen Parlament, der Europäischen Kommission, der Zivilgesellschaft und Wissenschaft zusammensetzt. Europaabgeordnete sollten gemäß der Stärke ihrer jeweiligen Fraktion im EP im Kuratorium vertreten sein. Die Arbeit einer solchen Institution soll durch einen wissenschaftlichen Beirat, bestehend aus Expertinnen in den Bereichen Demokratie, Bildung, politische Arbeit, Zivilgesellschaft und weiteren, begleitet werden, die die europäische Vielfalt der Bildungssysteme und politische Kultur widerspiegeln. Finanziert wird die EU-Arbeit im Bereich der politischen Bildung durch eine neu zu schaffende Budgetlinie im Europäischen Mehrjährigen Finanzrahmen.

Die Kernaufgabe der EU sollte es sein, EU-weit gleiche politische Bildungschancen zu schaffen, um Bürgerinnen so das Rüstzeug für die eigene politische Beteiligung mitzugeben. Dabei soll vor allem auch die europäische Dimension von politischer Bildung in den Mitgliedsländern gestärkt werden. Im Sinne des lebenslangen Lernens soll politische Bildung nicht nur für junge Menschen, sondern auch Erwachsene gefördert werden. Zentraler Gedanke des Vorschlags von Zels ist die Förderung politischer Medienkompetenz in Bezug auf die Nachrichten und sozialen Medien. Die Weiterverbreitung von Verschwörungstheorien und Fake News lässt sich oft schon mit einfachen Mitteln effektiv eingrenzen. Das erfordert aber ein grundlegendes Verständnis von Quellenverifizierung – und Zugängen zu verlässlichen Portalen. In der Praxis heißt das einerseits, die Recherche und Verfügbarmachung (in allen EU-Amtssprachen) von Informationen und Materialien rund um Politik, Demokratie und Beteiligung, das Finanzieren von Veranstaltungen, Debatten und Austauschmöglichkeiten in den genannten Bereichen auf lokaler Ebene, aber auch das Verwalten und Kuratieren von EU-weiten Onlineformaten. Auch der EU-Wahl-O-Mat soll von der EAPB betrieben werden (siehe These 19).

Wir schließen uns der Forderung an und schlagen vor, eine europäische Plattform für politische Bildung zu gründen, welche schließlich in der EAPB aufgeht und diese mit der Stärkung politischer Bildung, Teilhabe an demokratischen Prozessen und dem Schutz freiheitlich-demokratischer Diskurse zu beauftragen.

Transparenz mit EU-weiten Lobbyregisterstandards

66 Die EU braucht europaweit einheitliche Lobbyregisterstandards, um politische Prozesse transparenter zu machen und das Vertrauen in die demokratischen Institutionen zu stärken.

Die meisten Lobbyistinnen und Interessenvertreterinnen Europas sind in Brüssel anzutreffen. Schätzungsweise 25 000 Personen aus 11 700 Organisationen mit einem Jahresbudget von rund 1,5 Milliarden Euro engagieren sich in Europas Hauptstadt, um ihre Perspektiven und Interessen in den politischen Prozess einzubringen.[8] Das macht Brüssel nach Washington, D.C., zur Stadt mit dem meisten Lobbyistinnen. Das Spektrum der Interessenvertretung ist dabei breit und vielfältig. Es reicht von Umweltverbänden über kirchliche und wissenschaftliche Organisationen bis hin zu Unternehmensvertretungen, Lobbyagenturen und Anwaltskanzleien. Und auch Autorinnen, Beraterinnen oder Europaaktivistinnen – Menschen wie wir – zählen dazu. Lobbyismus betreiben also nicht nur große Chemiekonzerne, die exklusive Abendessen veranstalten: Lobbyismus ist schlichtweg jede Form der Interessenvertretung in Politik und Gesellschaft. Dieser Austausch ist ein elementarer Bestandteil demokratischer Kultur und einer ausgewogenen Willensbildung. Erst aus der Summe unterschiedlicher Perspektiven heraus können Gesetze und Initiativen entstehen, die von einer Breite der Gesellschaft getragen werden. Wichtig ist jedoch, dass dieser Austausch für die Öffentlichkeit transparent und nachvollziehbar ist.

Wer sich in Brüssel regelmäßig oder ab und an engagiert und im Austausch mit EU-Institutionen stehen will, der trägt sich in das EU-Lobbyregister (offiziell: EU-Transparenzregister) ein. Dort finden sich – für alle einsehbar – Informationen zum finanziellen Hintergrund, den Themen, für die sich eine Person einsetzt, oder den Institutionsangehörigen, mit denen ein Treffen stattgefunden hat. Ebenfalls Teil des Registers ist ein Verhaltenskodex, der der Weitergabe von Falschinformationen oder der Bestechung von EU-Beamtinnen entgegenwirkt. Bei Verstößen gibt es eine Beschwerdestelle. Doch das EU-Register hat Schwächen: Auch wenn die meisten Interessenvertreterinnen einen Registereintrag haben, so ist ein Eintrag weiterhin freiwillig und nicht rechtlich verpflichtend. Darüber hinaus sind Dokumentationen lückenhaft, etwa wenn es Treffen außerhalb des offiziellen Rahmens oder in einem regionalen EU-Büro gibt, und einige EU-Institutionen (wie der Rat) beteiligen sich generell nicht am Register. Trotzdem ist Brüssel in Sachen Lobbytransparenz vielen Hauptstädten Europas deutlich voraus. So viel Transparenz sucht man in Madrid oder Berlin noch vergebens.

Wollen die EU-Institutionen und die nationalen Regierungen nicht noch weiter an Vertrauen in der Bevölkerung verlieren und dem wachsenden Anspruch nach nachvollziehbarer und nahbarer Politik gerecht werden, braucht **die EU einheitliche Transparenzregeln im Lobbybereich**. Auf der europäischen Ebene müssen alle EU-Institutionen, auch der Rat inklusive seiner ständigen Vertretungen, sowie alle EU-Agenturen Teil des EU-Transparenzregisters werden. Außerdem muss auch das Lobbyengagement von außereuropäischen Regierungen, in deren Auftrag Agenturen und Anwaltskanzleien an der europäischen Willensbildung teilzunehmen versuchen, im Register abgebildet werden, wie vom Verein LobbyControl angedacht.[9] Wir schlagen vor, die Transparenzregeln und positiven Erfahrungen aus dem EU-Register auch auf die nationalstaatliche Ebene zu übertragen. Es braucht einen europaweiten Transparenzstandard und eine Verknüpfung aller Register, damit die Öffentlichkeit nachvollziehen kann, in welchem Umfang, über welche Wege und auf welcher Ebene die europäische oder nationale Politik beeinflusst und mitgestaltet wird. »Brüssel ist Vorbild für die aktuellen Entscheidungen hinsichtlich Lobbyregister und Transparenzrichtlinien in den Mitgliedsstaaten, darunter auch Deutschland. Es ist unerlässlich, dass wir hier vorankommen und die wichtige Lobbyarbeit von NGOs, Stiftungen, Verbänden und Unternehmen transparent gestalten. Nur so gewinnen wir Akzeptanz und Verständnis für das Miteinander von Politik, Wirtschaft und Gesellschaft«, sagt uns Axel Wallrabenstein, Lobbyexperte und aufmerksamer Beobachter des Politikbetriebes im Gespräch für dieses Buch. Wir sind überzeugt: Europaweite Lobbyregisterstandards werden Europas Demokratie(n) nachhaltig guttun.

Vereins- und Stiftungswirken über Grenzen hinweg

67 Die EU braucht ein einheitliches Vereins- und Stiftungsrecht, um das gemeinwohlorientierte Engagement von Bürgerinnen europaweit zu entfalten.

Wer sich als EU-Bürgerin mit anderen zusammenschließen und sich grenzüberschreitend für das Gemeinwohl einsetzen will, hat heute noch viele Hindernisse zu überwinden. Während die Europäische Union das gemeinsame Geldverdienen relativ unkompliziert macht, beispielsweise mit der Gründung einer europäischen Aktiengesellschaft, ist die gemeinsame Gründung eines Vereins oder einer Stiftung auf europäischer Ebene bislang nicht vorgesehen. Cash generieren? Ja, gerne. Zivilgesellschaftlicher Einsatz? Bitte nicht. Diese Kuriosität europäischer Nicht-Integration erscheint von außen kaum nachvollziehbar. Schließlich machen doch auch die meisten sozialen, ökologischen oder kulturellen Herausforderungen, die Aufmerksamkeit und ziviles Engagement benötigen, vor Grenzen nicht halt.

Der Knackpunkt ist das Gemeinnützigkeitsrecht. Seit Jahrzehnten beißen sich daran Politikerinnen, Finanzexpertinnen und engagierte Bürgerinnen die Zähne aus. In jedem Mitgliedsstaat ist anders geregelt, welches Engagement nun steuerbefreit ist und welches nicht, was einen Verein oder eine Stiftung in Struktur und Ausrichtung auszeichnet und wer sich daran wie beteiligen kann. Mit viel Euphorie präsentierte die EU-Kommission 2012 den Entwurf einer europäischen Stiftungsrechtsform, die Fundatio Europaea (FE), um den gordischen Knoten der europäischen Gemeinnützigkeitsvielfalt zu durchschlagen.[10] Doch die Verhandlungen mit dem Europäischen Parlament und dem Rat blieben erfolglos. 2015 zog die EU resigniert die Pläne zurück. Auch der Deutsche Bundesrat lehnte die Idee ab, sah das Prinzip der Subsidiarität verletzt und bescheinigte der EU, primär dem Zweck eines gemeinsamen Binnenmarktes zu dienen.[11]

Die europäische Realität in den anbrechenden 20er-Jahren verlangt ein neues Engagement und eine Wiederbelebung der Pläne. In einigen EU-Staaten gerät die Zivilgesellschaft zunehmend unter Druck, während zeitgleich transnationale Aufgaben und Anforderungen zunehmen. Immer mehr Bürgerinnen wollen sich grenzüberschreitend einsetzen, können es aber nicht. Eine nächste Generation von EU-Parlamentariern, allen voran der Grünen-Abgeordnete Sergey Lagodinsky, treiben das Thema nun mit neuer Energie voran. Es gehe darum, ein europäisches Vereinsstatut mit klar festgelegten Regeln zur Gründung, Gemeinnützigkeit und Auflösung zu schaffen, meint er. Der Flickenteppich nationaler Ungewissheiten sei durch einen **»einheitlichen und sicheren europäischen Schutzschirm« für zivilgesellschaftliche Akteure** zu ersetzen.[12] Lagodinsky plädiert dabei nicht für eine Harmonisierung der aktuellen Vereinsregeln in der EU, sondern – angelehnt an das Modell der Europäischen Aktiengesellschaft – für ein neues Vereinsstatut, welches nationale Statute ergänzt und Bürgerinnen die Wahl lässt, für welches sie sich entscheiden wollen. Diesen Schwung und Ansatz muss man auch auf das noch fehlende Europäische Stiftungsstatut übertragen und in einem legislativen Schwung ein europäisches Vereins- und Stiftungsstatut schaffen.

Mit der EU-Rundfunkplattform zu einer gemeinsamen Öffentlichkeit

68 **Die EU braucht einen gemeinsamen europäischen öffentlich-rechtlichen Rundfunk, der die Inhalte nationaler Sendeanstalten verknüpft, um so die europäische Öffentlichkeit auszubauen.**

In keiner anderen Region der Welt gibt es solch eine Brandbreite und Vielfalt öffentlich finanzierter Fernseh- und Radioanstalten wie in der EU. Erstmals in den 1920er-Jahren in Großbritannien entstanden (BBC), hat sich das Modell eines öffentlichen Rundfunks in weiten Teilen Europas durchgesetzt. In erster Linie sind öffentlich-rechtliche Rundfunkanstalten vom Informationsgebot getragen. Möglichst neutral, fakten- und qualitätsorientiert sollen Nachrichten weite Teile der Bevölkerung erreichen. Doch um die Neutralität und Faktenorientierung ist es in diesen Zeiten nicht mehr so einfach bestellt. In einigen EU-Staaten geraten öffentlich-rechtliche Sender zunehmend in Bedrängnis. Zum einen üben Regierungen, z. B. in Ungarn oder Polen, Druck aus und versuchen, Einfluss auf die Besetzung von Leitungsfunktionen und die inhaltliche Gestaltung zu nehmen. Auf der anderen Seite sind es die Zuhörerinnen und Zuschauerinnen, die Geldverschwendung und tendenziöse Berichterstattung anprangern. Selbst in stabilen Demokratien wird auf den Rundfunk geschimpft. In einer inoffiziellen Runde bezeichnete der französische Präsident Macron die Radio- und Fernsehanstalten als »Schande der Republik« und forderte Einsparungen.[13] Für Europas Demokratie, Öffentlichkeit und Medienlandschaft sind das keine besonders erfreulichen Nachrichten. Schließlich sind Europas Öffentlich-Rechtliche im weltweiten Vergleich und in Zeiten von Fake News, Internetpropaganda und sensationsverliebten Privatnachrichtensendern bei aller berechtigten Kritik ein wahrer Garten Eden in Sachen Qualitätsjournalismus.

Wer Europas Liberalismus und demokratische Fundamente stärken will, kommt an den Öffentlich-Rechtlichen nicht vorbei. Statt eine Abschaffung zu fordern oder über den »Staatsfunk« zu schimpfen, schlagen wir vor, die Rundfunkanstalten zu reformieren und zu europäisieren. Der Weg hin zu einer europäischen Öffentlichkeit darf nicht US-amerikanisch oder chinesisch dominierten sozialen Netzwerken oder Nischenmedien mit einseitiger politischer Ausrichtung überlassen werden, die aktuell auf paneuropäischer Ebene dominieren. **Ein zeitgemäßes, nutzerfreundliches und qualitätsorientiertes europäisches Informationsökosystem** soll stattdessen von den öffentlich-rechtlichen Rundfunkanstalten ausgehen. Dafür müssen ARD, Rai, France,

ORF und Co. ihre nationalen Strukturen aufbrechen und eingefahrene Handlungspfade verlassen.

Die Jungen Europäischen Föderalisten Deutschland, eine proeuropäische Jugendorganisation mit über 11 000 Mitgliedern, haben 2019 einen beachtenswerten Vorschlag formuliert. Die EU solle »sich für die Einrichtung eines europäischen öffentlich-rechtlichen Mediennetzwerks (Rundfunks)« einsetzen, welches föderal aufgebaut ist und die nationalen öffentlich-rechtlichen Rundfunkanstalten verknüpft, schreiben sie.[14] Dadurch können existierende Ressourcen genutzt, skaliert und einer breiten europäischen Öffentlichkeit zugänglich gemacht werden. »Die Berichterstattung über – und damit auch das Nachdenken und allzu oft die politische Herangehensweise an – Europa findet fast ausschließlich aus einer nationalen Perspektive statt. Dabei sind die Themen und die Debatten, die wir dazu führen, seit Jahren längst grenzübergreifend von Bedeutung«, betont Malte Steuber, ehemaliger Bundesvorsitzender der Jungen Europäischen Föderalisten, und seine Nachfolgerin Clara Föller ergänzt: »Ein Europäisches Mediennetzwerk ist gewissermaßen ein Marktplatz, auf dem die europäische Öffentlichkeit miteinander ins Gespräch kommen kann. Dieser Austausch ist wichtig für den demokratischen Diskurs in Europa und damit nicht zuletzt auch für ein gemeinsames Verständnis, Zusammenhalt und nachhaltig gesicherte europäische Solidarität.«

Diesen modernen europäischen Rundfunk kann man sich wie eine Plattform vorstellen, in dem Europas Medien kooperativ Inhalte teilen und mehrsprachig aufarbeiten. Perspektiven und Nachrichten aus anderen europäischen Staaten wären dann nicht irgendwelche Randmeldungen in der nationalen Berichterstattung, sondern Teil eines großen europäischen Informationsstroms, auf den jede Bürgerin per TV, Radio oder online zugreifen kann.

Wie lässt sich solch ein umfangreiches europäisches Rundfunkvorhaben finanzieren und was ist bei der Ausgestaltung zu beachten? Der Autor Johannes Hillje hat sich umfassend mit dem europäischen Medien-Plattformgedanken beschäftigt. Er schlägt vor, sie unter dem klangvollen Namen EUROPA nicht nur als reinen Nachrichtenkanal, wie es heute schon der Nischenkanal Euronews abdeckt, zu denken, sondern gezielt auch Unterhaltungsformate, Debattenforen, Podcasts oder Apps zur Bürgerbeteiligung einzubinden.[15] Alle Inhalte sind dabei in englischer Sprache, aber auch in allen relevanten Landessprachen verfügbar. Ein neu zu schaffender Newsroom würde die gemeinsam produzierten Inhalte als auch die Zulieferungen aus den einzelnen Regionen und Ländern kuratieren und nach hohen Qualitätsstandards ausrichten. Finanziert werden soll dieser Rundfunk sowohl mit Teilbeträgen aus den schon heute existierenden nationalen Rundfunkabgaben, über Werbeeinnahmen als auch mit Geldern der neu geschaffenen europäischen Steuern (s. These 10). Wichtig ist: Die Inhalte der neuen Plattform EUROPA müssen dezidiert unabhängig vom staatlichen Einfluss gehalten werden. Dies können Überwachungsgremien gewährleisten, in denen keine politischen Repräsentantinnen, dafür aber Vertreterinnen aus Kultur, Wissenschaft, Recht und Bürgerschaft sitzen.

Die neue Plattform darf nicht nur als rein innereuropäisches Medium verstanden werden, sondern auch als Botschafterin der Perspektiven und Werte Europas in der Welt. Sind es bisher BBC, France24 oder Deutsche Welle, so soll zukünftig der gemeinschaftlich produzierte und kuratierte Inhalt auf der neuen weltweit ausgestrahlten Europäischen Medienplattform eine präsente Stimme sein. Wir schlagen vor, dass dafür ein Teil der existierenden nationalen Sendeanstalten sowohl personell wie finanziell gänzlich in der neuen Plattform aufgeht. Diese wird die EU im Inneren wie Äußeren stärken. Weil sie zum einen ein zentraler Baustein für Europas fehlende gemeinsame Öffentlichkeit werden kann und Bürgerinnen informiert sowie aktiviert, aber auch im globalen Informationswettbewerb neben CNN, RT, CCTV und Al Jazeera das europäische Werte- und Demokratiemodell kraftvoll beschützt und ausbaut.

KAPITEL 8: EIN VEREINTES EUROPA

Die Europäische Idee begann als Friedensprojekt, als Vehikel dafür wurden die ökonomischen und später finanziellen Verzahnungen europäischer Wirtschaften ausgewählt. So sollte ein Krieg untereinander schlicht zu kostspielig und damit unmöglich gemacht werden. Diese Rechnung ist bisher aufgegangen. Gleichzeitig wurde mit dieser Konzentration auf ökonomische Angelegenheiten als verbindende Elemente zwischen Europäerinnen unterschiedlicher Nationen die Frage einer gemeinsamen kulturellen oder anderweitig gefühlten Identität der Menschen Europas hintangestellt. Die Hoffnung, so scheint es, war, dass eine gemeinsame europäische Identität als eine Art glückliches Nebenprodukt der Wirtschaftsunion auftreten werde. Diese Rechnung ist bisher noch nicht aufgegangen. Sicherlich: Das Gefühl, dank der EU Europäerin oder Europäer zu sein, ist in bestimmten Gruppen weit verbreitet – Austauschprogramme wie Erasmus+ haben in Millionen junger Menschen via multikultureller WGs und neuer Freundschaften das Gefühl einer gemeinsamen europäischen Identität entwickelt. Städtepartnerschaften, Medienavantgardeprojekte wie ARTE, die UEFA Europameisterschaften oder der Eurovision Song Contest haben die Menschen des Kontinents eng zusammengebracht wie nie zuvor.

Gleichzeitig bleibt hier noch eine große Lücke. Die Europäische Union hat die Fragen der Identitätsbildung erst spät auf den Plan genommen, und auch jetzt bleibt noch eine Reihe von Leerstellen, ganz besonders was die Breitenwirkung bisheriger Konzepte angeht, also die Fähigkeit, auch Menschen über die

Kreise üblicher Verdächtiger an urbanen Pro-Europäerinnen hinaus zu erreichen. Und ganz grundsätzlich ist Identitätsbildung eine nicht unkomplizierte Angelegenheit. Besonders zum durchaus heiklen Themenfeld der nationalen Identität gibt es unzählige Theorien, Beobachtungen und Bücher aller Art. Der Historiker und Politikwissenschaftler Benedict Anderson beschreibt Nationen als sogenannte *imagined communities,* ausgedachte Gemeinschaften, in denen ein Individuum die große Mehrzahl der anderen Mitglieder nationaler Gemeinschaften zwar nicht kennt und nie kennenlernen wird, sich aber dennoch mit ihnen aufgrund einer gemeinsamen Identität verbunden fühlt. Dieses Wir-Gefühl unter Menschen zu erzeugen, die von der gegenseitigen Existenz nichts wissen, ist eine komplexe Aufgabe. Es braucht dafür Rituale, Methoden und Bezugspunkte. Viele Forscherinnen sind sich einig, dass eine gemeinsame Sprache einer der zentralen Aspekte einer gemeinsamen Identität ist – denn wer sich verständigen kann, der fühlt sich zugehörig. Dieser Gedanke lässt sich auch belegen. So zeigt eine Pew Research Umfrage aus dem Jahr 2017, dass in ausgewählten Ländern rund um den Globus Sprache als das wichtigste Merkmal der jeweiligen nationalen Identität gesehen wird – noch weit vor dem Geburtsort.[1]

Mit dieser Erkenntnis ist auch die Größe unserer aktuellen Herausforderung klar: Als Fundament einer gemeinsamen europäischen Identität kommt eine gemeinsame Muttersprache schon mal nicht infrage. Im Gegenteil, die europäischen Institutionen operieren in ganzen 24 Amtssprachen, darüber hinaus gibt es in der Europäischen Union Hunderte Minderheitensprachen bzw. Dialekte. Unser Weg hin zu einer gemeinsamen europäischen Identität wird also einen anderen Pfad finden müssen. Wir finden das auch ganz gut so, denn gerade der reine Fokus auf Sprache oder andere eng definierte und nicht immer leicht übertragbare Symbole der Zugehörigkeit erschweren einen breiteren

Gemeinschaftssinn und schließen im Zweifelsfall mehr Menschen aus als ein. Die Folgen solcher exklusiv gedachter Nationalidentitäten sind in Europa ja hinlänglich bekannt.

Ohne die Abkürzung über die eine europäische Sprache bleiben uns andere Optionen, von denen allerdings keine individuell als Allheilmittel gelten kann, sondern die ihre Wirkung nur im Zusammenspiel voll entfalten: Die Europäische Union braucht einen bunten Blumenstrauß an Maßnahmen und Angeboten mit dem Ziel, die europäische Vielfalt in Sprachen, Kulturen, Traditionen nicht abzuwerten, sondern gerade in dieser Vielfalt eine Stärke zu entdecken und darin und daraus eine gemeinsame europäische Identität zu entwickeln. Auf unseren Reisen durch die EU, auf Veranstaltungen und in unzähligen Gesprächen haben wir gelernt, wie wichtig es ist, Menschen aller Hintergründe in gleicher Weise einzubinden und Teil der Europäischen Familie sein zu lassen. Dies gelingt aber nicht allein über Programme und Maßnahmen, die bestimmten Gruppen vorbehalten sind, sondern braucht explizit eine große Breite und niedrige Zugangshürden. **Solange die EU ein Elitenprojekt bleibt, wird auch keine europäische Identität in der Masse der Bevölkerung entstehen können.** Es ist schwer, sich in einen Binnenmarkt zu verlieben, wie es einmal der ehemalige Kommissionspräsident Jacques Delors in einer Rede vor dem Europäischen Parlament treffend sagte, ganz gleich, wie oft Ökonomen uns von den Vorteilen der Zusammenarbeit erzählen.[2] Es braucht konkrete Punkte der Vernetzung und Identifikation, die über Ländergrenzen hinweg bestehen und gleichzeitig aber auch die lokale Vielfalt respektieren und anerkennen. Zum Glück gibt es bereits den vorhin genannten Blumenstrauß an Ideen. Dieses Kapitel stellt Vorschläge zur Stärkung und Förderung einer europäischen Identität vor und zeigt auf, wie wir schon heute viele Grundsteine **für ein starkes, inklusives und europäisches Wir-Gefühl** legen können.

EU-Bürgerschaftskunde an allen Schulen

69 EU-Staaten sollen an allen Schulen einen EU-Bürgerschaftskundeunterricht anbieten, um wichtige Kenntnisse über die europäische Demokratie, Rechtsstaat und Partizipation zu vermitteln.

Was bedeutet es eigentlich, Bürgerin der Europäischen Union zu sein? Welche Rechte und auch welche Pflichten ergeben sich daraus? Welchen Einfluss habe ich als Individuum auf die europäische Politik? Die Fragenliste könnte noch lange so fortgesetzt werden. Sie zeigt: Wer mehr Verständnis für die EU fördern und ganz nebenbei noch eine gemeinsame europäische Identität stärken möchte, der muss Wege finden, diese und viele weitere Fragen möglichst früh zu beantworten und somit Zugänge zur aktiven Teilnahme am europäischen Projekt zu schaffen. Aktuell ist das Wissen über die EU aber Stückwerk, denn nicht in allen Schulen und Bildungseinrichtungen steht die EU und die politische Teilhabe auf dem Lehrplan. Es besteht ein Defizit an der strukturierten Vermittlung. Dieses Vakuum wird teilweise von Stiftungen oder Organisationen gefüllt, die Europa und die EU in freiwilligen Formaten erklären. Die Schwarzkopf-Stiftung Junges Europa bietet beispielsweise in ganz Deutschland und anderen EU-Staaten sogenannte Europa verstehen-Kurse an.[3] Im Großen und Ganzen bleibt aber ein Leerstand zurück, der nicht nur zu großen Schieflagen im Zugang zu intellektuellem Verständnis führt, sondern auch reale politische und gesellschaftliche Folgen hat. So konnten Brexit-Befürworterinnen von einer breiten Unwissenheit über EU-Vertragsregeln und Prozesse profitieren und britischen Wählerinnen vortäuschen, die EU und ihre angebliche »sowjetähnliche« Vorherrschaft wäre tatsächlich an vielen Übeln des

Landes schuld. Dass EU-Gesetze und Vorschriften auch von der britischen Regierung im Rat gebilligt wurden, wurde dabei kaum erwähnt.

Nun ist es eindeutig in Mode, bei allen großen oder auch nur vermeintlichen Problemen ein Schulfach als Lösung zu fordern (Ariane Bemmer vom *Tagesspiegel* hat einmal eine Liste dieser Schulfachforderungen aufgestellt[4]), dennoch ist es gerade im Bereich der EU-Bildung konkret angebracht. EU-Bürgerinnen und die gemeinsame Demokratie würden fundamental von einer gemeinschaftlichen, breiten und frühzeitigen Bürgerschaftskunde profitieren. Im Idealfall können so Vorurteile und Missverständnisse abgebaut oder gar nicht erst zugelassen, gleichzeitig das politische Interesse und die Partizipation aber gesteigert werden. Bildung ist nicht die Aufgabe der Europäischen Institutionen, eine Umsetzung muss also auf Ebene der Nationalstaaten und Regionen stattfinden. Um diesen Prozess zu unterstützen, schlagen wir die Bildung einer Arbeitsgruppe – koordiniert durch die DG EAG – in der Europäischen Kommission vor. Die Arbeitsgruppe kann gemeinsam mit Vertreterinnen aus dem Bildungssektor, dem EU-Parlament und nationalen Vertreterinnen Leitlinien und Vorschläge zur Etablierung und Ausgestaltung eines zeitgemäßen EU-Bürgerschaftskundeunterrichts ausarbeiten. Im Rahmen eines Pilotprojektes würden dann Ober- und weiterführende Schulen verteilt über die ganze EU das neue Unterrichtsprogramm testen und weiter verbessern. Anschließend kann das Programm EU-weit ausgerollt werden und mit Fördermitteln aus dem EU-Haushalt (siehe These 10) in seiner Ausgestaltung unterstützt werden. Eine lohnenswerte Investition in die Zukunft des europäischen Zusammenhaltes.

Englisch als zusätzliche Amtssprache

70 **Englisch soll in allen EU-Staaten als zusätzliche Amtssprache eingeführt werden, um Freizügigkeit zu vereinfachen und Austausch über Kulturräume hinweg zu erhöhen.**

Sprache ist weit mehr als ein Kommunikationsmittel. Sie ist Eintrittskarte, verbindendes Element und Zugehörigkeitssymbol. Sprachkenntnisse ermöglichen es nicht nur, mit bestimmten Personen Unterhaltungen zu führen, sondern sind auch essenzielle Grundlage bei der Arbeit, beim Einkauf, in der Interaktion mit staatlichen Behörden und so weiter. Die EU besitzt 24 Amtssprachen, davon ist keine so weit verbreitet wie die englische Sprache. Fast 40 Prozent der EU-Bürgerinnen verstehen Englisch und können damit – zumindest rudimentär – kommunizieren.[5] Der Vorschlag, Englisch als zusätzliche Amtssprache in allen EU-Staaten einzuführen und damit zur Europäischen *lingua franca* zu machen, ist weder überraschend noch neu. Die Vorteile liegen auf der Hand: Eine zusätzliche Amtssprache kann nicht nur die europäische Integration verstärken und Menschen über Ländergrenzen hinaus miteinander in Kontakt bringen, sie kann auch viele praktische Notwendigkeiten vereinfachen. Die Migration in ein anderes EU-Land ist um einiges leichter, sobald der Papierkram am neuen Lebens- und Arbeitsplatz auch in Englisch erledigt werden kann. Die Beteiligung von EU-Bürgerinnen an lokaler und regionaler Politik und Gesellschaft wird gestärkt und gefördert, die Zusammenarbeit auf wirtschaftlicher, finanzpolitischer oder Sicherheitsebene vereinfacht. Jutta Limbach, ehemalige Präsidentin des deutschen Bundesverfassungsgerichts, hat die Vorteile von Englisch als zusätzlicher Amtssprache in EU-Staaten für die bpb detailliert zusammengefasst. So sieht sie in der

Einführung »die Entstehung einer europäischen Öffentlichkeit und damit eine Demokratisierung der EU von unten«.[6]

Um die genannte positive Breitenwirkung dieses Vorschlags zu erzielen, ist sicher eine umfängliche Strategie in der Förderung von Englischsprachkenntnissen in allen EU-Staaten notwendig. Länder mit einer höheren Dichte an Englischkenntnissen sollten Länder (finanziell) unterstützen, die über weniger Kenntnisse verfügen. Laut Limbach können durch diese Form des Transfers die inhärenten Vorteile für Länder mit hohen Englischkenntnissen großteils kompensiert werden.

Eine EU, in der zusätzlich zu allen nationalen, regionalen und lokalen Sprachen und Dialekten Englisch von (fast) allen Europäerinnen und Europäern gesprochen wird, ist bestimmt nicht von einem Tag auf den anderen zu erreichen, die Aufgabe erfordert Geduld über Jahre hinweg. Dennoch können wir noch heute die Weichen für diese Entwicklung stellen, die nicht nur die EU dichter zusammenbringen, sondern auch die Partizipationsmöglichkeiten und Wettbewerbsfähigkeit von Europäerinnen im globalen Kontext stärken wird. Let's make English official in all member states!

Ein Feiertag für die europäische Idee

71 **Die EU braucht einen gemeinsamen Europa-Feiertag, um an die Errungenschaften zu erinnern und die Zukunft zu feiern.**

Die Idee eines europäischen Feiertages ist weder neu noch unsere Idee. Es ist aber eine sinnvolle Idee. An gesetzlichen Feiertagen – und genau darum geht es in diesem Vorschlag – hat man nicht nur arbeitsfrei, sondern sie sind eine Erinnerung an ein bestimmtes Ereignis, ein Konzept oder eine Person. Damit sind Feiertage **eines der zentralen Elemente der nationalen Identitätsbildung.** Auf europäischer Ebene gibt es allerdings keinen einheitlichen Feiertag. Stimmen, die das ändern wollen, gibt es schon länger. Ob Politikerinnen, Autorinnen wie Priya Basil[7], Thinktanks oder Europavereine: Die Idee eines Europäischen Feiertags kommt immer wieder auf. Es wird Zeit, diese Idee umzusetzen. Die Vorteile liegen auf der Hand: EU-Bürgerinnen werden von Lissabon bis Sofia an die gemeinschaftlichen Erfolge und den Wert des europäischen Zusammenhaltes erinnert. Die EU und ihr Effekt sind an diesem Tag konkret im Leben der 450 Millionen Bürgerinnen spürbar. Der Anlass kann genutzt werden, um mit Veranstaltungen, Onlineformaten, Veröffentlichungen und Diskussionsrunden das Erreichte sowie auch das Zukünftige des europäischen Weges zu besprechen. Bleibt noch die Frage, welcher Tag zu nehmen sei. Vorschläge dafür gibt es viele: den 5. Mai, der an die Gründung des Europarats 1949 erinnert? Oder den 9. Mai, der sich auf die Rede des französischen Außenministers Robert Schuman 1950 bezieht, in der er die Gründung der sogenannten Montanunion vorschlug, die als wichtige Vorläuferin der heutigen EU-Institutionen gilt? Einige schlagen den 25. März vor, welcher an jenen Tag im Jahr 1957 erinnert, als die Römischen Verträge unterschrieben wurden, während der Autor Benedikt Erenz für den 14. Juli plädiert, da mit dem Sturm auf die Bastille 1789, so argumentiert er, das freie Europa seinen Anfang nahm.[8] Aus unserer Perspektive bietet sich der Schuman-Tag am besten an, da er zum einen im direkten Bezug zur EU steht und zum anderen Ausdruck für die Wirkmächtigkeit von Ideen, politischer Initiative und der Kraft der Versöhnung ist. Ein guter Einstieg für den neuen Europa-Feiertag soll der **9. Mai 2025** sein. Dann nämlich jährt sich der wichtige schumansche Impuls zum 75. Mal. Ein Land hat es übrigens schon vorgemacht: In Luxemburg wird der 9. Mai seit 2019 als gesetzlicher Feiertag begangen. Damit ist das kleine Beneluxland das einzige Land Europas, das dem Kontinent einen eigenen wiederkehrenden Feiertag widmet. Ab 2025 ist Luxemburg hoffentlich mit diesem Erlebnis nicht mehr allein.

Das EU-Stimmungsbarometer für jedes Smartphone

72 **Die EU soll eine Stimmungsbarometer-App einführen, um allen Bürgerinnen die Möglichkeit zu geben, ihre Perspektiven und Ideen in den europäischen Meinungsbildungsprozess einzubringen.**

Welche Anliegen sind Europas Bürgerinnen besonders wichtig? Warum werden Themen regional unterschiedlich betrachtet? Und wie ist die Meinung zu einem neuen Gesetzesvorhaben der EU? Diese und weitere Fragen beschäftigen europäische Institutionen, Parlamentarierinnen, Journalistinnen und eine breite Öffentlichkeit regelmäßig. In der Regel werden das Statistische Amt der Europäischen Union (Eurostat), eine Generaldirektion der EU oder private Marktforschungsunternehmen damit beauftragt, am Puls des Kontinents zu fühlen und herauszufinden, wie sich Europas faktische und gefühlte Lage darstellt. Wer nicht zufällig auf dem Auswahlradar dieser Organisationen für eine Umfrage landet, bekommt nur selten die Möglichkeit, seine Meinung zu europäischen Themen kundzutun. Hier wird Potenzial verschwendet, schließlich haben immer mehr EU-Bürgerinnen das Bedürfnis, ihre Perspektiven und Ansichten auszutauschen, und wollen Teil eines größeren Stimmungsbildes sein. Zivilgesellschaftliche Initiativen wie #WeEuropeans verdeutlichen das. 2018 aktivierte die Kampagne innerhalb weniger Wochen rund 1,7 Millionen Bürgerinnen in 27 EU-Staaten mit der einfachen Frage: »Wie können wir Europa konkret neu gestalten?« Über 30 000 Vorschläge und Ideen kamen zusammen. Die Initiative zeigte »die Bereitschaft der europäischen Bürger, sich kontinuierlich am europäischen Entscheidungsprozess zu beteiligen, und diese Bereitschaft spiegelte sich in allen Mitgliedsstaaten mehr oder weniger gleichwertig wider. Sie wollen mehr Demokratie. Sie haben einen starken Willen gezeigt, Europa voranzubringen, die Dinge zu verändern«, sagt Guillaume Klossa, Thinktank-Gründer und WeEuropeans-Mitinitiator.[9] Die Antwort auf dieses Defizit liegt nicht nur in den Maßnahmen, die wir in Kapitel 2 beschrieben haben, sondern auch in den Hand- oder Hosentaschen von rund 75 Prozent der EU-Bürgerinnen zwischen 16 und 74 Jahren, die ein Smartphone nutzen.[10]

Wir schlagen vor, eine EU-Stimmungsbarometer-App zu entwickeln. Diese ermöglicht Bürgerinnen niedrigschwellig und bequem die Teilnahme an europäischen Umfragen und Stimmungsbildern. Die Ergebnisse werden direkt anschaulich in der App angezeigt und somit allen ein besseres Verständnis liefern, wo der gesellschaftliche Wind gerade weht. Zusätzlich kann die Intelligenz und regionale Diversität der Nutzerinnen dazu verwendet werden, um in Kreativprozessen Lösungsvorschläge oder Best-Practice-Erfahrungen zu sammeln und diese miteinander zu vernetzen. Eine Gemeinde in Tschechien hat womöglich längst eine gute Antwort auf eine gesundheitspolitische Herausforderung, mit der ein portugiesischer Landkreis soeben erst konfrontiert worden ist. Die Covid-19-Krise machte deutlich, warum der schnelle und unkomplizierte Austausch von Erfahrungen so wichtig ist. Eine Europa-App kann hier Brücken bauen. Selbstverständlich muss die App nach den Standards der europäischen Datenschutzstandards entwickelt und eine Nutzung der Daten für Werbezwecke strikt ausgeschlossen werden. Europas Weg soll nicht die Kommerzialisierung von Daten sein, sondern deren verantwortungsbewusster Einsatz für das Gemeinwohl. Eine Teilnahme am EU-Stimmungsbarometer kann sowohl in einer anonymisierten wie auch personalisierten Form möglich gemacht werden. Wenn die europäischen Institutionen clever sind, nutzen sie die schon existierende Citizens'-App des Europäischen Parlaments als Basis und bauen diese aus. Die Citizens'-App wurde im Januar 2019 vorgestellt, ist sehr informativ, aber wenig interaktiv. Mit etwas unter 100 000 Downloads führt die App noch ein trauriges Schattendasein.[11] Das EU-Stimmungsbarometer kann das mit ihrem Angebot ändern. Auch kann über die erweiterte App für registrierte Benutzerinnen eine Beteiligung an Europäischen Bürgerinitiativen (siehe These 21) und EU-Volksentscheiden (siehe These 22) ermöglicht werden.

Ein EU-Team für Olympia

73 Athletinnen aller EU-Staaten sollen bei den Olympischen Spielen in einem gemeinsamen Team antreten.

Europa ist ein Kontinent des Sports. Ob Fußball, Tennis oder Schwimmen, Millionen EU-Bürgerinnen verfolgen mit Begeisterung die Übertragung von Sportereignissen und Wettkämpfen. Besonders hoch im Kurs stehen Fußballmeisterschaften wie die UEFA Champions League oder die Europa- und Weltmeisterschaften. Allein das Finalspiel der Fußballweltmeisterschaft 2018 zwischen Frankreich und Kroatien sahen 163 Millionen Menschen in Europa.[12] Auch die Olympischen Spiele sind beliebt. 88 Millionen Zuschauerinnen verfolgten 2018 die Eröffnung der Winterspiele.[13] Rund ein Drittel der EU-Bürgerinnen will die Spannung live vor Ort erleben und besucht mindestens einmal jährlich persönlich eine Sportveranstaltung.[14] Bei den Spielen geht es oftmals um weit mehr als die rein sportliche Leistung. Es geht auch um Selbstvergewisserung und Identitätsbildung. Sportmannschaften und Sportlerinnen haben sich zu wichtigen Projektionsflächen für die nationale und regionale Identität entwickelt. Ähnlich wie bei der modernen Nationenbildung werden für die Dauer des Spiels oder der Wettkämpfe individuelle soziale, kulturelle oder politische Differenzen aufgehoben und die Zuschauenden vereint in einer andersonschen *imagined community*. Verstärkt wird das Zusammengehörigkeitsgefühl durch gemeinsame Gesänge, das Tragen von Trikots oder dem Schwenken nationaler Flaggen oder Mannschaftsembleme. Hier wird der »Seelenkitt des modernen Kollektivs« sichtbar, wie es Verena Scheuble und Michael Wehner einmal ausgedrückt haben.[15]

Was kann das europäische Projekt daraus lernen? Sport kann substanziell und nachhaltig zum europäischen Gemeinschaftsgefühl beitragen. Besonders interessant sind hierbei die Olympischen Spiele. Bisher ziehen bei der Eröffnung die bunt gekleideten Teams aller Länder ein, die sich für die Spiele qualifiziert haben. So stellt beispielsweise Frankreich eine eigene Mannschaft auf, ebenso Kroatien, Polen, Spanien oder Tschechien. Bei den Spielen treten dann die europäischen Sportlerinnen aus verschiedenen EU-Staaten gegen die geeinten Teams aus den USA oder China an. Im Medaillenspiegel führen dabei wenig überraschend oftmals die USA, Russland oder China die Statistiken an.

Wie wäre es, wenn bei den Olympischen Spielen statt zig kleiner europäischer Mannschaften *ein* gemeinsames EU-Team aufgestellt würde? Genau das schlagen wir vor. Beim größten Sportereignis der Welt sollen die **EU-Staaten geschlossen antreten**

und jeweils ihre besten Sportlerinnen für das gemeinsame Team ins Rennen schicken. Das wird dazu führen, dass die EU den Medaillenspiegel mit ziemlicher Sicherheit zukünftig anführt. Allein bei den letzten Olympischen Spielen 2016 hätte das EU-Team mit 79 gemeinsamen Goldmedaillen weit vor den USA (46 Stück), Großbritannien (27 Stück) oder China (26 Stück) gelegen.[16] Eine gemeinsame Mannschaft kann darüber hinaus auch ungeahnte Europagefühle wecken. Wenn bei der Eröffnung der Olympischen Spiele das EU-Team mit schwenkenden blau-gelben Flaggen ins Stadion einläuft und dabei schön gestaltete Kleidung trägt, auf der sowohl die EU-Flagge als auch etwas kleiner die nationale Flagge sichtbar sind, kann sich ein europäischer Teamgeist einstellen. Ebenso sind Gänsehautgefühle vorprogrammiert, wenn bei Medaillengewinnen die Europahymne erklingt und die gemeinsame Flagge im Hintergrund nach oben gezogen wird. Dank des EU-Teams können Sportlerinnen bei der Vorbereitung nicht nur auf ihre gewohnte Infrastruktur im Rahmen regionaler oder nationaler Sportförderung zurückgreifen, es können auch noch besser vernetzte und gemeinschaftlich finanzierte Sportförderprogramme auf europäischer Ebene geschaffen werden, um die Sportlerinnen bestmöglich zu begleiten.

Wir sollten den Versuch wagen. Ein gemeinsames Olympia-EU-Team kann eine wichtige identitätsstiftende Rolle einnehmen, wie es nationale Fußball- und Olympiateams im Laufe der Geschichte zur Herausbildung nationaler Identitäten bereits getan haben. Beim EU-Team geht es nicht darum, regionale oder nationale Heimatgefühle zu verletzen oder in den Schatten zu stellen, es geht darum, der Erkenntnis Ausdruck zu verleihen, dass Einheit in der Vielfalt Europas eine wahre Stärke ist. Die individuellen und einzigartigen Fähigkeiten aus allen Regionen der EU kommen zusammen und werden vereint unter dem Sternenbanner der Europäischen Werte und sportlicher Höchstleistung.

Verpflichtender Europäischer Zivildienst

74 In der EU soll ein sechsmonatiger verpflichtender Zivildienst (European Civil Service) für alle jungen Menschen eingeführt werden, um Auslandserfahrungen zu ermöglichen und Solidarität über Grenzen hinweg zu stärken.

2005 schlug der damalige französische Premierminister Dominique de Villepin einen Europäischen Zivildienst vor. Er erhoffte sich davon eine Stärkung der Europäischen Idee und eine Orientierungsmöglichkeit für junge Menschen. Aus dem Vorschlag der frühen 2000er-Jahre ist nicht viel geworden. Zwar gibt es immer wieder auf nationaler Ebene die Bestrebung zur (Wieder-)einführung verpflichtender Dienste, wie der Service national universel (SNU) in Frankreich oder das Freiwilligenjahr in Deutschland, doch eine Initiative für einen *europäischen* Pflichtdienst sucht man vergeblich. Eine freiwillige Fassung gibt es mit dem Europäischen Freiwilligendienst und dem Europäischen Solidaritätskorps aber schon heute. Der europaweite Dienst kann die logische Weiterentwicklung dieser Plattformen sein. Wir schlagen vor, einen **verpflichtenden sechsmonatigen Europäischen Zivildienst (European Civil Service) für alle 16- bis 25-Jährigen** in der EU zu etablieren. Junge Menschen können den europäischen Dienst in ihrer Heimatregion oder auch in einem anderen EU-Staat antreten. Dabei werden sie, wie es heute auch schon üblich ist, Erfahrungen im sozialen, ökologischen oder kulturellen Bereich sammeln können. Wenn sie ihre Erfahrung in einem anderen EU-Staat machen, werden sie neben der Grundvergütung zusätzlich mit Sprachkursen und einem Interrail-Ticket zur Anreise unterstützt. Nach unserem Vorschlag wird der Europäische Zivildienst nationale oder regionale Angebote nicht vollständig ersetzen, aber komplementär ergänzen. Der Zugang zu den nationalen Diensten und dem gemeinsam koordinierten europäischen Dienst läuft über eine zentrale europäische Plattform, in der die verschiedenen Möglichkeiten innerhalb der EU übersichtlich dargestellt werden. Dienste in einem anderen Land werden höher vergütet, sodass ein deutlicher Anreiz besteht, den Dienst außerhalb der Heimatregion zu machen. Finanziert werden die Leistungen überwiegend aus den nationalen Haushalten, eben dort, wo der Dienst erbracht wird. Die Sprachkurse, Reisekosten und Auslandszuschüsse werden aus dem EU-Haushalt übernommen.

Auf unseren Reisen durch Europa sind wir vielen jungen Menschen begegnet, die den Wunsch nach einer Auslandserfahrung nach der Schule verspürten oder erste professionelle Erfahrungen im Einsatz für ein soziales oder ökologisches Projekt sammeln wollten. Ein verpflichtender europäischer Dienst wird daher vermutlich gar nicht so sehr als grober Eingriff in die Freiheitsrechte, sondern vielmehr als Gelegenheit und Chance für ein selbstbestimmtes Leben wahrgenommen. Die vielen Projekte auf der europäischen Plattform ermöglichen es außerdem, die Talente und Fähigkeiten bestmöglich über Europa zu verteilen. In Krankenhäusern, Pflegeeinrichtungen, Kindergärten, Jugendverbänden oder Forststationen werden die jungen Freiwilligen dann nicht nur wertvolle fachliche Erfahrungen sammeln und ihre Mitmenschen unterstützen, sondern auch Freundschaften zu anderen Europäerinnen schließen. Der Europäischen Zivildienst ist somit ein Gewinn für alle.

Damit aber nicht genug, denn auch Menschen im Seniorenalter (ab 65 Jahren) sollen in der EU die Möglichkeit erhalten, am Programm teilzunehmen und die Gemeinschaft zu unterstützen. Für sie wäre der Dienst dann freiwillig.

Fahrt frei: DiscoverEU für alle 18-Jährigen

75 **Alle jungen Menschen in der EU sollen zum 18. Geburtstag einen kostenfreien Ein-Monats-Interrailpass erhalten, um den Kontinent erkunden und kennenlernen zu können.**

Wer uns kennt, weiß: Dieser Vorschlag kommt nicht überraschend. Schließlich haben wir einen Großteil unserer Europaarbeit der letzten Jahre der Idee der kostenlosen Interrail-Tickets für alle 18-Jährigen in der EU gewidmet. Mehr denn je sind wir von der Notwendigkeit dieses Vorschlags überzeugt. Bei FreeInterrail geht es nicht darum, jungen Menschen einen Urlaub zu ermöglichen, sondern einen Minimumstandard an EU-Binnenmobilität zu schaffen. Und von einem solchen Standard sind wir weit entfernt. Während 2018 – laut Eurostat – in Deutschland 17,5 Prozent der jungen Menschen unter 24 Jahren mindestens eine Nacht im Ausland verbracht haben, waren es in Rumänien in dieser Alterskategorie nur 1,5 Prozent. 86 Prozent aller Luxemburgerinnen geben an, mindestens einmal pro Jahr im Ausland zu sein – nicht überraschend bei einem kleinen Land mit vielen Nachbarländern. Dennoch zeigt sich hier ein gewaltiger Kontrast zu Ländern wie Griechenland, Bulgarien oder Spanien, wo diese Zahl gerade einmal bei 8, 11 bzw. 16 Prozent liegt.[17]

Die Mobilität und damit die Möglichkeit, an europäischer Vielfalt persönlich teilzunehmen, ist in der Europäischen Union geografisch, sozial und ökonomisch extrem ungleich verteilt. Gleichzeitig beweisen Programme wie Erasmus+, dass der Austausch von Menschen über Ländergrenzen hinweg der vielleicht sinnvollste und effektivste Weg ist, einen **europäischen Gemeinschaftssinn und eine gemeinsame Identität** aufzubauen. An Erasmus+ haben seit der Gründung 1987 nur rund 1,7 Prozent der aktuellen EU-Bevölkerung teilgenommen[18] – eine wunderbare Erfahrung bleibt damit ein Nischen- und Elitenprogramm. Dieses Vakuum zwischen den positiven Erfahrungen eines internationalen Austauschs und den niedrigen und ungleichen Mobilitätswerten kann ein Programm wie FreeInterrail füllen. Die EU setzt die Idee bereits in einer kleinen Variante um: Im Pilotprojekt mit dem Titel DiscoverEU wurden zwischen 2018 und 2020 70 000 18-Jährige für Reisen auf dem Kontinent ausgewählt und konnten so ihren Kontinent erkunden. 2021 ist das Programm zu einem neuen **»flagship initiative«** unter dem Dach der Erasmus-Familie aufgestiegen und wird in den nächsten Jahren Hunderttausenden jungen Menschen eine Europaerfahrung ermöglichen.[19] Ein großer Erfolg für Europas Jugend. Doch er hat seine Grenzen, weil sich junge Menschen nach wie vor proaktiv bewerben müssen und es bei Weitem nicht genug Tickets gibt, um das große Interesse der Bewerberinnen zu stillen.

Wir bleiben also bei unserer konkreten Vision: DiscoverEU soll weiter ausgebaut werden und *allen* 18-Jährigen zur Verfügung stehen. Idealerweise wird der Reisegutschein zum 18. Geburtstag direkt nach Hause oder per E-Mail geschickt und jungen Menschen sechs Jahre Zeit gegeben, diesen einzulösen. Allein oder gemeinsam mit Freundinnen geht es dann auf die Reise. Eine App kann die jungen Reisenden miteinander vernetzen und auf Sehenswürdigkeiten oder Veranstaltungen in allen Teilen Europas hinweisen. Rund um das Programm kann außerdem ein Partner-Netzwerk von Jugendorganisationen, NGOs, Stiftungen, Hotels oder auch Kultureinrichtungen entstehen, die den jungen Europaentdeckerinnen vor Ort unterstützend zur Seite stehen, sie in Aktivitäten einbinden oder auch Rabatte geben. Das FreeInterrail/DiscoverEU-Ticket ist nicht nur ein würdiges Geschenk für junge Europäerinnen, es ist auch eine Versicherung für eine gemeinsame europäische

Zukunft, für mehr Integration, mehr Solidarität und eine ausgeprägte europäische Identität.

Ein gemeinsamer EU-Reisepass

76 Die Bürgerinnen der Union sollen einen gemeinsamen Pass – verbunden mit den gleichen Rechten und Pflichten – erhalten, um schrittweise die Unionsbürgerschaft in eine echte Staatsbürgerschaft zu wandeln.

Wenn EU-Bürgerinnen heute vor einer ausländischen Grenze stehen, haben sie zumeist unterschiedliche Reisepässe im Gepäck. Signalrot sind die Pässe aus Estland gestaltet, in dezentem Bordeauxrot die französischen und in Dunkelblau die kroatischen. Doch nicht nur die Farben unterscheiden sich, auch die Möglichkeiten, kurz, der Wert, den die Reisepässe bieten, variiert. Nach dem Henley & Partners Passport Index von 2021 hat Deutschland den wertvollsten EU-Pass mit 189 visafreien Einreisemöglichkeiten, während sich Estland mit 179 und Kroatien oder Bulgarien mit 171 unumständlichen Einreisen begnügen müssen.[20] Wie Reisepässe vergeben werden und welche Freiheiten sich damit auf der Welt ergeben, das liegt immer noch in nationalstaatlicher Hand. Das macht die Grenzübertrittserfahrungen für Europäerinnen sehr unterschiedlich und lässt so nur schwerlich ein Gefühl der Verbundenheit oder gar gemeinsamen Identität aufkommen.

Will es die EU perspektivisch schaffen, dass sich ihre Bürgerinnen gleichwertig fühlen und ebenso behandelt werden, wird es eine Harmonisierung der Einreiseregeln von EU-Bürgerinnen im Ausland brauchen. Doch nicht nur das. Langfristiges

Ziel soll die **Schaffung eines gemeinsamen EU-Ausweisdokumentes** sein, welches auch den Zugang zu den gleichen Rechten und Pflichten innerhalb der EU ermöglicht. Der Weg dahin ist lang, doch mit der 1992 durch den Vertrag von Maastricht geschaffenen Unionsbürgerschaft existiert schon heute ein wichtiges Element. Damit sind alle Bürgerinnen der EU-Mitgliedsstaaten zugleich auch Unionsbürgerinnen. Dies ergänzt sozusagen die Staatsbürgerschaft und garantiert zentrale europäische Rechte und Freiheiten, wie die Freizügigkeitsregelung oder das Wahlrecht für die Kommunal- und Europawahl. Es obliegt heute den EU-Mitgliedsstaaten, die Kriterien festzulegen, nach denen sie Reisepässe ausgeben, und es sind ihre jeweiligen internationalen Beziehungen, die darüber entscheiden, wie einfach die Einreise für ihre Staatsbürgerinnen in Länder außerhalb der EU ist.

Bevor der Schritt zu einer umfänglichen Weiterentwicklung der Unionsbürgerschaft in eine Staatsbürgerschaft möglich ist, schlagen wir vor, dass die integrationswilligsten Staaten innerhalb der EU sich zusammenfinden und beginnen, ihre Reisepässe und die damit verbundenen Kriterien anzugleichen. Den Anfang kann ein deutsch-französisches Bündnis gemeinsam mit den Beneluxstaaten und Österreich machen. Die Staaten können harmonisieren, nach welchen Vorgaben sie ihre Pässe ausgeben. Der Anfang für den EU-Pass wäre damit gemacht. Er soll auch optisch hervorstechen. In azurblauer Farbe mit goldgelb aufgeprägten Sternen und interessant gestalteten Innenseiten, die die Geschichte der Europäischen Idee und ihrer Werte erzählen. Auf der Vorderseite würde sich, klein abgebildet, auch eine nationale Flagge finden, die Innenseiten wären jedoch bei allen beteiligten Staaten identisch gestaltet und mit Symbolen, kulturellen Errungenschaften oder Bauwerken aus den einzelnen Ländern und der gemeinsamen Geschichte versehen. Das EU-Pass-Bündnis kann nach und nach um weitere Länder erweitert werden und so ein Prozess der schrittweisen Überführung von den parallelen Staats- und Unionsbürgerschaften hin zu einer gemeinsamen EU-Staatsbürgerschaft erfolgen.

Erasmus für nationale Parlamentarierinnen

77 Alle Mitglieder nationaler Parlamente sollen die Möglichkeit erhalten an einem europäischen Erfahrungsaustausch teilhaben zu können, um ihr Verständnis von und über die EU auszubauen.

Die Herzkammer der europäischen Demokratie schlägt in den Parlamenten. Sowohl im Europäischen Parlament als auch in den 27 nationalen Parlamenten. Mit dem Vertrag von Lissabon erhielt nicht nur das Europäischen Parlament umfassendere Befugnisse und Gestaltungsmöglichkeiten im europäischen Regierungskanon, sondern auch die nationalen Parlamente wurden als »zweite Säule der europäischen Demokratie« gestärkt. Ihnen fällt eine wichtige Rolle bei der Kontrolle der Subsidiarität, der Ratifizierung von Vertragsänderungen oder auch der Kommunikation und kritischen Diskussion europäischer Gesetzgebung zu.[21] Dabei bewegen sich die Parlamentarierinnen in einem Spannungsfeld. Während sie ihre Willensbildung vielfach an der nationalen Öffentlichkeit und den nationalen Interessen (dafür wurden sie überwiegend gewählt) ausrichten, müssen sie zugleich offen sein für die Kompromisse, die die nationalen Regierungen in meist endlos langen Sitzungen auf der europäischen Ebene erzielt haben. Diese Abwägung und die begleitende Kommunikation sind nicht immer einfach.

Leichter fällt die Arbeit und besser werden die Ergebnisse, wenn diese verschiedenen Ebenen nicht als konkurrierend (nationales vs. europäisches Interesse), sondern als sich ergänzend (nationales *und* europäisches Interesse) verstanden werden. Damit das gelingt, sollten mehr nationale Parlamentarierinnen politische Erfahrungen in anderen EU-Staaten sammeln und noch intensiver miteinander im Austausch stehen. Das erweitert den Horizont, macht die europäische Komplexität greifbarer und die Ergebnisse gegenüber den Wählerinnen daheim erklärbarer. Das ist heute zu selten der Fall. Alberto Alemanno, Europavordenker und Inhaber der Jean-Monnet-Professur an der HEC Paris, sieht darin ein Problem: »It is telling that virtually no national or EU leader has lived the European dream by experiencing it herself. Being the product of national electoral processes, our political representatives systematically lack a ›European reflex‹ even when facing pan-European challenges.«[22] Zaghafte Versuche, diese nationalen Erfahrungssilos aufzubrechen, gibt es. So organisieren einige nationale EU-Vertretungen Brüsselfahrten für Abgeordnete oder bringt die Stiftung Mercator mit dem Format Europadialog Mitglieder nationaler Parlamente zusammen. Doch die Programme sind wenig bekannt und vielfach unterfinanziert.

Eine europäische Erfahrung bleibt aktuell daher nur einer Minderheit der Abgeordneten vorbehalten. Wir schlagen vor, den Prozess deutlicher zu strukturieren und zu skalieren.

Es braucht **ein Erasmus-Programm für nationale Parlamentarierinnen**, das European Parliaments Exchange Program (EPEP). So wie Studierende oder Auszubildende Erfahrungen in einem anderen EU-Staat sammeln können, soll es auch Abgeordneten ermöglicht werden, einen gewissen Zeitraum in einem anderen EU-Staat zu verbringen, die politische Kultur besser kennenzulernen und konkrete Erfahrungen vor Ort bei einem anderen Abgeordneten zu sammeln. Jede Parlaments-Erasmus-Erfahrung wird mit einem Besuch in Brüssel und einem besseren Kennenlernen der Entstehung von Gesetzen im europäischen

Mehrebenensystem abgerundet. Unter dem Dach des EPEP, welches eine Unterorganisation des Europäischen Parlaments werden kann, würden in einem ersten Schritt schon existierende Angebote und Programme in der EU gesammelt und übersichtlich aufbereitet. In einem zweiten Schritt würden eigene Austauschprogramme entstehen und durch das EPEP begleitet und betreut. Insbesondere unterstützt das EPEP nationale Parlamentarierinnen dabei, einen Austauschplatz in einem anderen Parlament in der EU zu finden. Hierfür soll, anknüpfend an die schon existierende Plattform, die InterParliamentary EU information eXchange (IPEX), welche dem Austausch von Informationen zu Gesetzgebungsverfahren zwischen nationalen Parlamenten dient, ausgebaut und erweitert werden. Wir setzen darauf, dass es durch die Einführung des Erasmus-Programms für Parlamentarierinnen zukünftig zum guten Ton für jede nationale Parlamentarierin gehört, einmal im politischen Leben am Austauschprogramm teilgenommen zu haben. Nur wer Europa und die EU erlebt hat, kann sie überzeugend mitgestalten.

Interreligiöser Dialog baut Brücken

78 **Der interreligiöse Dialog in der EU soll gestärkt und verstetigt werden, um Konflikte zu vermeiden und Frieden zu sichern.**

Glauben und Kirche spielen im Leben der meisten EU-Bürgerinnen eine wichtige Rolle. Rund 70 Prozent der Bevölkerung sind Mitglied einer religiösen Gemeinschaft oder fühlen sich einer solchen verbunden. Etwa 41 Prozent sind römisch-katholisch, jeweils um die 10 Prozent orthodox oder protestantisch, etwa 4 Prozent gehören einer anderen christlichen Konfession an, 2 Prozent sind muslimischen Glaubens und die restlichen drei Prozent jüdischen Glaubens oder Mitglied einer anderen Glaubensgemeinschaft.[23] Dabei ist das Zusammenleben in religiöser Vielfalt nicht immer spannungsfrei. Die Auseinandersetzung mit Islamismus und Antisemitismus, die immer noch schwelende Nordirland-Frage oder auch der Widerstand gegen ein liberalisiertes Familienmodell oder Abtreibungen legen ein Zeugnis davon ab, dass Einheit in Vielfalt nicht ohne religiöse Verständigung funktionieren kann. Auch zukünftig werden sich religiöse und politische Fragen nicht so einfach trennen lassen. Sie müssen stärker zusammen betrachtet, thematisiert und diskutiert werden.

Wie das gehen kann, zeigt sich heute schon in vielen Städten und auf nationalstaatlicher Ebene in Westeuropa. Hier gibt es erfolgreiche Dialogformate, in denen Vertreterinnen verschiedener Religionsgemeinschaften zusammenkommen. Doch in der Fläche fehlt es in der EU an effektiven, zeitgemäßen und dauerhaft finanzierten Foren des interreligiösen Austausches. Das gilt auch für die EU-Institutionen. Zwar sieht Artikel 17 des Vertrags über die Arbeitsweise der Europäischen Union (AEUV) erstmals eine Rechtsgrundlage für einen »offenen, transparenten und regelmäßigen Dialog der EU mit Kirchen, religiösen Vereinigungen und weltanschaulichen Gemeinschaften vor«, jedoch wird das Potenzial des Austausches noch nicht umfassend genug ausgeschöpft. 2019 organisierte die EU-Kommission gerade einmal zwei Veranstaltungen mit Religionsvertreterinnen auf höchster Ebene unter dem Artikel 17 Engagement, 2020 war es nur noch eine.[24] Das EU-Parlament ist etwas aktiver und bietet immerhin jedes Jahr einige Seminare, Buchveröffentlichungen und Filmvorführungen zum Thema an. 2020 sorgte dann die EU-Kommission mit einem unklaren Bekenntnis zur Zukunft des EU-Sonderbeauftragten für die Förderung von Religions- und Weltanschauungsfreiheit für massive Kritik.[25] In der Summe lässt sich feststellen: Die EU bleibt beim interreligiösen Dialog weit unter ihren Möglichkeiten und schwächt dadurch den Frieden und Zusammenhalt auf dem Kontinent.

Wir schlagen eine **Kurskorrektur in der europäischen Religionspolitik** vor. Der Artikel 17 des EU-Vertrags muss ernster genommen werden. Das bedeutet zum einen die Durchführung von mindestens vier jährlichen Treffen von Religionsvertreterinnen mit den höchsten Repräsentantinnen der EU-Institutionen im Rahmen eines neu zu schaffenden European Religions and Faith Roundtable (ERFR), bei der Kommissions-, Rats-/Senats- und Parlamentsvertreterinnen anwesend sind. Zum anderen muss die europäische Friedenssicherung durch den Austausch der Religionen als Aufgabe von hoher europäischer Priorität verstanden werden und braucht eine dauerhaft stabile Finanzierung.

Wir schlagen daher die Schaffung eines neuartigen europäischen Instruments zur finanziellen Unterstützung von Formaten des interreligiösen Dialoges auf regionaler und nationalstaatlicher Ebene vor. Über einen neuen Posten im EU-Haushalt oder die Gründung einer Stiftung sollen interreligiöse Dialogformate aus der gesamten EU im Aufbau oder der Fortführung ihrer Arbeit unterstützt werden, monetär und ideell. Das jährliche Budget dafür soll mindestens 100 Millionen Euro umfassen. Formate wie das Berliner Forum der Religionen können dabei für andere als Vorbild dienen. Es vernetzt über 100 Religionsgemeinschaften und religionsnahe Vereinigungen in der Stadt.[26] Bei gemeinsamen Veranstaltungen und in Arbeitsgruppen sitzen Mitglieder der katholischen Kirche neben Anhängerinnen der Schia, Mahayana Buddhistinnen neben Christlichen Wissenschaftlerinnen und Sufis neben Jüdinnen. Manches Missverständnis wurde frühzeitig durch diese Dialogmöglichkeit ausgeräumt und neue Ebenen der Zusammenarbeit wurden geschaffen.

Koordiniert und zusammengehalten soll dieses emanzipiertere religionspolitische Engagement der EU durch eine EU-Religionsbeauftragte mit umfassenderem Mandat. Hierfür schlagen wir die Weiterentwicklung des 2016 etablierten Sonderbeauftragten für die Förderung von Religions- und Weltanschauungsfreiheit außerhalb der Europäischen Union vor. Die neue Religionsbeauftragte wird gemeinschaftlich von Kommission, Rat/Senat und Parlament für jeweils fünf Jahre gewählt, sitzt den Treffen der Religionsvertreterinnen mit den EU-Institutionen vor und ist mit ihrem Team Ansprechpartnerin für den neuen Förderfonds. Die EU-Sonderbeauftragte für Menschenrechte, deren Mandat heute auch die Religions- und Weltanschauungsfreiheit abdeckt, kann dadurch entlastet werden. Mit diesen umfassenden finanziellen und strukturellen Maßnahmen kann die EU einen wichtigen Beitrag zu Frieden und Verständigung leisten.

KAPITEL 9: EIN LEBENSWERTES EUROPA

Die Europäische Union ist längst nicht nur ein Garant für wirtschaftliche Freiheit und Kooperation oder für die Zusammenarbeit im Umgang mit außen- oder klimapolitischen Herausforderungen, sie verbessert auch ganz konkret die Lebensqualität und Gesundheit ihrer Bürgerinnen. Dank Wohlstand, Sicherheit, guter Infrastruktur und Bildung, die die Kooperation der europäischen Mitgliedsstaaten unter dem Dach der EU gewährleistet, gehören Europas Bürgerinnen heute zu den gesündesten, langlebigsten und glücklichsten Menschen der Welt. Innerhalb der EU können Frauen durchschnittlich auf rund 84 Lebensjahre (weltweit 75) und Männer auf 78 (weltweit 70) zurückblicken. Die Menschen aus immerhin neun EU-Staaten gehören nach dem *World Happiness Report*, einem Index, der ermittelt, wie glücklich Menschen mit ihrem Leben und Umfeld sind, zu den 20 glücklichsten Bevölkerungen der Welt.[1] Und auch im Vergleich der weltweiten Gesundheitssysteme liegen die EU-Staaten weit vorne. 14 der 30 besten Gesundheitssysteme der Welt befinden sich in der EU.[2] Die EU bringt dazu noch eine Vielzahl von ganz konkreten Vorteilen für die Bürgerinnen mit sich, die die Lebensqualität steigern. Dank des Schengener Abkommens und der Reisefreiheit und Freizügigkeit können EU-Bürgerinnen nicht nur ohne Reisepass und Grenzkontrollen reisen, sondern auch visumfrei im Ausland arbeiten und leben. 2017 wurde mit der EU-Verordnung zum Roaming zu Inlandspreisen ein weiterer Lebensqualitätsmeilenstein erreicht. Seitdem können europäische Urlauberinnen ihre Handyverträge von zu Hause auch im EU-Ausland nutzen, ohne draufzahlen zu müssen. Wie beim Schengener Abkommen, so haben sich der Roaming-Verordnung auch mehrere nicht-EU-Staaten angeschlossen, weshalb auch im Urlaub in Norwegen oder Island das Handy sorgenfrei benutzt werden kann. Die Schweiz als Land im Herzen der EU wird dabei hoffentlich eines Tages nachziehen.

Diese Beispiele zeigen nur einen Ausschnitt der vielen kleinen und größeren Vorteile, die mit einem Leben in der EU einhergehen. Dennoch bleiben Lücken, es gibt noch immer signifikante Unterschiede in puncto Lebensqualität und Gesundheit mit einer hohen Divergenz je nach Region oder Herkunftsland. Es lohnt sich also allemal, sich in Europa umzuschauen und von den jeweils besten Ideen zu lernen. Denn wie schon in anderen Kapiteln dieses Buches, so sehen wir auch in diesem Bereich, dass gute Vorschläge für eine Verbesserung der Lebensqualität und Gesundheit der Menschen in Europa bereits vorhanden sind und teilweise bereits sehr erfolgreich praktiziert werden. Die folgenden Thesen sind in Dankbarkeit für die mannigfaltigen Privilegien eines Lebens in der EU geschrieben, aber auch in der Erkenntnis, dass weitere Schritte und vor allem grenzübergreifende Annäherungen nötig sind, um auf der ganzen Breite und unabhängig vom Herkunftsort oder sozialen Status die Vorteile der EU nicht nur genießen, sondern eine tatsächliche Verbesserung des Alltags erleben zu können.

Europäischer Wohlstands- und Fortschrittsindikator statt BIP

79 Die EU soll einen neuen und verbindlichen Wohlstands- und Fortschrittsindikator (EWF) einführen, der den einseitigen Blick auf das Bruttoinlandsprodukt ersetzt, um so neben wirtschaftlichen auch soziale und ökologische Faktoren zu berücksichtigen.

Wer sich ein Bild verschaffen möchte, wo ein Land oder ein Staatenverbund wirtschaftlich und auch machtpolitisch steht, der schaut auf das Bruttoinlandsprodukt (BIP, engl. GDP). Das BIP ist Maßstab für die wirtschaftliche Leistungsfähigkeit einer Volkswirtschaft innerhalb eines Zeitraums, bei dem der Gesamtwert aller Güter und Dienstleistungen, die innerhalb eines wirtschaftlichen Raums hergestellt oder erbracht wurden, nach Abzug aller Vorleistungen ermittelt wird. Keine andere makroökonomische Kennziffer hat mittlerweile solch eine Macht und Deutungshoheit entwickelt. Es lässt sich auf die Formel herunterbrechen: Zeig mir dein BIP und ich sag dir, wer du bist. Ausgehend von der ökonomischen Kraft lässt sich oft auch politische Kraft ableiten. Im Weltgefüge gehört die EU mit ihren 27 Mitgliedsstaaten und einem nominalen BIP von 13,94 Trillionen Euro zu den drei stärksten Volkswirtschaften der Welt.[3] Und auch innerhalb der EU wird fleißig verglichen. Deutschland hat ein doppelt so hohes BIP wie Italien, während die Niederlande mit ihrem Rumänien um das Dreifache übertrumpfen, obwohl sie zwei Millionen Einwohner weniger haben. Abgesehen davon, dass diese Form der Vergleiche, die regelmäßig herangezogen werden, innerhalb eines gemeinsamen Wirtschaftsraums nur eine begrenzte Aussagekraft haben und zuweilen absurd sind, steckt in der Berechnung noch ein anderes Problem. Das Bruttoinlandsprodukt repräsentiert eine eindimensionale Idee von Fortschritt: »Wohlstand, Wachstum und Wirtschaft, und am besten immer mehr desselben«, so hat es der Soziologe und Wirtschaftsethiker Dirk Raith einmal treffend formuliert.[4] Was Wirtschaft ist, wer wie viel dazu beiträgt und welchen Wert wir uns in der Folge gegenseitig geben, diese Vorstellung prägt das BIP. Dabei blendet die Berechnung vollkommen aus, mit welchen Voraussetzungen, unter welchen Umständen und zu welchem Preis für Mensch und Natur all das geleistet wird. »Die fehlende Berücksichtigung unbezahlter Hausarbeit bei der Berechnung des BIP ist vielleicht die größte geschlechterbezogene Datenlücke von allen. Schätzungen zufolge könnte unbezahlte Care-Arbeit in Ländern mit hohen Einkommen bis zu 50 Prozent des BIP ausmachen; in Ländern mit niedrigen Einkommen sogar bis zu 80 Prozent«, zeigt die Autorin Caroline Criado-Perez auf.[5] Auf den Punkt gebracht: Das BIP ist nicht mehr zukunftsfähig. Es wird dem EU-Anspruch, ein gemeinsamer Ort der wirtschaftlichen Leistungsfähigkeit, der Nachhaltigkeit und der Gerechtigkeit zu sein, nicht nur nicht gerecht, es schadet sogar, weil es den Blick verstellt und einengt.

Auch die EU-Institutionen haben das erkannt und bieten mit der »Beyond GDP«-Initiative mittlerweile ergänzend zum BIP eine Bandbreite weiterer Messinstrumente, um die sozialen und ökologischen Faktoren mit in den Blick zu nehmen.[6] Das Projekt läuft aber noch weit unter seinem Potenzial, und der große BIP-Reform-Durchbruch lässt auf sich warten. Ausreichend Vorarbeit von Ökonominnen und Wissenschaftlerinnen wurde längst geleistet. Was fehlt, ist der Wille und Mut, ausgetretene Pfade zu verlassen. Wir schlagen vor, dass die EU-Kommission gemeinsam mit den EU-Staaten ihre BIP-Berechnung grundlegend überarbeitet und um sozio-ökologische Parameter ergänzt. **Es braucht einen gemeinsamen Europäischen Wohlstands- und Fortschrittsindikator (EWF).** Dieser muss auch Faktoren wie das

Bildungsniveau, die Lebenserwartung, den Stand der Geschlechtergerechtigkeit oder den Zustand der Artenvielfalt neben den gesellschaftlichen Freiheitsgraden berücksichtigen. Orientieren kann sich der neue EWF-Index beispielsweise an den drei Dimensionen materieller Wohlstand, Soziales und Teilhabe und Ökologie, wie es die Enquete-Kommission des Deutschen Bundestages 2013 vorgeschlagen hat.[7] Eine europäische Arbeitsgruppe aus Kommission, Rat/Senat und Parlament soll gemeinsam mit Expertinnen die vorhandenen Vorschläge nutzen und gemeinschaftlich weiterentwickeln. Viel beachtete Berichte, wie beispielsweise der regelmäßig erscheinende European Economic Forecast, sollen die neuen Indikatoren als Erstes nutzen. Im zweiten Schritt wenden auch die Mitgliedsstaaten in ihren nationalen BIP-Ermittlungen den neuen europäischen Standard an. Der EWF kann globale Strahlkraft entwickeln und andere Staaten dazu animieren, ihre eindimensionale volkwirtschaftliche Berechnung ebenso auf den Prüfstand zu stellen.

Winterzeit abschaffen

80 Die EU soll die halbjährliche Zeitumstellung abschaffen und durch eine konstante Sommerzeit ersetzen.

2018 beauftragte das Europäische Parlament die Kommission, eine Konsultation zur (Un-)Beliebtheit der halbjährlichen Zeitumstellung unter den EU-Bürgerinnen durchzuführen. Im Sommer desselben Jahres konnte online dazu für eine Beibehaltung oder Abschaffung der Zeitumstellung abgestimmt werden. Die Konsultation erzielte die höchsten Teilnahmewerte, die bisher für Umfragen dieser Art in der EU gemessen wurden – über 4,7 Millionen Stimmen wurden eingereicht. Das Ergebnis war eindeutig: Die weite Mehrheit (84 Prozent) und 26 der damals 28 EU-Mitgliedsstaaten sprachen sich für eine Abschaffung der Zeitumstellung aus und äußerten zugleich den Wunsch, die Sommerzeit durchgängig im Jahr zu behalten (im Vergleich zur Winterzeit würde es dadurch zwischen Ende Oktober und Ende März morgens eine Stunde später hell und nachmittags eine Stunde später dunkel werden).[8] Die Aussagekraft der Umfrage litt allerdings darunter, dass ein Großteil der Stimmen aus Deutschland kam, während in anderen Mitgliedsstaaten in absoluten und relativen Zahlen deutlich weniger Menschen teilnahmen. Nichtsdestotrotz ist der Trend klar: Die Zeitumstellung, die es EU-weit seit 1980 gibt, ist notorisch unbeliebt und wird immer wieder zerrissen und kritisiert. Gesundheitsexpertinnen und Forscherinnen melden sich mit beinahe pedantischer Regelmäßigkeit zu Wort und warnen vor gesundheitlichen und auch volkswirtschaftsschädlichen Folgen der Zeitumstellungen. Das EU-Parlament hat übrigens nach den Umfrageergebnissen von 2018 grünes Licht für die Abschaffung der Zeitumstellung gegeben, nach aktuellem Stand müssen die Mitgliedsstaaten nur noch zustimmen. Hier liegt bisher das Problem, denn bisher sollen sich alle Mitglieder selbst aussuchen, ob sie lieber die Sommer- oder die Winterzeit als Standardzeit beibehalten möchten. Dass das zu allerlei Problemen führen kann – vor einem Flickenteppich an Zeitzonen wird gewarnt –, liegt auf der Hand. Wir möchten das Argument abkürzen und schlagen vor, EU-weit die **Sommerzeit als Standard** einzuführen, und zwar so bald wie möglich. Ein solcher Schritt folgt nicht nur den aktuellen Empfehlungen aus der Bevölkerung und der Wissenschaft, die EU würde so auch ihre tatsächliche Umsetzungskraft bei konkreten Alltagsthemen beweisen.

Als Seitenhinweis möchten wir hier noch die Idee teilen, dass

Spanien im Zuge dieser Umstellung die eigene Zeitzone von der Mitteleuropäischen (UTC+1) auf die Westeuropäische Zeit (UTC+0) umstellen sollte. Damit würde das Land sich dem eigenen Nachbarn Portugal sowie dem sogar weiter nördlich liegenden Irland anpassen. Ein Blick auf die Karte Europas verrät, weshalb diese Lösung sinnvoll ist. Bisher teilen sich Madrid und Warschau eine Zeitzone, obwohl 2200 Kilometer Luftlinie die beiden Städte trennen. Es wird also eine ganze Ecke später hell in Madrid. Diese Umsetzung hängt natürlich an der spanischen Regierung und an ihrer Bereitschaft, sich vom Standard der großen EU-Mitglieder im Zentrum der EU (zumindest in puncto Zeit) zu unterscheiden. Mit der Abschaffung der Zeitumstellung kann auch dieses Thema endlich abgeräumt werden.

Leben schützen mit der Europäischen Gesundheitsunion

81 Die EU soll den Weg hin zu einer Europäischen Gesundheitsunion gehen, um Mindeststandards der Gesundheitsversorgung in allen EU-Staaten zu gewährleisten.

Die Covid-19-Pandemie machte es deutlich: Während das Virus mühelos die Grenzen überschritt, endeten die gesundheitspolitischen Reaktionen vielfach am nächsten innereuropäischen Grenzübergang. 27 Einzelansätze standen zu oft einer gemeinsamen Gesundheitsherausforderung gegenüber und legten schonungslos die Schwächen der europäischen Gesundheitspolitik offen: wenig koordiniertes Vorgehen, eine unklare Kompetenzverteilung und eine mal zu machtlose und dann wieder zu mächtige EU-Kommission. Als dann auch noch Fehler bei der gemeinsamen Impfstoffbeschaffung passierten, wurde endgültig klar: **Versagt die EU im Bereich der Gesundheitspolitik, und damit bei elementaren Fragen von Leben und Tod, droht sie in ihrer Gänze zu versagen.** Die Europäische Gemeinschaft muss befähigt werden, die Gesundheit ihrer Bürgerinnen effektiver zu schützen – gerade unter den Bedingungen einer globalisierten Welt. Diese Einsicht gab es erstaunlich früh. Bereits 1952 stellte der französische Gesundheitsminister Paul Ribeyre die Idee einer Europäischen Gesundheitsgemeinschaft vor, den sogenannten Weißen Pool. Das Vorhaben sah eine Harmonisierung der nationalen Gesundheitssysteme, gemeinsame Forschungsvorhaben bis hin zu einer gemeinschaftlichen Krankenversicherung vor. Getragen war der Plan vom Verständnis, das Robert Schuman und Jean Monnet auch für die Kohle- und Stahlgemeinschaft vorsahen: »Mise en commun« (Bündelung/Zusammenlegung).[9] Im Laufe der 1950er-Jahre versandeten die ambitionierten Pläne jedoch. Zum einen, weil die europäischen Partner verhalten auf den Vorschlag reagierten, zum anderen, weil Ribeyre im Rahmen einer Regierungsumformung sein Amt verlor. Das Ergebnis: unzählige Einzelinitiativen, die aktuell die EU Gesundheitspolitik prägen.

Heute koordiniert die EU Forschungsvorhaben im Gesundheitsbereich, hat die Europäische Krankenversicherungskarte und auch einheitliche Standards im Arzneimittelrecht auf den Weg gebracht. Mit dem Europäischen Zentrum für die Prävention und die Kontrolle von Krankheiten (ECDC) als auch der Europäischen Arzneimittelagentur (EMA) verfügt die Gemeinschaft über wichtige Institutionen für den Gesundheitsschutz. Beschleunigt durch die Covid-19-Pandemie treibt die EU Kommission jetzt den Aufbau einer Europäischen Gesundheitsunion voran, um »Bürgerinnen und Bürger in einer Krise optimal medizinisch« zu versorgen sowie »gesundheitliche Notlagen zu verhindern und zu bewältigen«, wie Ursula von der Leyen betont.[10] Die Pläne sehen u. a. gemeinsame Vorsorgepläne für Gesundheitskrisen, bessere Datenübermittlungen und umfassendere Mandate für die beiden EU Gesundheitsagenturen vor. Auch wenn das Vorhaben Hoffnung macht, der Flickenteppich im Gesundheitsbereich bleibt.

Wir schlagen vor, unter dem Leitgedanken der Europäischen Sozialunion (siehe These 36) die Europäische Gesundheitsunion umfassender zu denken und auszurichten. Dazu gehört die Schaffung einer gemeinsamen europäischen Krankenversicherung, in die alle EU-Bürgerinnen einzahlen und von der alle versorgt werden. Um den Weg dahin zu ebnen, soll zunächst eine Basis-Versicherung geschaffen werden, in die alle EU-Bürgerinnen einzahlen, die außerhalb ihres EU-Heimatlandes, aber innerhalb der EU leben und arbeiten. Hier kann der paneuropäische Ansatz ausgetestet werden. Zu einer zeitgemäßen europäischen Gesundheitsversorgung gehören außerdem eine gemeinsame digitale Patientenakte, Beipackzettel, die neben den Landessprachen immer auch auf Englisch mitgeliefert werden, und einheitliche Regelungen zur Zahlung von Krankengeld. Erst eine Gesundheitsunion löst ein zentrales europäisches Versprechen ein, den Schutz von Wohl und Leben.

Rabatte für alle Studierenden und Auszubildenden

82 **Alle EU-Staaten sollen ein Rabattsystem nach slowenischem Vorbild für Studierende und Azubis einführen, um die nächste Generation zu unterstützen.**

Als wir im Januar 2020 das erste Mal in Slowenien ankamen, um dort im Rahmen einer Forschungsreise Interviews zu führen und Ideen zu sammeln, hörten wir sehr schnell von etwas wahrlich Besonderem: dem Studierenden-Rabatt. Studierende in Slowenien können auf eine Vielzahl von Ermäßigungen und anderer Unterstützung zugreifen, die das Leben der jungen Menschen vor Ort nicht nur erleichtert, sondern ihnen auch das Gefühl der Wertschätzung durch die breite Gesellschaft vermittelt – ein nicht zu unterschätzendes Element in der Herausbildung einer partizipativen und aktiven Beteiligung am politischen und kulturellen Leben eines Landes. So können Studierende in dem kleinen EU-Land ihre Verpflegung zu deutlich reduzierten Preisen erhalten – und zwar nicht nur in Universitätsmensen, sondern auch in fast allen öffentlichen Restaurants oder Imbissen, inklusive McDonald's (auch wenn wir nicht zwangsläufig empfehlen, Fast-Food-Restaurants zu oft zu frequentieren). Restaurants haben teilweise extra Studierendenmenüs oder die regulären Angebote zu reduzierten Preisen. Die Abrechnung erfolgt über die Mobiltelefone der Studierenden oder eine spezielle Karte und ist äußert unkompliziert.[11] In unseren Gesprächen sprachen alle jungen Sloweninnen mit echter Freude von der Unterstützung und den positiven Erfahrungen in der Interaktion mit Restaurants und ihren Betreiberinnen. Die Rabatte erstrecken sich aber deutlich darüber hinaus und ermöglichen die Nutzung des Nahverkehrs für die Hälfte des Preises sowie vergünstigte Museumsbesuche und Zugänge zu kulturellen Veranstaltungen.[12] Die vielen Ermäßigungen und die Selbstverständlichkeit, mit der diese gewährt werden, zeugen von **Wertschätzung der jungen Generation gegenüber** und haben Vorbildcharakter für andere Teile der EU, in denen Studierende manchmal kaum wissen, wie sie sich das nächste Essen leisten können.

Wir schlagen vor, das slowenische Modell als Vorbild zu nehmen und ähnliche Systeme für Studierende und junge Menschen in Ausbildungsverhältnissen in allen EU-Staaten einzuführen.

Einheitlichkeit bei der Rente statt Flickenteppich

83 **Die EU braucht eine gemeinsame Renteneintrittsregelung und eine verstärkte Harmonisierung der nationalen Rentensysteme, um auch Menschen mit grenzübergreifenden Biografien ein Alter in Würde zu ermöglichen.**

Wer sich in welchem Alter in der EU in den wohlverdienten Ruhestand verabschieden kann, ist ganz unterschiedlich geregelt. Während das gesetzliche Renteneintrittsalter in Malta bei 63 Jahren liegt, sind es in Spanien 65, in Dänemark und Irland gar 66 Jahre. In einigen Ländern kann man unter bestimmten Voraussetzungen abschlagsfrei früher in Rente gehen, wie etwa in Deutschland mit 63 Jahren, während in anderen Ländern wiederum starke Unterschiede zwischen Frauen und Männern gemacht werden. In Polen und Österreich liegt das Renteneintrittsalter für Frauen bei 60 Jahren, für Männer bei 65.[13] Europas Rentenlandschaft ist ein bunter Flickenteppich. Das sorgt nicht nur regelmäßig für Verwirrung, etwa wenn Menschen zu unterschiedlichen Zeitpunkten in ihrem Leben unterschiedlich lange in verschiedene europäische Rentenkassen eingezahlt haben, sondern es ist auch ein Ungerechtigkeitsgefühl zu vernehmen. In der Hochphase der griechischen Staatsschuldenkrise verbreitete sich in Deutschland die Mär der »faulen Griechen«, deren Seniorinnen mit »Luxus-Renten« unter der südeuropäischen Sonne das deutsche Geld verprassten.[14] Die Fakten haben diese Erzählung längst widerlegt, abgesehen davon, dass Mitteleuropäerinnen wesentlich mehr Urlaubstage haben als viele Südeuropäerinnen, doch ein Grundmisstrauen der Europäerinnen untereinander bleibt.[15]

Klarheit und mehr Einheitlichkeit im europäischen Rentenwesen werden dabei helfen, diese Vorurteile abzubauen und den Weg hin zur Europäischen Sozialunion (siehe These 36) zu ebnen. Europa als einer der am schnellsten alternden Kontinente der Welt wird hier neue Regelungen finden müssen. Niedrige Geburtenraten und eine längere Lebenserwartung lassen den Anteil der Personen im erwerbsfähigen Alter stetig schrumpfen.[16] Damit Renten weiter finanziert werden können, werden alle EU-Bürgerinnen länger arbeiten müssen, gleichzeitig muss das System aber auch so weit flexibilisiert und harmonisiert werden, dass es zu den individuellen Lebensplänen passt und grenzüberschreitende Erwerbsbiografien nicht benachteiligt. Konkret schlagen wir vor, zunächst die Ungleichbehandlung zwischen Frauen und Männern bei der Rentenregelung europaweit abzuschaffen. **Zusätzlich soll in der gesamten EU das Renteneintrittsalter mindestens auf 65 Jahre angehoben werden.** Es ist zusätzlich eine europaweite Flexibilisierung nötig. Menschen, die länger arbeiten wollen, es aber nicht problemlos können, und Menschen, die nicht länger arbeiten können, es aber müssen, können von einem agileren System profitieren, das sich stärker an der Lebens- und Gesundheitsrealität der Bürgerinnen und weniger an der reinen Zahlenarithmetik ausrichtet. In Anlehnung an die These der Sozialunion schlagen wir außerdem die Einrichtung einer gemeinsamen Europäischen Rentenkasse vor. Damit wird eine sogenannte Europäische Basisrente geschaffen. Parallel zu den nationalen Rentensystemen können Arbeitnehmerinnen dann auch in das Europäische System einzahlen und von dort über ein Umlagesystem einen nach Regionen gestaffelten Mindestsatz erhalten. Die gemeinsame Europäische Rentenkasse kann perspektivisch mit einem Europäischen Pensionsfonds verknüpft werden (siehe These 94).

Die Vier-Tage-Woche als neuer Standard

84 Die EU soll als erster Kontinent der Welt die Vier-Tage-Woche zum neuen Standard machen, um Work-Life-Balance zu verbessern und Leistungsfähigkeit zu steigern.

Wer viel arbeitet, leistet auch viel. Dieses Mantra hat Europas Wirtschaft und die Art und Weise, wie wir über Arbeit nachdenken, lange geprägt – und tut es in den meisten Fällen auch heute noch. Durchschnittlich 36,4 Stunden in der Woche arbeiten Beschäftigte in der EU. Dabei bringen es Menschen in Griechenland auf rund 41 und in Bulgarien auf 40 Stunden wöchentliche Arbeitszeit, während es in Deutschland 35 und in den Niederlanden rund 32 Stunden sind. Die Produktivitätsunterschiede in der EU sind dabei enorm. Den Zahlen nach wird in Luxemburg und Irland deutlich effizienter gearbeitet als in den osteuropäischen Staaten.[17] Selbstverständlich hinkt ein direkter Vergleich aufgrund unterschiedlicher historischer und ökonomisch-struktureller Hintergründe, wird aber immer wieder gern in westeuropäisch dominierten Debatten angeführt. Feststellen lässt sich: Die Mehrheit der EU-Bürgerinnen arbeitet in einem Vollzeitjob fünf Tage die Woche. Doch es kann auch anders gehen.

Wissenschaftliche Untersuchungen und Erfahrungen aus dem Alltag von Unternehmen und Behörden haben längst das Gegenteil des eingeübten Arbeitsmodells belegt: Wer weniger arbeitet, ist produktiver – und glücklicher. Beschäftigt und gestresst von einem Termin zum anderen zu rennen (on- wie offline), erhöht noch nicht den Wert der Arbeit und ist kein Ausdruck von Effizienz und Fokus. Acht Stunden Anwesenheit sind noch keine Leistung, wenn man nachweislich davon nur etwa zweieinhalb wirklich konzentriert tätig sein kann.[18] Dafür haben kürzere Arbeitszeitmodelle Unternehmen dazu animiert, unnötige Meetings abzuschaffen und die interne Kommunikation zu verbessern. Das macht den Kopf frei für Wichtigeres.[19] Untersuchungen zeigen außerdem, wie eine kürzere Arbeitswoche die Gesundheit und Zufriedenheit erhöhen, die Leistungsfähigkeit erhalten und die Familienfreundlichkeit steigern kann.[20] Das macht geringere Arbeitszeiten auch zu einem Erfolgsfaktor für Arbeitgeberinnen. Produktivere Mitarbeiterinnen, die bei gleichem Gehalt, aber weniger Zeit zufrieden und gesund ihren Job erledigen und dabei nicht weniger, sondern sogar besser arbeiten, sind ein Gewinn für alle.

Nimmt man all diese Faktoren in den Blick, lässt das nur eine Schlussfolgerung zu: Europas starre und auf Anwesenheitszeit ausgerichtete Arbeitszeitmodelle gehören überdacht. Wir schlagen vor, dass **die Vier-Tage-Woche zum neuen Standard in der EU** wird. An dieser neuen europäischen Regelarbeitszeit sollen sich alle versicherungs- oder arbeitsrechtlichen Fragen der Mitgliedsstaaten orientieren. Eine Vollzeitstelle nach der Vier-Tage-Woche hätte statt 40 oder 38 Stunden dann nur noch 32. Auch wenn es heute noch ungewohnt erscheint – und sich zweifelsfrei ein Software-Unternehmen oder Start-up leichter mit einer Reduzierung der Arbeitszeit tut als eine Pflegeeinrichtung, Bäckerei oder Behörde –, sollten die EU-Staaten den Schritt in diese Richtung nicht scheuen. Verringerte Arbeitszeiten werden neue Potenziale und Energien in Europa wecken, die Arbeitnehmerinnen gesünder halten, Familien mehr Zeit füreinander ermöglichen und dem gesellschaftlichen Engagement mehr Raum bieten. Die Covid-19-Pandemie führt anschaulich vor Augen, welche neuen Arbeitszeitmodelle möglich sind und sein können. Der rechtliche und organisatorische Rahmen muss jetzt folgen.

Elternpaket für Europas Familien

85 **In der EU soll jeder Familie zur Ankunft eines neuen Kindes ein Elternpaket nach finnischem Vorbild zur Verfügung gestellt werden, um junge Familie zu unterstützen.**

Es gibt wohl nur wenige erfreulichere Nachrichten als die bevorstehende Ankunft eines Kindes. Die Familie vergrößert sich, ein neuer Lebensabschnitt beginnt. Neben der Freude steht vor allem aber auch eine Reihe praktischer Fragen rund um die Geburt (oder Adoption), Kindeserziehung und das Kindeswohl im Raum. Viele dieser Fragen können nicht oder nur teilweise mit staatlicher Hilfe gelöst werden, einige aber schon. Das zeigt das Beispiel Finnland. Seit 1949 gibt es hier das sogenannte Mutterschaftspaket, auf das jede Mutter bei einer anstehenden Geburt (oder Adoption) ein Anrecht hat. Die mittlerweile auch international legendäre Kiste (die sich wiederum als Kinderbett nutzen lässt) enthält Kleidung, Spielzeug und andere Gegenstände, die jedes Kind in den ersten Monaten braucht. Das Paket ist in Finnland ein großer Erfolg und selbstverständlicher Teil aller werdenden (oder wieder werdenden) Eltern. Die Pakete werden von einer Behörde der finnischen Regierung zusammengestellt und zugeteilt und sind kommerziell nicht zu erwerben. Bisher hat noch kein Land das System in dieser Form übernommen. Hier tut sich also für die EU und ihre Mitglieder eine neue Möglichkeit auf.

Wir schlagen vor, das Mutterschaftspaket nach finnischem Vorbild in allen EU-Ländern einzuführen und so Eltern und Kinder ganz konkret und lebensnah zu unterstützen. Es ist auch ein Signal an die zukünftigen Generationen Europas, die wortwörtlich von der ersten Minute an **mit Respekt und Fürsorge** behandelt werden. Ein echtes Plus für alle. Und damit Aufgaben der Erziehung und Fürsorge gleichberechtigter angenommen und durchgeführt werden, schlagen wir außerdem vor, das Mutterschaftspaket zu einem Elternpaket zu machen.

EU-weite Väterquote und Vaterschaftsurlaub

86 EU-weit soll eine einheitliche Väterquote und einheitlicher Vaterschaftsurlaub eingeführt werden, um Familienleben zu erleichtern und Geschlechterungerechtigkeiten abzubauen.

Die Kinderbetreuung in der EU wird nach wie vor überwiegend von Frauen erledigt. In keinem EU-Staat ist der Care Gap bisher geschlossen.[21] Ganz verwunderlich ist dieser Zustand allerdings nicht, beginnt die Unterscheidung zwischen Vätern und Müttern in vielen Ländern doch direkt mit der Geburt des Kindes - und setzt damit soziale und kulturelle Normen fort und fest, die später schwerer zu ändern sind. Ein Ansatzpunkt zur Schließung des Gender Care Gaps in der EU muss also sein, einheitliche Standards für die Rolle von Vätern als aktive Elternteile direkt nach der Geburt eines Kindes zu etablieren. Aktuell kann von Einheitlichkeit keine Rede sein. Zwar gibt es in allen EU-Staaten irgendeine Regelung, was die Elternzeit betrifft, diese bezieht sich aber in den meisten Fällen nicht explizit auf Männer und wird folglich fast immer von Frauen in Anspruch genommen. Das zeigt sich auch in den Zahlen. Obwohl es schwer ist, einen präzisen EU-weiten Vergleich anzustellen, wer Elternzeit nimmt und wer nicht, so zeigen nationale Schnappschüsse doch ein recht eindeutiges Bild: In Polen wird die Elternzeit zu 99 Prozent von Frauen genommen. In Frankreich liegt diese Zahl bei rund 95 Prozent. In Kroatien nehmen

Männer durchschnittlich 4,5 Prozent der verfügbaren Elternzeit.[22] In Deutschland nimmt laut Bundesfamilienministerium (BMFSFJ) immerhin ein Drittel der Väter Elternzeit generell in Anspruch,[23] meist aber deutlich kürzer als ihre Partnerinnen.

Eine Lösung kann und sollte über (mindestens) zwei konkrete Maßnahmen laufen: eine Quote für Väter in der Elternzeit und Elterngeld sowie der Anspruch auf Vaterschaftsurlaub direkt nach der Geburt des Kindes. Zunächst zur Väterquote, die besonders erfolgreich in Schweden umgesetzt wird: Frischgebackene Väter haben hier ein Anrecht auf Elternzeit und -geld, das nur sie in Anspruch nehmen können. Eine Übertragung dieser Monate und der Vergütung auf die Mutter, wie sie sehr häufig in Ländern ohne Väterquote vorkommt, ist ausgeschlossen. Entscheiden sich Väter gegen die Inanspruchnahme der Väterquote, so verfällt der Anspruch und damit die finanzielle Unterstützung. Die Regelung wurde 1995 eingeführt, und seitdem wurden die Tage der Väterquote schrittweise von 30 auf aktuell 90 Tage erhöht. Mittlerweile nehmen um die 90 Prozent der schwedischen Väter diese Quote in Anspruch,[24] ein Unterschied wie Tag und Nacht zu den meisten EU-Nachbarn.

Der Erfolg der Väterquote in Schweden beweist, dass ein für Väter reservierter Teil der Elternzeit ein wichtiger Baustein ist, um mehr Männer für Zeit mit dem Nachwuchs zu gewinnen. Zu beachten ist allerdings, dass die Väterquote an sich kein ausreichender Motivator ist, sondern gekoppelt werden muss an eine großzügige Subventionierung des Einkommens während der Elternzeit. In Schweden liegt dieser Satz bei rund 80 Prozent des Einkommens vor der Geburt des Kindes,[25] nur Finnland hat einen ähnlich hohen Satz. In Frankreich werden die für Männer reservierten Wochen nur mit 20 Prozent des normalen Gehalts kompensiert, ein Angebot, das dementsprechend nur die wenigsten Männer annehmen.[26]

Die zweite Maßnahme ist der Vaterschaftsurlaub, also die Freistellung von der Arbeit in der Zeit unmittelbar nach der Geburt des Kindes. Stand 2018 bieten 16 EU-Staaten mindestens zwei Wochen eines solchen Vaterschaftsurlaubs an, in immerhin 13 davon sind die zwei Wochen auch gut bezahlt, sprich mit mindestens zwei Dritteln des ursprünglichen Gehalts.[27] Es besteht also in vielen Mitgliedsstaaten Aufholbedarf, was dieses wichtige Instrument der frühen Sorge für Väter betrifft.

Die EU selbst hat die Dringlichkeit dieser Maßnahmen erkannt und verabschiedete im Sommer 2019 die Direktive EU 2017/1158, die ein Minimum von zwei Wochen Vaterschaftsurlaub sowie mindestens zwei nicht übertragbare Monate Elternzeit und -geld vorsieht. Die Direktive lässt allerdings auch einige Schlupflöcher und erlaubt etwa die Aufrechnung des Vaterschaftsurlaubs in bestehenden Elterngeldmodellen.[28] Ein Land wie Deutschland braucht also nach wie vor keinen Vaterschaftsurlaub einzuführen.

Basierend auf den Überlegungen in dieser These und zur **Stärkung der Rolle von Vätern und der Geschlechtergerechtigkeit in der EU** sowie zur Verbesserung der Work-Life-Balance, schlagen wir Folgendes vor: EU-weit soll ein Vaterschaftsurlaub von mindestens zwei gut bezahlten Wochen ermöglicht werden. Zusätzlich soll eine Väterquote an den Elternzeitmonaten nach schwedischem Vorbild in allen EU-Ländern eingeführt werden. Drei Monate soll hier das Minimum sein. Diese Monate sollen mit mindestens zwei Dritteln des normalen Gehalts bezahlt werden.

Diese Maßnahmen werden dabei helfen, die Geschlechternormen und -vorstellungen zu verändern und neue, inklusivere Familien- und Männlichkeitskonzepte zu etablieren. Wie bei allen Gerechtigkeitsfragen gilt auch hier: So sinnvoll legislative Maßnahmen auch sein mögen, so können sie nur zum Teil die wichtigere Arbeit des kulturellen Wandels ersetzen, der zwingend nötig ist. Bei der Etablierung von Geschlechtergerechtigkeit und damit mehr Lebensqualität für alle Menschen in der EU haben Männer eine wichtige Rolle zu spielen und sollten, auch ganz unabhängig von Quoten und Anreizen, die eigene Rolle in der Familie und gegenüber anderen kritisch reflektieren, weiterdenken und sich Modellen der Vereinbarkeit und der gleichen Chancen öffnen.

Weg mit den Kleinstmünzen

87 **Ein- und Zwei-Cent-Münzen sollen in der EU abgeschafft werden, um Bargeldtransfer zu vereinfachen.**

Einige Länder hängen mehr am Bargeld als andere. Deutsche zum Beispiel lieben physisches Geld und verstecken es auch gerne einmal in der Matratze. In anderen EU-Mitgliedsländern, etwa im Norden, gibt es weniger Liebe für Bares. Zwei Länder fallen besonders auf: Finnland und die Niederlande. In beiden Ländern werden traditionell keine Ein- und Zwei-Cent-Münzen verwendet. Preise werden in aller Regel auf Fünfer-Stellen gerundet. Die kleinste Münze im finnischen oder niederländischen Portemonnaie ist also die Fünf-Cent-Münze. Laut Medienberichten schmeißen viele Finninnen die kleinen Münzen oft sogar einfach weg.[29] Wirklich darüber freuen sich wohl nur Sammlerinnen: So haben z. B. die finnischen kleinen Münzen mittlerweile aufgrund ihrer Seltenheit einen hohen Sammlerwert. In der Praxis aber haben sie einen **höheren Material- als nominalen Wert**, die Herstellung ist also doppelt ein Verlustgeschäft.

Wir schlagen vor, die finnische und niederländische Tradition zum Anlass zu nehmen, Ein- und Zwei-Cent-Münzen im gesamten Euroraum grundsätzlich abzuschaffen.

KAPITEL 10: EIN INNOVATIONSFREUDIGES EUROPA

Neben den Grundrechten, der Demokratiesicherung und dem Bekenntnis zu liberalen Werten übt die Europäische Union ihre stärkste Anziehungskraft über ihre wirtschaftliche Leistungsfähigkeit aus. Der europäische Binnenmarkt ist einer der größten Freihandelsräume und gemeinsamen Märkte der Welt. Die EU-Wirtschaftsleistung (Pre-Covid-19) wird – zusammengerechnet – nur von China und den USA übertroffen. Die EU ist Ursprungsort innovativer Technologien, Arbeitsweisen, Patente und Produkte und repräsentiert rund 18 Prozent der Weltwirtschaftsleistung (bei weniger als 6 Prozent der Weltbevölkerung).[1] Einer der Hauptgründe, weshalb sich der Brexit als so schwierig erwiesen hat, ist, dass viele Britinnen zwar gerne die eigenen Grenzen kontrollieren und nicht gerne finanzielle Beiträge für die Europäische Gemeinschaft aufbringen wollen, wohl aber Teil des lukrativen Binnenmarktes und seiner vielen wirtschaftlichen Vorteile bleiben wollten.

Obgleich die EU aktuell noch ein wirtschaftliches Powerhouse ist, werden sich die wirtschaftspolitischen Rahmenbedingungen in den europäischen Staaten weiterentwickeln und die Unternehmen neu erfinden müssen, damit sie auch im 21. Jahrhundert eine prägende globale Kraft sein können. China, die USA, Indien und weitere Staaten geben mit ihrer Finanzkraft, makroökonomischen und unternehmerischen Agilität in vielen Branchen mittlerweile den Takt vor. Auch innerhalb der EU zeigen sich ökonomische Herausforderungen.

Die leistungsstärksten Wirtschaftszentren der EU befinden sich zentriert, halbkreisförmig in West- und Zentraleuropa. Als Resultat fließt ein ständiger Strom von Kapital, Wissen und Arbeitskraft aus den europäischen Peripherieregionen ins Zentrum. Die Ränder und ländlichen Regionen der EU werden ökonomisch schwächer, inklusive negativer sozialer und politischer Begleiterscheinungen. Dieses Ungleichgewicht bringt die ganze Union aus dem Takt.

Dabei hat die europäische Gemeinschaft ein weltweit einmaliges Asset, welches sich zukünftig verstärkt als Vorteil im globalen Wettbewerb erweisen kann: das Prinzip der sozialen Marktwirtschaft. Hier werden wirtschaftliche Leistungsfähigkeit und soziale Balance und Nachhaltigkeitsfaktoren in Einklang gebracht, was sich wiederum von der freien Marktwirtschaft (mit deutlich weniger Sicherungsnetzen) in den USA oder der gelenkten Marktwirtschaft chinesischer Prägung unterscheidet.

Ein weiterer Standortvorteil, der zu oft noch als Nachteil verstanden wird: Europas Dezentralität und Vielfalt. An kaum einem anderen Ort der Welt kommen auf so engem Raum so viele verschiedene kulturelle und soziale Einflüsse zusammen und arbeiten Unternehmen in mittelständischer Größe so überzeugend an Dienstleistungen und Produkten, die dieser Vielfalt der Nachfrage Rechnung trägt. Die EU kann damit auch als Labor für neue Produkte und Denkansätze verstanden werden, die unter realen Bedingungen der Vielfalt auf ihre Qualität und Leistungsfähigkeit getestet werden können. Was die Globalisierung im Großen ist, ist Europas gemeinsamer Binnen- und Ideenmarkt im Kleinen. Dieser einmalige *europäische Weg* des Wirtschaftens und der Potenzialentfaltung kann überzeugende Antworten auf die ökonomischen, ökologischen und sozialen Fragen der Zukunft bieten und eine globale Strahlkraft entwickeln.

Das folgende Kapitel beschäftigt sich mit Vorschlägen zur Stärkung der Innovationskraft in der EU, zur Senkung von Zugangshürden und zur Harmonisierung und Standardisierung von Praktiken und gesetzlichen Vorschriften.

Digitaler Euro für das digitale Zeitalter

88 Der Euro soll um eine digitale und programmierbare Währung ergänzt werden, um seinen Status als Leitwährung im digital-globalen Zeitalter zu bewahren.

Seit der Antike hat sich wenig am Verständnis und dem Umgang mit Geld geändert. Offiziell ausgegebenes Geld, auf das sich die Gesellschaft verständigt hat, wird als Tauschmittel genutzt, um Waren oder Dienstleistungen zu erwerben oder mit Krediten zukünftige Investitionen zu tätigen. Seit mehr als zweitausend Jahren geschieht dieser Tausch überwiegend mit Bargeld in Form von Münzen und Papiergeld. Mit der digitalen Revolution verändert sich dieser gewohnte Ablauf. Zunehmend werden Zahlungen per Smartphone oder über digitale Konten erledigt. Allein 2019 gab es in der Eurozone 98 Milliarden bargeldlose Zahlungsvorgänge mit einem Volumen von zusammen 162,1 Billionen Euro, ein Anstieg von rund acht Prozent gegenüber dem Vorjahr.[2] Mit den Folgen der Covid-19-Pandemie und der zunehmenden Digitalisierung von Industrieproduktionen, Verkehrs- und Kommunikationsströmen ist von einer Verstetigung dieses Trends auszugehen.

Da sich Zahlungsverhalten und -ansprüche so grundsätzlich verändert haben, wird sich auch das Zentralbankgeld verändern und weiterentwickeln müssen. Neben dem Bargeld muss eine digitale europäische Währung entstehen, die für Europas Staaten, Wirtschaft und Bürgerinnen Stabilität, Zugänglichkeit und Sicherheit bietet. Die Europäische Zentralbank (EZB) arbeitet bereits an Plänen dafür und stellte im Oktober 2020 in einem Bericht erste Ideen und Analysen vor. Es gelte sicherzustellen, dass »der Euro fit für das digitale Zeitalter ist«, erläutert EZB-Präsidentin Christine Lagarde im Bericht.[3] Doch den digitalen Währungsplänen schlägt Skepsis entgegen. 60 Prozent der Europäerinnen stehen Kryptowährungen (noch) ablehnend gegenüber und nur etwa 34 Prozent glauben an deren Zukunft, wie eine Umfrage in zwölf EU-Staaten zeigt.[4] Jetzt braucht es Überzeugungsarbeit und Tempo, damit die EU den Anschluss nicht verpasst. China treibt mit Ambition die Pläne seiner digitalen Yuan voran, ebenso tun es, wenn auch langsamer, die Vereinigten Staaten mit dem US-Dollar.

Wir schlagen vor, der Einführung des europäischen digitalen Zentralbankgeldes ein ambitionierteres Zieldatum zu geben und zu einer gemeinsamen politischen Agenda der Euro-Staaten zu machen. Am 1. Januar 1999 startete der Euro im elektronischen Zahlungsverkehr, 25 Jahre später, **am 1. Januar 2024, soll der digitale, programmierbare Euro an den Start gehen,** so plädieren wir. Die Einführung kann, wie vom FinTechRat beim Deutschen Bundesfinanzministerium vorgeschlagen, zweistufig erfolgen. In einem ersten Schritt soll der digitale Euro im bereits existierenden zweistufigen Geldsystem, in dem Zentralbankreserven Liquidität für die Geschäftsbanken zur Verfügung stellen, erprobt werden.

In einem zweiten Schritt, beispielsweise ein Jahr später, wird die Währung dann allen Bürgerinnen und Unternehmen zugänglich gemacht.[5] Das Vertrauen in die ergänzende europäische Währung ist entscheidend. Hierfür schlagen wir die Bildung eines Komitees zur Erarbeitung von aktualisierten EU-Konvergenzkriterien vor. Die 1992 im Vertrag von Maastricht ausgearbeiteten Konvergenzkriterien sollen vor der Einführung der digitalen Zentralbankwährung an mögliche veränderte Ansprüche im global-digitalen Zeitalter angepasst werden. Im Gegensatz zu den aktuell geltenden Konvergenzkriterien sollen diese dann nicht nur bei der Einführung der Währung erfüllt werden, sondern müssen *dauerhaft* und mit nur wenigen Ausnahmen in Krisenfällen umgesetzt werden. Mit einer ambitionierten Agenda zur Einführung einer digitalen europäischen Zentralbankwährung kann das vereinte Europa einen globalen Standard setzen und so seine Vorstellung von Währungsstabilität und -sicherheit wirkungsvoll global einbringen.

Gemeinsamer Markt. Gemeinsame Unternehmensrechtsform.

89 **Die EU braucht neben der existierenden Europäischen Aktiengesellschaft (SE) auch eine gemeinsame europäische Rechtsform für kleine und mittlere Kapitalgesellschaften, um auch hier eine EU-weite Rechtsgrundlage zu schaffen.**

Im gemeinsamen europäischen Binnenmarkt bewegen sich Güter und Dienstleistungen in den meisten Fällen hindernisfrei und harmonisiert von A nach B. Die Rechtsformen, die insbesondere kleine und mittlere Unternehmen in der EU für ihr wirtschaftliches Engagement wählen, unterscheiden sich dabei jedoch in jedem Mitgliedsstaat. Die Personen- oder Kapitalgesellschaften tragen nicht nur unterschiedliche Namen, wie beispielsweise Komanditno Druzhestvo (Bulgarien), Osakeyhtiö (Finnland), Gesellschaft mit beschränkter Haftung (Deutschland) oder Betéti társaság (Ungarn), sondern auch die Zugangsvoraussetzungen, Mitbestimmungsrechte oder Berichtspflichten unterscheiden sich.

Um das wirtschaftliche Miteinander in der EU zu fördern und zu harmonisieren, startete die Europäische Kommission 2008 den Small Business Act für Europa (SBA), innerhalb dessen auch die **Einführung einer Europäischen Privatgesellschaft**, der sogenannten Societas Privata Europaea (SPE), vorgeschlagen wurde.[6] [7] Ziel der neue Rechtsform war es, europaweit tätigen kleinen und mittleren Unternehmen eine gemeinsame Rechts- und Normgrundlage zu geben, Bürokratie abzubauen und die Verlegung des Registersitzes oder die Neugründung von Tochtergesellschaften in anderen EU-Staaten zu erleichtern. Ein wichtiger Schritt zum weiteren Zusammenwachsen der Union. In der Anfangszeit erfuhr der Vorschlag zur Einführung der SPE große Unterstützung. Auch das EU-Parlament sprach sich im März 2009 dafür aus.[8] Im Rat und den Mitgliedsstaaten regte sich jedoch zunehmend Widerstand. Es konnten keine Einigungen bei den Themen der Mitbestimmungsrechte oder beim Insolvenzrecht erreicht werden. Zähneknirschend zog die Europäische Kommission das Vorhaben 2013 daraufhin zurück und versuchte es mit einem neuen Aufschlag in Form einer europäischen Einpersonengesellschaft (SUP). Doch auch dieser Vorschlag stieß auf Widerstand und wurde 2018 ebenfalls aufgegeben.[9]

Diese Erfahrungen sollten die EU nicht entmutigen. Im Gegenteil: Die Notwendigkeit für eine gemeinsame europäische Rechtsform für kleine und mittlere Kapitalgesellschaften besteht weiterhin. Ein gemeinsamer Wirtschafts- und Währungsraum, in dem die ökonomischen Leistungen und steuerlichen Lasten gerechter verteilt und ausbalanciert sind, braucht einen verlässlichen Rechts- und Handlungsrahmen für Unternehmen. Die EU-Kommission muss die Arbeit an der Einführung der SPE mit neuer Energie aufnehmen. Um die kritisch eingestellten Mitgliedsstaaten und unterschiedlichen Perspektiven frühzeitig einzubeziehen, schlagen wir vor, schon vor der erneuten Initiierung durch die EU-Kommission Vertreterinnen aus den Feldern Wirtschaft, Recht und Steuern in allen Mitgliedsstaaten sowie EU-Parlaments- und Rats-/Senatsmitglieder zu konsultieren und einen Konvent zur Einführung und Ausgestaltung der SPE einzuberufen. Dieser Konvent erarbeitet gemeinsam mit der EU-Kommission einen aktualisierten Vorschlag und stellt diesen der Öffentlichkeit vor. Dieser inklusivere Ansatz kann den Weg zur Einführung der SPE ebnen.

5000 Euro Innovations-Startguthaben für alle jungen Menschen

90 **Alle jungen Menschen in der EU sollen Zugang zu einem 5000-Euro-Innovations-Startguthaben erhalten, um eigene Geschäftsideen zu realisieren oder sich beruflich weiterzubilden.**

Europa ist kein Kontinent mit ausgeprägter Unternehmensgründungs- oder Innovationskultur. Das bekommen besonders junge Menschen mit Ideen zu spüren. Wer mit einem Einfall für ein neues Produkt oder eine soziale Innovation unterwegs ist, der sieht sich vielfach mit Skepsis, Risikoaversion und komplizierten Zugängen zur finanziellen Förderung konfrontiert. Kulturell wie strukturell ist der europäische Raum eher auf Sicherheit und Beständigkeit und weniger auf Risikofreude und Wandlungsfähigkeit getrimmt. Wer in der EU ein Start-up mal ordentlich an die Wand gefahren hat oder mit einer politischen Idee gescheitert ist, erfährt selten Anerkennung oder wird darin bestärkt, es noch einmal zu versuchen. Fehler zu vermeiden steht höher im Kurs, als aus Fehlern zu lernen. Die europäische Start-up-Szene ist zudem unterfinanziert. Fast die Hälfte der jungen europäischen Unternehmen erhält die wichtigen ersten Investitionen von außerhalb der EU. »Europäische Investoren sind vorsichtig und skeptisch und wollen zuerst Umsätze sehen, bevor sie investieren«, schreibt Journalistin Grace Brennan.[10] All das bremst die Innovationsbereitschaft. Es ist daher nicht verwunderlich, dass sich EU-Staaten im Top-10-Ranking der Start-up-freundlichsten Länder der Welt, mit Ausnahmen von Deutschland auf Platz 2, auf den hinteren Plätzen wiederfinden, und zwar in dieser Reihenfolge: Polen, Spanien, Schweden und Frankreich.[11] Wie viele gute Ideen, smarte Produkte oder innovative politische Ansätze erblicken deshalb nicht das Licht der Welt?

Will Europa der nächsten Generation mit ihren Ideen Wind unter den Flügeln machen und Innovationen abheben sehen, muss sich etwas ändern. Während es Zeit und Ausdauer bei der Weiterentwicklung der kulturellen Verhaltensweisen und Denkmuster braucht, kann man in puncto Finanzierung und Rahmenbedingungen direkt etwas ändern. Wir schlagen vor, dass jeder junge Mensch in der EU im Alter zwischen 20 und 30 Jahren Zugang zu einem sogenannten europäischen **Innovations-Startguthaben** erhält. Eine Mindestsumme von 5000 Euro soll all jenen zugänglich sein, die sich mit einer unternehmerischen Idee oder einer sozialen oder politischen Innovation selbstständig machen oder sich beruflich weiterbilden wollen. Die Summe wird durch den EU-Haushalt aus EU-Steuern bereitgestellt und von nationalen wie regionalen Arbeitsagenturen und -büros verteilt. Junge Menschen können sich dort oder auch online mit ihrer Geschäftsidee oder ihrem Bildungsvorhaben melden und so möglichst niedrigschwellig und bürokratiearm ihr Startguthaben erhalten. Die Fördersumme von 5000 Euro wird nach einer kurzen Prüfung dann auf das Geschäftskonto oder direkt an die jeweilige Bildungseinrichtung überwiesen. Eine einmalig höhere Fördersumme von bis zu 30 000 Euro ist auch möglich, wenn ein überzeugendes Konzept vorgelegt und eine entsprechende Nachdokumentation gewährleistet ist.

Das Startguthaben wird besonders einem Aspekt Rechnung tragen, der in der Diskussion um Unternehmensgründungen und Innovationen oft zu kurz kommt: dem Zusammenhang zwischen einer erfolgreichen Gründung und dem sozioökonomischen Hintergrund der Gründerinnen. Noch sind es leider immer noch überproportional Männer, die gründen. Rund 93 Prozent der Tech-Finanzierung gehen an reine Männerteams.[12] Es entscheiden also weniger die Einsatzbereitschaft, Aufrichtigkeit oder der Mut der Einzelnen über den unternehmerischen Erfolg in den frühen Stunden, sondern der finanzielle und soziale Hintergrund und das Geschlecht.[13]

Wer ein Sicherheitsnetz hat, kann stärker ins Risiko gehen. Wer hypermaskulin auftritt, nimmt den Erfolg mit nach Hause. Die EU muss dieser angelsächsischen und männlich dominierten Logik und Kultur etwas Eigenes entgegensetzen und mit einem **egalitären, dezentralen und diversitätsorientierten** Instrument antworten. Ein europäisches Innovations-Startguthaben wird Hunderttausende Leben ändern und Ideen in Europa zum Fliegen bringen.

Mindestbesteuerung einführen und Steuerdumping verhindern

91 **EU-weit sollen ein Mindestsatz von 20 Prozent für die Unternehmensbesteuerung und einheitliche Steuerbemessungsgrundlagen gelten, um Steuerdumping innerhalb der EU zu verhindern.**

Einheitliche Standards, vereinfachte Abläufe und offene Grenzen: Unternehmen profitieren kräftig vom gemeinsamen Binnenmarkt, in dem der Austausch von Gütern und Geld weitestgehend reibungsfrei möglich ist. Ganz anders präsentiert sich die Steuergesetzgebung, insbesondere bei der Besteuerung von Unternehmen. Diese liegt in der Hand der Mitgliedsstaaten, die mit Einfallsreichtum daran arbeiten, ihren Unternehmen die besten Steuerkonditionen anzubieten. Das Resultat ist ein europäischer Steuerwettbewerb, in dem die Staaten versuchen, sich gegenseitig zu unterbieten und die größten Steuerzahlerinnen abzuwerben. Insbesondere Irland, Malta, die Niederlande, Belgien und Luxemburg tun sich in dieser Disziplin als geschickt hervor. So verwundert es nicht, dass sich die Europahauptsitze von US-Techkonzernen wie Facebook oder Google in Dublin befinden, deutsche DAX-Konzerne ihre Tochterunternehmen und Beteiligungsgesellschaften in den Niederlanden niederlassen und der schwedische Möbelkonzern Ikea sich in einem komplexen Unternehmens- und Stiftungsgeflecht zwischen Luxemburg und den Niederlanden bewegt.[14] [15] **Zwischen 50 und 70 Milliarden Euro Steuereinnahmen jährlich entgehen den Mitgliedsstaaten durch das Steuerdumping multinationaler Konzerne,** schreibt die EU-Kommission.[16] Die Rechnung dafür erhalten Europas Bürgerinnen. Sie müssen mit ihren Abgaben kompensieren, was der innereuropäische Steuerwettbewerb an Lücken hinterlässt.

Doch es geht um mehr als nur eine Finanzfrage. Es geht auch

um Gerechtigkeit. Es stimmt etwas grundsätzlich nicht, wenn das Erwirtschaften von Gewinnen in der EU möglichst leicht, das Eintreiben von Steuern aber möglichst schwer gemacht wird; wenn globale Unternehmen niedrigschwellig Zugang zu Europas Infrastruktur, Konsumentinnen und Daten erhalten, dann aber kaum Steuern zahlen. Dieses Gerechtigkeitsdefizit schadet der EU und gefährdet den Zusammenhalt und unternehmerischen Wettbewerb um Innovation. Europas Staaten müssen den internen Unternehmenssteuerwettbewerb abmildern, um das Vertrauen der Bürgerinnen nicht gänzlich zu verspielen, dem sozial-marktwirtschaftlichen Gedanken treu zu bleiben und den Markt so auszurichten, dass es für Unternehmen rentabler ist, in Innovation als in eine Steuerberaterin zu investieren.

Wir schlagen vor, dass EU-Staaten eine einheitliche Bemessungsgrundlage und einen Mindeststeuersatz für die Besteuerung von Unternehmen festlegen. Unternehmen, die ihren Sitz in der EU haben oder hier tätig sind, sollen **mindestens 20 Prozent Körperschaftssteuer** entrichten. Niedrigsätze von unter 13 Prozent wie in Irland oder Bulgarien wären damit nicht mehr möglich. Da Unternehmen ihre Einnahmen unter den Bedingungen und Vorzügen eines gemeinsamen Binnenmarktes erwirtschaften, erscheint es uns außerdem sinnvoll, dass ein Teil der Steuereinnahmen direkt in den EU-Haushalt fließt. So können beispielsweise drei Viertel der Körperschaftssteuereinnahmen bei den EU-Mitgliedsstaaten verbleiben, während ein Viertel der Gelder fest in den gemeinsamen EU-Haushalt fließt und so den gemeinsamen Binnenmarkt stärkt. Gemeinsame Regeln für die Bemessung der Steuern minimieren darüber hinaus die Möglichkeit, Steuerschlupflöcher innerhalb der Union auszunutzen. Das kann Klarheit schaffen und auch den Wettbewerb in einem sozial vertretbaren Maß ermöglichen. Zusätzlich müssen gemeinsame Regeln zur Offenlegung von Jahresabschlüssen und Bilanzen gefunden und Staaten außerhalb der EU härter sanktioniert werden, die es europäischen Unternehmen und Bürgerinnen im großen Stil ermöglichen, Steuern zu vermeiden. »Die Glaubwürdigkeit der EU nach innen und außen als auch ihre Wirkmächtigkeit entscheidet sich gerade in Fragen der Besteuerung«, sagt uns Ökonomin Philippa Sigl-Glöckner bei einem Gespräch. Ein gemeinsamer Binnenmarkt braucht gemeinsame steuerliche Spielregeln.

Die europäische Wasserstoffrevolution

92 Die EU soll ein Hydrogen Valley für Wasserstofftechnologien im Dreiländereck zwischen Österreich, Italien und Slowenien aufbauen, um Weltmarktführerin in diesem wichtigen Bereich zu werden.

Europas Wirtschaft mit ihrer ausgeprägten industriellen Produktion und hohen Mobilitätsrate ist energieintensiv. Allein heute machen der industrielle Sektor in der EU mit rund 25 Prozent sowie der Transportbereich mit 31 Prozent die Hälfte des gesamten Energieverbrauchs von jährlich 758 Millionen Tonnen Rohöleinheiten (t RÖE, die weltweit normierte Maßeinheit der Energie, die der Energiemenge entspricht, die aus einer Tonne Rohöl gewonnen werden kann) aus.[17] Auch wenn effizientere Verfahren den Energieverbrauch senken, die Industrie- und Transportleistungen in der EU werden auch zukünftig viel Energie brauchen. Damit das Ziel der Klimaneutralität in der EU bis 2050 erreicht werden kann, braucht es auf dem Kontinent nichts weniger als eine technologische und energetische Revolution. Die Nutzung von Wasserstoff wird dabei eine zentrale Rolle spielen. Die EU kann Weltmarktführerin bei der Erforschung und Nutzung von Wasserstoff als Energieträger werden.

Als häufigstes Element im Universum ist Wasserstoff nahezu unbegrenzt vorhanden. Es kann auf vielfältige Weise hergestellt und genutzt werden, ist verhältnismäßig leicht transportier- und speicherbar und hat pro Kilogramm etwa drei Mal so viel Energie wie ein Kilogramm Erdöl. Das macht Wasserstoff zum Rohstoff der Zukunft. In Verbindung mit der Brennstoffzellentechnologie kann Wasserstoff Autos, Lkws, Züge und sogar Flugzeuge antreiben. Die energieaufwendige Stahlproduktion kann dank Wasserstoff und dem sogenannten Direktreduktionsverfahren nahezu CO_2-neutral erfolgen, und sogar Wohnhäuser können durch Brennstoffzellen-Heizungen mit Wärme versorgt werden. Was es jetzt braucht, um Europa zum Wasserstoffkontinent zu machen, ist eine EU-weite Kraftanstrengung in der Erforschung, dem Ausbau und der Implementierung der benötigten Technologien und Infrastruktur. Die im Juli 2020 von der EU-Kommission vorgelegte Wasserstoffstrategie ist ein erster wichtiger Schritt dahin, sie kann aber noch mehr Visionskraft vertragen.[18]

Wir schlagen vor, die Forschungsvorhaben zur Wasserstofftechnologie in einem neu zu schaffenden **Hydrogen Valley (Wasserstoff-Tal) im Dreiländereck zwischen Österreich, Italien und Slowenien** zu bündeln. In dieser Region gibt es nicht nur einen leichten Zugang zu Wasser- und Windkraftanlagen zur klimaneutralen Herstellung von Wasserstoff, sondern das Valley kann auch von der Nähe zu den Universitäten und Hochschulen in Villach, Udine und Ljubljana profitieren. Steuernachlässe und ein Ausbau der Verkehrsinfrastruktur können die Attraktivität für Forschungseinrichtungen, Unternehmen und Testparks in der Region steigern. Zentral für einen gesamteuropäischen Erfolg der Wasserstofftechnologie sind die Kapazitätssteigerungen zur

Herstellung von Wasserstoff aus klimafreundlichen Quellen (Sonne, Wasser, Wind) sowie der flächendeckende Ausbau von Wasserstoffleitungen, -tankstellen und -speichermöglichkeiten.

Hierfür braucht es in erster Linie verbindliche Zielwerte für die Mitgliedsstaaten, deren Erreichen an die Vergabe von EU-Geldern geknüpft ist. Geschieht ein Ausbau nur verzögert oder wird er bewusst gebremst, sollen europäische Technologie-Fördergelder eingefroren oder Regelverstöße durch Strafzahlungen geahndet werden. Das klingt radikal, ist aber für die Beschleunigung des Prozesses und den Anspruch einer europäischen Weltmarktführung eine gangbare Option. Beispiele für Zielwerte können der ausschließliche Einsatz von wasserstoffbetriebenen Flugzeugen auf innereuropäischen Routen bis 2050 sein oder auch die Verfügbarkeit von Wasserstoff bei 40 Prozent der rund 75 000 europäischen Tankstellen bis 2030.[19] Entscheidend für den Erfolg ist auch die klimaneutrale Herstellung des Wasserstoffs.

Hierfür sollte die EU den Blick nach Süden richten. Der niederländische Energiemanager Paul van Son schlägt die Weiterentwicklung des ausgebremsten Desertec-Projektes vor.[20] In Nordafrika sollen hierfür großflächige Solarflächen entstehen, die unmittelbar an Anlagen zur Wasserstoffherstellung geknüpft sind. Per Schiff oder Wasserstoffleitung kann der Rohstoff dann in die EU transportiert werden. Eine Win-win-Situation sowohl für die wirtschaftliche Entwicklung der nordafrikanischen Staaten als auch für die klimaneutrale und zukunftsorientierte Positionierung der EU. Und warum nicht das Wasserstoff-Desertec-Projekt zu einem Vorhaben aller EU-Bürgerinnen und Unternehmen machen? Über Anteilsscheine können sich europäische Privatpersonen und Gesellschaften an der Finanzierung beteiligen und über einen langen Zeitraum von festverzinsten Ausschüttungen profitieren. So wird die europäische Wasserstoffrevolution zu einem Vorhaben aller.

Unabhängiger werden durch eine europäische Ratingagentur

93 **Die EU braucht eine eigene Ratingagentur, um unabhängiger vom Oligopol US-amerikanischer Bewertungsunternehmen zu werden.**

Wie kreditwürdig sind Unternehmen oder ganze Staaten? Die Antwort darauf liefern Ratingagenturen. Private Unternehmen, die mit Ratings von AAA bis hin zu CCC/D eine Bewertung der Bonität von Staaten, Banken und anderen Unternehmen vornehmen. Wie mächtig und einflussreich diese Agenturen und ihre Einstufungen sind, wurde vielen in Europa erst während der Staatsschuldenkrise bewusst.

Als Staaten wie Griechenland, Spanien oder Portugal 2010 in substanzielle finanzielle Schwierigkeiten gerieten, lösten die stetig sinkenden Ratings (psychologische Wirkung inklusive) eine Schockwelle an den Finanzmärkten und in der Politik aus. Griechenland stand schließlich mit einer gefürchteten CCC-Bewertung vor dem Beinahe-Zahlungsausfall und der Euro kurz vor dem Zusammenbruch.[21] Die Ratings der Agenturen sind deshalb so delikat, weil sie nicht nur eine Voraussetzung für den Zugang zu den Finanzmärkten sind, um neues Geld aufzunehmen, sondern auch Notenbanken wie der EZB oder den Aufsichtsbehörden als Orientierung dienen.

Staaten wie Unternehmen sind hochgradig abhängig von diesen Ratings. Problematisch wird der Sachverhalt, weil die Bewertung der Kreditwürdigkeit fast alleinig in der Hand dreier amerikanischer Ratingagenturen liegt. Moody's, Fitch und Standard & Poor's (S&P) beherrschen mit 93 Prozent Marktanteil das Feld und formen ein Oligopol. Kritikerinnen zweifeln in mehrfacher Hinsicht an der Unabhängigkeit der drei gewinnorientierten US-Firmen sowie an der Qualität der Ratings. Grundsätzlich problematisch ist, dass die Agenturen all jene bewerten, von denen sie auch bezahlt werden. Es ist außerdem fraglich, wie qualifiziert und unabhängig insbesondere die Ratings von den Staaten und Kommunen vorgenommen werden. Untersuchungen legen nahe, dass zum einen Staaten strenger bewertet werden als Unternehmen und Finanzprodukte, und zum anderen, dass die Bewertung intransparent und auf einer weniger soliden Daten- und Vergleichsmerkmalbasis durchgeführt wird als bei Unternehmen. Der Schaden, den Fehlurteile oder nicht ausreichend neutrale Einschätzungen durch die Ratingagenturen verursachen, ist enorm. Die Weltfinanzkrise 2008 führte das deutlich vor Augen. Für verfälschte Kreditbewertungen mussten allein Moody's und S&P Strafen in Höhe von über 2,1 Milliarden Dollar bezahlen.[22]

Die EU muss eine stärkere Unabhängigkeit von den US-amerikanischen Ratingagenturen und deren Bewertungslogik gewinnen. Der Aufbau und die Etablierung einer europäischen Ratingagentur ist daher unabdingbar. Der Weg dahin ist steinig: Hohe Markteintrittshürden, die Dominanz der US-Agenturen und ein etabliertes Geflecht aus Zentralbanken, Geschäftsbanken, Unternehmen und Finanzdienstleistern machen es neuen Agenturen nicht einfach, sodass viele Gründungsversuche in der Vergangenheit scheiterten. Die EU wird neue Kraftanstrengungen brauchen und sollte sich an eine Idee erinnern, die der Öffentlichkeit 2012 vorgestellt wurde und bisher aufgrund fehlender finanzieller Unterstützung nicht gelang.[23] [24] Kurz nach der Finanzkrise entwickelte die Bertelsmann Stiftung das wegweisende Konzept einer gemeinnützigen Ratingagentur (INCRA – International Non-Profit Credit Rating Agency). Sie soll als erste Institution das Interesse von Investorinnen nach qualitativ hochwertigen Ratings und das Bedürfnis von Politik und Öffentlichkeit nach Transparenz, Unabhängigkeit und Rechenschaftspflicht vereinen. Der Plan sieht vor, dass Regierungen, Unternehmen, Stiftungen und private Förderer einen Fonds mit einem Volumen von rund 300 Millionen Euro etablieren, der von einer gemeinnützigen Stiftung verwaltet wird, aus dessen Erlös die operativen Kosten getragen werden. Die INCRA würde Bewertungen neben dem klassisch makroökonomischen auch nach einem sozioökonomischen Indikatorenset vornehmen und die Ratingprozesse transparent im Internet machen. Gremien zur Qualitätskontrolle und Überwachung der Unabhängigkeit sollen ebenso eingerichtet werden.[25] Die Mitgliedsstaaten der EU und wirtschaftliche Akteurinnen müssen sich den Wert und die Einzigartigkeit dieses Ansatzes wieder ins Bewusstsein rufen.

Wir schlagen vor, die Bemühungen um eine Etablierung der INCRA wieder aufzunehmen. Hierfür sollen in einem ersten Schritt über eine EU-Parlamentsinitiative und private Stiftungen einstellige Millionensummen für eine Weiterentwicklung des Konzeptes und für die Entwicklung einer Roadmap mobilisiert werden. Die Regierungen von EU-Mitgliedsstaaten mit starken Finanzmarktplätzen wie Deutschland oder Frankreich müssen die Dringlichkeit und Relevanz erkennen – und einen koordinierten Prozess mit Akteurinnen aus der Wirtschafts-, Finanz- und Stiftungswelt zur Gründung und Etablierung einer Europäischen Ratingagentur starten. Ein Fondsvolumen von mindestens einer Milliarde Euro, verwaltet von einer Stiftung, ermöglicht es, die laufenden Kosten der unabhängigen neuen Agentur zu tragen und Ratings zu niedrigen Kosten oder sogar kostenfrei anzubieten. Die neu zu schaffende Europäische Gemeinnützige Ratingagentur (ENCRA) kann sich in ihrer Arbeit zunächst ausschließlich auf die Benotung internationaler Organisationen sowie die Ratings von Staaten beschränken. Danach ist auch die Bewertung von Unternehmenspapieren denkbar. Die ENCRA würde nicht nur den globalen Ratingmarkt diversifizieren und damit auch Europa unabhängiger machen, sondern der Welt auch ein Beispiel liefern, wie ein nachhaltigkeits- und gemeinwohlorientierter Ansatz zur Bonitätsbewertung aussehen kann.

Gemeinsame Vorsorge mit dem EU-Pensionsfonds

94 Die EU soll einen Europäischen Pensionsfonds nach norwegischem Vorbild einrichten, um für die milliardenschweren Pensionskosten der EU-Beamtinnen vorzusorgen – und ihn dann zu einem Pensionsfonds für alle weiterentwickeln.

Der Staatliche Pensionsfonds des Königreichs Norwegen ist eine bemerkenswerte Sache. Eingeführt, um für eine Zeit nach den sprudelnden Erdöleinnahmen vorzusorgen, ist er heute mit einem Volumen von etwas über einer Billion Euro der größte Staatsfonds der Welt. Rund 190 000 Euro liegen für jede der etwa fünf Millionen norwegischen Bürgerinnen mittlerweile im Fonds.[26] Formal an das norwegische Finanzministerium angehängt, investiert der Fonds weltweit in eine Mischung aus Aktien, Anleihen und Immobilien, mittlerweile auch nach ethischen, sozialen und ökologischen Regeln. Investitionen in Tabak- und Waffenunternehmen sind tabu, in grüne Mobilität oder Biotechnologie gern gesehen. Diese Schwerpunktsetzung hat globale Strahlkraft. Der Fonds ist mittlerweile im Besitz von 1,5 Prozent aller weltweit börsennotierten Aktien. Die Reserven helfen den Norwegerinnen und ihrem Sozialsystem, sich nicht nur auf eine Zukunft mit einer alternden Bevölkerung einzustellen, sondern auch, kurzfristig Geld für Krisenzeiten zu beschaffen. Rund 4 Prozent des Fonds wurden während der

Covid-19-Pandemie freigesetzt, um die wirtschaftliche Abkühlung im Land abzufedern.[27] Schon länger beobachtet man in anderen europäischen Ländern mit viel Aufmerksamkeit die Weitsichtigkeit der Norwegerinnen und überlegt, selbst nationale Modelle dieser Art aufzusetzen.

Auch für die EU ist der norwegische Ansatz eine Überlegung wert. Ganz besonders, wenn es um die Finanzierung der Pensionskosten für die im Ruhestand befindlichen EU-Beamtinnen geht. Sie haben ihr Leben dem europäischen Projekt gewidmet, stellen aber mittlerweile mit rund 1,2 Milliarden Euro jährlichen Kosten für die Pensionsaufwendungen einen nicht unerheblichen Teil im EU-Haushalt. In den kommenden 50 Jahren werden sich die Kosten für die EU-Pensionen auf etwa 100 Milliarden insgesamt belaufen.[28] Eine stolze Summe. Diese Leistung bis zum Ende aller Zeit nur aus dem EU-Haushalt zu finanzieren, ist nicht nur finanzpolitisch wenig sinnvoll, es entzieht auch anderen EU-Projekten dringend benötigte Gelder.

Wir schlagen daher die Schaffung eines Europäischen Pensionsfonds (EPF) norwegischer Prägung vor. Heute schon soll die EU 50 Milliarden Euro in die Hand nehmen und diese nach ökologisch wie sozial sinnvollen Kriterien in einem gemeinsamen Fonds anlegen. Geht es diesem dann so gut wie dem norwegischen Modell, ist über einen Zeitraum von 20 Jahren mit einer durchschnittlichen Rendite von 6 Prozent pro Jahr zu rechnen.[29] Selbst wenn es »nur« 2,5 Prozent werden, wird der Fonds pro Jahr über den Daumen gepeilt etwa 1,25 Milliarden Euro ausschütten können und den EU-Haushalt um diese Summe entlasten. Das sind dann nicht nur gute Nachrichten für die Pensionärinnen, sondern auch für die nächste Generation. Die Schaffung eines Europäischen Pensionsfonds kann auch als Testlauf für einen weit umfangreicheren Fonds gesehen werden, der hilft, die Renten und Pensionen aller EU-Bürgerinnen langfristig zu sichern und mitzufinanzieren. Dieser

EU-Pensionsfonds für alle wird in seinem Volumen zweifelsfrei den norwegischen in den Schatten stellen. Denn leben in Norwegen rund 5,4 Millionen Menschen, sind es in der EU knapp 450 Millionen. Die Schaffung solch eines gigantischen Europäischen Pensionsfonds wird eine europaweite Kraftanstrengung aller EU-Staaten erfordern und kann mit seinem Volumen und seiner Nachhaltigkeitsorientierung zu einer, wenn nicht der prägenden Kraft im globalen Finanzgefüge werden.

Ein Cluster von EU-Innovations- und Ideenhubs

95 Quer über die EU verteilt sollen Innovations- und Ideenhubs entstehen, um jungen Unternehmerinnen und Gründerinnen Raum und Infrastruktur zu geben, in denen sie ihre Ideen verwirklichen können.

Europas wirtschaftliche Kraft liegt in ihrem Zentrum. In einem Halbbogen konzentrieren sich, wie auf einer Perlenschnur angeordnet, dicht bevölkerte Zonen zwischen dem Süden Großbritanniens über die Beneluxstaaten und Paris, das Ruhrgebiet, Südwestdeutschland, die Schweiz bis hinab nach Norditalien. Schon in vorindustrieller Zeit blühten hier Handel und Austausch, begünstigt durch die Nähe zu Rohstoff- und Absatzmärkten. Mit dem Aufkommen der maschinellen Produktion erfuhr diese Kette des Wohlstands dann einen regelrechten Boom, der bis heute anhält. Die wirtschaftlich stärksten Produktions- und Dienstleistungszentren Europas befinden sich auf diesem Band, der größte Teil der Europäischen Institutionen ebenso. Der gemeinsame Binnenmarkt und der Abbau der Handelsbarrieren bestärkten diese Entwicklung weiter. Wie von einem Magneten werden Kapital, Arbeitskräfte und Ideen ins Zentrum gezogen. Das hat Folgen für den Rest der EU. **Während das Zentrum kontinuierlich stärker wird, werden die Ränder schwächer.** Europas Peripherie und ländliche Regionen verlieren millionenfach ihre klügsten und bestausgebildeten Köpfe, die auf der Suche nach Perspektiven und besserem Einkommen ihre Heimat verlassen und ihre Geschäftsideen und ihr Engagement gleich mit im Gepäck haben. Der sogenannte *brain drain* (Talentabwanderung) lässt Länder wie Bulgarien, Polen, Rumänien, die Slowakei, Tschechien, Kroatien, Spanien, Portugal, Süditalien oder Teile Ostdeutschlands bluten.[30] Gleichzeitig fließen private Investitionen von den Rändern in das Zentrum, weil dort mit mehr Stabilität und Erfolg gerechnet werden kann. Das Zentrum bleibt jung und wirtschaftlich agil, während die Ränder überaltern und ökonomisch schwächeln.[31] Die EU und ihre Nationalstaaten sind anhand dieser Bruchlinien gespalten.

Doch es liegt Veränderung in der Luft. Die Konzentration im Zentrum macht das Leben dort teuer, stressig und zunehmend unattraktiv. Übervölkerte Städte, hohe Mieten, viel Verkehr und ein anonymer Lebensalltag senken die Anziehungskraft dieser Regionen. Immer mehr Menschen achten auf diese Faktoren. Gleichzeitig ermöglicht der digitale Fortschritt das Leben, Arbeiten und Lehren flexibel von *jedem* Ort aus in Europa – die Covid-19-Pandemie machte das besonders deutlich. Menschen mit ihren Ideen und ihrem Wissen müssen nicht länger die Heimat verlassen, um am gemeinsamen Binnen- und Wissensmarkt teilzunehmen. In dieser Gleichzeitigkeit liegt ein Veränderungsmoment für Europa und ganz besonders für die peripheren Regionen. Portugal macht heute schon vor, wie das gehen kann: Nach wirtschaftlich schwierigen Zeiten zwischen 2008 und 2014 startete 2016 die portugiesische Regierung gemeinsam mit privaten Akteurinnen das »Start-up Portugal«-

Programm, um junge Unternehmen und Gründerinnen auf ihrem Weg zu unterstützen.[32] Der ganzheitliche portugiesische Ansatz reicht vom Abbau bürokratischer Hürden über Vernetzungsangebote bis hin zu Finanzierungsmöglichkeiten.[33] Gleichzeitig entstanden in den verschiedenen Städten des Landes wie Braga, Porto, Coimbra und Lissabon Start-up-Hubs, in denen Gründerinnen nicht nur günstige und gemeinschaftliche Arbeitsflächen finden, sondern auch mit Bildungsinstitutionen, Venture Capital Investorinnen und lokalen Behörden vernetzt werden. Mittlerweile wächst Portugals Techindustrie doppelt so schnell wie jeder andere europäische Tech-Hub.[34] Der portugiesische Ansatz hat das Potenzial, auch für andere zum Vorbild zu werden.

Wir schlagen vor, in den peripheren Regionen Europas sogenannte **Innovations- und Ideenhubs** zu schaffen. Unternehmensgründerinnen und Menschen mit Ideen für soziale und politische Innovation sollen hier bestmögliche Bedingungen vorfinden, um ihre Vorhaben in die Tat umzusetzen und sich miteinander zu vernetzen. Neben geringen bürokratischen Hürden soll es dort auch günstige Büroflächen und eine einwandfreie technische Infrastruktur geben. In Beratungsstellen können sich die Gründerinnen außerdem über die Zugänge zu privaten wie staatlichen Finanzierungs- und Unterstützungsangeboten informieren. Wohnen und Arbeiten soll in den Ideenhubs zusammengehen. Inspiriert vom Modell der Gartenstädte, die um die Jahrhundertwende in vielen Teilen Europas in unmittelbarer Nähe der Arbeitsstätten entstanden, schlagen wir vor, dass den Gründerinnen und ihren Familien auch bezahlbarer Wohnraum geboten wird. Eine Onlineplattform verknüpft außerdem die einzelnen Hubs in der EU miteinander und ermöglicht es den Gründerinnen gemeinsam mit ihren Familien für eine gewissen Zeit, auch an einem anderen Ort zu leben und zu arbeiten. Finanziert werden sollen die Hubs durch den EU-Haushalt, die nationalen Haushalte sowie die regionalen und lokalen Förderungen und durch die Investitionen von Unternehmen und Stiftungen. Für die Umsetzung kann das bereits existierende Netzwerk Startup Europe (SERN) der Europäischen Kommission aktiviert und ausgebaut werden.

Die Innovations- und Ideenhubs können sich zu Europas Antwort auf das Silicon Valley entwickeln. Statt der Konzentration auf einen einzigen Ort mit kaum finanzierbaren Lebenshaltungskosten und hochkompetitiven Finanzierungsmodellen finden Gründerinnen in den europäischen Innovations- und Ideenhubs Räume, um ihre Ideen zu fairen Lebens- und Arbeitsbedingungen und mit dem Zugriff auf vielfältige Finanzierungshilfen zu realisieren.

SCHLUSSGEDANKEN

Liebe Leserin, lieber Leser,

in der Arbeit zu diesem Buch haben wir gelernt, dass Ideen unbezahlbare und wichtige Ausgangspunkte für Veränderung und Fortschritt sind. Gleichzeitig entfalten Ideen ihre Kraft aber erst, wenn sie besprochen, getestet, durch neue Perspektiven verbessert und schließlich umgesetzt werden. Wir hoffen, dass dieses Buch einen Beitrag dazu leistet, die notwendigen europäischen Debatten offen und frei zu führen, Vorschläge zu schleifen und schließlich Ideen mit Mut in den politischen Raum zu tragen.

»Europa ist das, was wir daraus machen«, sagt Katja Sinko, eine befreundete Europaaktivistin.[1] Diesem Gedanken schließen wir uns an und laden Sie alle ein, Teil dieses Weges zu sein. Europa und die EU werden die Kraft und Ideen von uns allen brauchen. Wir freuen uns darauf, wenn wir auf diesem Weg auch Ihnen begegnen.

Vincent-Immanuel Herr & Martin Speer

DANK

Die Entstehung dieses Buches war ein echtes Abenteuer und so facettenreich wie eine Reise durch Europa. Statt angedachter 120 Seiten wurden es 336. Statt weniger Thesen wurden es 95. Und all das, weil dieser Kontinent über so einen großartigen Schatz an Denkerinnen, Aktivistinnen, Macherinnen und Politikgestalterinnen verfügt, die mit ihren Ideen Europa in die Zukunft führen.

Dieses Buch würde es nicht geben, wären da nicht unseren Familien. Wir sagen Danke an Amy und Sebastian, die uns zu Hause geduldig ertragen haben, wenn wir einmal wieder über Ideen brüteten oder in Quellen versunken waren. Und sie gaben uns den Freiraum, um bis zu eineinhalb Monate am Stück durch Europa zu reisen. Es war eine besondere Freude, während des Schreibprozesses Aili Anna-Maija in dieser Welt willkommen zu heißen. Du bringst unbeschreiblich viel Licht und Freude in die Familien Herr und Baldauf. Großer Dank gebührt ebenso Anna-Zoë, Annette, Klaus, Michael, Dorette, Eva-Maria, Albert, Ulrike, Irmgard, Anne, Brigitte, Michael, Malte, Benyamin und all unseren engsten Freund* innen – ihr seid ein Geschenk.

Ein großer Dank geht an unseren Verlag Droemer Knaur. *Europe For Future* ist bereits die dritte Zusammenarbeit nach *Wer, wenn nicht wir?* und *#TunWirWas,* und wiederum waren wir von der Professionalität und dem Ideenreichtum des Verlags beeindruckt. Thomas Blanck entwickelte mit uns das Konzept der 95 Thesen und hielt die Fäden zusammen, Carolin Schreiber leistete eine herausragende (!) Arbeit als unsere Lektorin und tauchte tief in unser Denken ein und Margit Ketterle, zusammen mit dem gesamten Verlagsteam, glaubte einmal mehr an die Kraft von Ideen. Danke auch an Silvan Wagenknecht, der die Karte im vorderen Buchteil und das HERR & SPEER Design verantwortet.

Hervorheben möchten wir Wegbegleiter*innen, die seit Jahren wichtige Stützen unseres Europaengagements sind oder uns mit ihrem Denken kritisch-konstruktiv begleiten und prägen: Anne Duncker, Ulrike Guérot, Anne Rolvering, Alberto Alemanno. Helmut Pieper ist für Vincent seit Jahren Gesprächspartner zu verschiedensten Themen der Politik und Geschichte, Verena Ringler ist Martins Denkbegleitung in vielen Europafragen.

Die Ideen in diesem Buch speisen sich überwiegend aus unseren Reisen, die uns in den vergangenen sieben Jahren durch 29 Länder Europas, darunter 22 aktuelle Mitglieder der EU, geführt haben. Dabei konnten wir mit Hunderten Menschen über ihren Blick auf die EU im Speziellen und Europa im Allgemeinen sprechen. Die Perspektiven, Erfahrungen und Analysen aus diesen Gesprächen haben entscheidend zu diesem Buch beigetragen. Ihnen allen gebührt Dank für ihre Zeit, Offenheit und ihr Vertrauen.

Ein Dank geht an die über 100 weiteren Personen, mit denen wir während der Recherche- und Schreibphase im Austausch zu europäischen und gesellschaftlichen Fragen standen. Sei es bei einem Spaziergang, per Telefonat, Mail, Twitter, Videocall oder SMS – die Impulse haben das Buch zu dem gemacht, was es ist.

Danke an Tarik Abou-Chadi, Pia Ahrenkilde-Hansen, László Andor, Antonia Baskakov, Attila Benedek, Brando Benifei, Sibylle Berg, Dominik J. Berghofer, Nina Bernarding, Gabor Bodor, Carlo Boselli, Serena Botti, Franziska Brantner, Nick Brooks, Selmin Çalışkan, Themis Christophidou, Jeremy Cliffe, Valeria Croce, Steffi Czerny, Carmen Descamps, Jakov Devčić, Katja Diehl, Steffen Dobbert, Louis Drounau, Florian Eder, Martin Ehrenhauser, Maike Exner, Lorenzo Ferrari, Bernd Fiedler, Benedikt Fischer, Dirk Flege, Clara Föller, Rebecca Freitag, Paulina Fröhlich, Sophie Frühwald, Helge Fuhst, Peter Funk, Bart Giepmans, Kamil Goungor, Alexander Graf Lambsdorff, Anna Grebe, Constantin Grosch, Wolfgang Gründinger, Caroline de Gruyter, Rebecca Harms, Stephan Gabriel Haufe, Felix M. Hauffe, Hans Erik Havsteen, Lucas Hawrylak, Inger-Luise Heilmann, Nicolaus Heinen, Madeleine Hofmann, Florentine Hopmeier, Philip Husemann, Carla Hustedt, Bernd Hüttemann, Peter Jelinek, Rick Jobs, Leonard Kaminski, Thorsten Kirschner, Stefan Krabbes, Raul Krauthausen, Laura Krug, Konstantin Kuhle, Sergey Lagodinsky, Hannes Lauter, Stefan Leifert, Katja Leikert, Josef Lentsch, Stefan Liebich, Timo Lochocki, Gottfried Ludewig, Kristina Lunz, Robert Menasse, Simone Menne, Craig Morris, Tom Moylan, Ann-Katrin Müller, Miriam Mona Müller, Ursula Müller, Peter Natter, Luisa Neubauer, Hannah Neumann, Niklaus Nuspliger, Christian Odendahl, Felix Oldenburg, Lamia Özal, Katie Owens, Carmen Maria Parrino, Robert Peter, Sebastian Pfeffer, Sophie Pornschlegel, Ulf Poschardt, Christian Rapp, Hedwig Richter, Ann Cathrin Riedel, Magdalena Rogl, Isabel Rohner, Evelyn Roll, Simon Rosenthal, Michael Roth, Nils Rübelmann, Philipp Sälhoff, Konrad Schaller, Marius Schlageter, Paul Schmidt, Axel Schmittknecht, Vera Schneevoigt, Martin Schulz, Pater Sebastian, Steffen Seibert, Steffen Siegel, Aline Sierp, Philippa Sigl-Gloeckner, Katja Sinko, Jens Spahn, Julia Stadler, Hanna

Stähle, Nicholas Startin, Michael Stempfle, Malte Steuber, Simon Strauß, Maciej Tadeusz Palucki, Nini Tsiklauri, István Ujhelyi, Wolf-Christian Ulrich, Max von Abendroth, Axel Wallrabenstein, Manfred Weber, Paula Weisshuber, Caroline Weimann, Philipp von der Wippel, Jörg Wojahn, Jon Worth, Benjamin Zeeb, Susanne Zels, Lars Zimmermann

Sicherlich haben wir in der Auflistung Menschen vergessen, mit denen wir im Austausch standen; fühlt euch in diesem Dank mit eingeschlossen.

Danke an die Stiftung Mercator, Schwarzkopf-Stiftung Junges Europa, Heinrich-Böll-Stiftung und Friedrich-Ebert-Stiftung, die unsere Europa-, FreeInterrail- und Denkarbeit über die letzten Jahre unterstützt haben. Danke an die Europäische Kommission, das DiscoverEU-Team bei DG EAC, das Europäische Parlament und deren Landesvertretungen. Hier fanden wir auf unseren Europareisen immer wichtige Anlaufpunkte. Danke an Interrail und Europas Bahnen, die uns sicher und grün durch Europa gebracht haben.

Die Möglichkeit, so viel über die Ideen zur Zukunft Europas zu lernen, war und ist ein großes Privileg für uns.

QUELLENVERZEICHNIS

EINLEITUNG

1 Jürgen Habermas, *Zur Verfassung Europas* (Berlin: Suhrkamp, 2014), 43.

2 Ryan Whyte von Democracy Without Borders kommentiert den Bericht wie folgt: »The evidence documented in the Democracy Index serves as another reminder that democracy is in a vulnerable state. Structured, transparent political processes are backsliding, civil liberties are being reduced and trust in political leaders and institutions is arguably at an all-time low.« Siehe dazu: Ryan Whyte, »EIU report: 2019 a year of democratic setbacks and popular protest«, Democracy Without Borders, 2020, 07.02.2020. https://www.democracywithoutborders.org/12764/eiu-report-2019-a-year-of-democratic-setbacks-and-popular-protest/

3 Brot für die Welt, »Atlas der Zivilgesellschaft. Report zur weltweiten Lage 2020«, https://www.brot-fuer-die-welt.de/fileadmin/mediapool/2_Downloads/Fachinformationen/Atlas_d_zivilgesellschaft/2020/Atlas_der_Zivilgesellschaft_2020.pdf

4 World Economic Forum, »Global Gender Gap Report 2020«, 2019. http://www3.weforum.org/docs/WEF_GGGR_2020.pdf

5 Institute for Economics & Peace, »Global Peace Index 2020: Measuring Peace in a Complex World«, F 2020. http://visionofhumanity.org/app/uploads/2020/06/GPI_2020_web.pdf

6 »Klimawandel ist schneller als wir«, *Tagesschau*, 23.05.2019. https://www.tagesschau.de/ausland/interview-guterres-103.html

7 Europäische Kommission, »Folgen des Klimawandels«, abgerufen am 27.12.2020, https://ec.europa.eu/clima/change/consequences_de

8 Die EU kann aber nicht nur einen Beitrag zur Lösung akuter globaler Probleme beitragen, die Europäische Einigung kann als Blaupause einer friedlich verbundenen Welt verstanden werden. So arbeitet es Jürgen Habermas in seinem Essay *Zur Verfassung Europas* heraus: »Die Europäische Union lässt sich als entscheidender Schritt auf dem Weg zu einer politisch verfassten Weltgesellschaft begreifen.« (S. 40) Habermas hebt besonders zwei Innovationen als wegweisend für globale Anstrengungen hervor: »zum einen die Unterordnung der gewaltmonopolisierenden Mitgliedsstaaten unter Unionsrecht und zum anderen die Teilung der Souveränität zwischen den Subjekten der Bürger und Staatsvölker.« (S. 83)

9 Europäisches Parlament, »Parlemeter 2020 – A European Parliament Eurobarometer survey«, 2020, 23.

10 Europäische Kommission, »Public Opinion in the European Union«, *Standard Eurobarometer*, 92, Herbst 2019, 108.

11 Lorenzo Ferrari, »190 million Europeans have never been abroad«, *European Data Journalism Network*, 21.06.2018. https://www.europeandatajournalism.eu/eng/News/Data-news/190-million-Europeans-have-never-been-abroad

12 Jacopo Ottaviani, »Europe needs a bigger, more inclusive Erasmus programme«, *European Data Journalism Network*, 05.04.2019. https://www.europeandatajournalism.eu/eng/News/Data-news/Europe-needs-a-bigger-more-inclusive-Erasmus-programme

13 »Working in another EU country«, Europäische Kommission. Abgerufen am 04.05.2021, https://ec.europa.eu/social/main.jsp?langId=en&catId=25

14 Europäisches Parlament, »Ergebnisse der Europawahl 2019«, 23.10.2019. https://europarl.europa.eu/election-results-2019/de/wahlbeteiligung/

15 Europäische Kommission, »Public Opinion in the European Union«, *Standard Eurobarometer*, 92, Herbst 2019, 112–8, 134, 159.

16 Europäische Kommission, »Special Eurobarometer 500 – Die Zukunft Europas«, 2020, 10.

17 Gerhard Brunn, *Die Europäische Einigung. Von 1945 bis heute* (Stuttgart: Reclam, 2019), 241.

KAPITEL 1: EIN FUNKTIONIERENDES EUROPA

1 Jürgen Habermas, *Zur Verfassung Europas: Ein Essay* (Berlin: Suhrkamp, 2014), 72.

2 Habermas, *Zur Verfassung Europas*, 72.

3 Habermas, *Zur Verfassung Europas*, 73.

4 Steffen Dobbert und Stefan Lorenzmeier, »Die EU braucht eine neue Verfassung«, ZEIT *Online*, 29.06.2018. https://www.zeit.de/politik/2018-06/europaeische-integration-eu-verfassungaenderung-recht-asylpolitik

5 Jacopo Barigazzi, »12 ideas to save Europe«, POLITICO, 13.09.2016. https://www.politico.eu/article/vote-12-ideas-for-saving-europe-future-european-union-reform-brexit-migration-terrorism-debt/

6 Olivier Dupuis, »Turning the Council into a European Senate«, L'Européen, 21.11.2018, abgerufen am 27.03.2021, http://www.leuropeen.eu/2018/11/21/turning-the-council-into-a-european-senate/

7 Ulrike Guérot, *Warum Europa eine Republik werden muss* (Bonn: Dietz, 2016), 147 ff.

8 Yascha Mounk, *Der Zerfall der Demokratie: Wie der Populismus den Rechtsstaat bedroht* (München: Droemer, 2018), 81.

9 Claudio Franzius, *Europäisches Verfassungsrechtsdenken* (Tübingen: Mohr Siebeck, 2010), 58. Zitiert in: Habermas, *Zur Verfassung Europas*, 74.

10 Udo di Fabio, Manfred Weber, »Wie Rechtsstaatlichkeit besser verteidigt werden kann«, *Frankfurter Allgemeine Zeitung*, 17.03.2019, https://www.faz.net/aktuell/politik/ausland/eu-polen-und-ungarn-wie-rechtsstaatlichkeit-besser-verteidigt-werden-kann-16093459.html?premium

11 Katja Leikert, »Die Spaltung in gute und schlechte Europäer nützt niemandem«, *Frankfurter Allgemeine Zeitung*, 01.12.2020, https://www.faz.net/einspruch/spaltung-in-gute-und-schlechte-europaeer-schadet-der-eu-17079459.html?premium

12 Im alternativen EU-Set-up, in welchem der Senat den Rat ersetzt, könnte die Entscheidung über einen möglichen Ausschluss eines EU-Staats durch qualifizierte Mehrheit im Senat getroffen werden.

13 Hinweis: Der Vorschlag, die gesamte Stadt Brüssel in einen EU-Distrikt zu verwandeln, nach dem Vorbild Washington, D.C.s, wurde u. a. im sogenannten Warande Manifest gemacht. Das Manifest fordert die Unabhängigkeit Flanderns von Belgien und ist als explizit nationalistisch und sezessionistisch zu verstehen. Diese These hat mit dem aufrührerischen Geist solcher Forderungen nichts zu tun und zielt einzig darauf ab, das EU-Viertel in Brüssel unter Jurisdiktion der EU zu stellen. Vergleiche dazu z. B.: Luc Van Braekel, »McKinsey CEO Calls for End of Belgium, Resign«, *The Brussels Journal*, 12.12.2005, https://www.brusselsjournal.com/node/565

14 Giorgio Mussa, »Fact Sheets on the European Union: The European Commission«, Europäisches Parlament, November 2020, abgerufen am 26.03.2021, https://www.europarl.europa.eu/factsheets/en/sheet/25/the-european-commission

15 Tdem, »Manifesto«, Manifesto for the Democratization of Europe, Tdem, abgerufen: Dezember 2020, http://tdem.eu/en/manifesto/

16 »Medianes Nettoequivalenzgesamtnettoeinkommen«, Eurostat, 2019, abgerufen am 26.03.2021. http://appsso.eurostat.ec.europa.eu/nui/show.do?dataset=ilc_di03&lang=de

17 Europäische Zentralbank, »The Household Finance and Consumption Survey«, *Statistics Paper Series*, No. 36, März 2020, 4. https://www.ecb.europa.eu/pub/pdf/scpsps/ecb.sps36~0245ed80c7.en.pdf?bd73411fbeb0a33928ce4c5ef2c5e872

18 »Vermögen wachsen auch in der Corona-Krise«, ZEIT *Online*, 28.09.2020, https://www.zeit.de/news/2020-09/23/boersenboom-treibt-geldvermoegen-staerkster-anstieg-seit-2005

19 »Tax Justice and Democracy in Europe«, YouMoveEurope, abgerufen am 24.03.2021, https://you.wemove.eu/campaigns/for-the-democratization-of-europe?utm_campaign=p&utm_medium=widget&utm_source=youmove

20 Europäische Kommission, »Weißbuch zur Zukunft Europas«, 01.03.2017, https://

ec.europa.eu/commission/future-europe/white-paper-future-europe-and-way-forward_de

21 Alexandra Brzozowski, »Macron für ein Europa der zwei – oder drei – Geschwindigkeiten«, *Euractiv*, 21.11.2018, https://www.euractiv.de/section/europakompakt/news/macron-fuer-ein-europa-der-zwei-oder-drei-geschwindigkeiten/

22 Julian Heißler, »Schäubles Idee mit Sprengpotential«, *Tagesschau*, 04.07.2016, https://www.tagesschau.de/inland/schaeuble-brexit-eu-101.html

23 Klaus Brummer, »Europa der verschiedenen Geschwindigkeiten«, Bundeszentrale für politische Bildung, 08.09.2017, https://www.bpb.de/apuz/255609/mitgliedsstaaten-zweiter-klasse?p=2

24 Der Begriff der Pioniere/Pioneers wurde in verschiedenen Variationen und Ausprägungen immer wieder für ein Europa der verschiedenen Geschwindigkeiten gewählt, darunter u. a. von Jacques Chirac, Albrecht Meier, Pierre Moscovici.

25 Institut für Demoskopie Allensbach, »Ein neuer Aufbruch für Europa?« Eine Dokumentation des Beitrags von Dr. Thomas Petersen in der *Frankfurter Allgemeinen Zeitung* Nr. 46 vom 23. Februar 2018, Anhangtabelle A1«, 2018. https://www.ifd-allensbach.de/fileadmin/kurzberichte_dokumentationen/FAZ_Februar2018_Europa.pdf

26 Europäische Kommission, »Kommission von der Leyen: Eine Union, die mehr erreichen will«, Pressemitteilung, 10.09.2019, https://ec.europa.eu/commission/presscorner/detail/de/IP_19_5542

27 Vergleiche dazu: Andrea Renda, »Feasibility Study: Introducing ›One-in-one-out‹ in the European Commission«, CEPS, 05.12.2019, https://www.ceps.eu/ceps-publications/feasibility-study-introducing-one-in-one-out-in-the-european-commission/

28 Alexi Mostrous, Mark Bridge, Katie Gibbons, »Russia used Twitter bots and trolls to disrupt Brexit vote«, *The Times*, 15.11.2017, https://www.thetimes.co.uk/edition/news/russia-used-web-posts-to-disrupt-brexit-vote-h9nv5zg6c

29 »China schickt Flugzeugladung nach Italien«, *ntv*, 13.03.2020, https://www.n-tv.de/panorama/China-schickt-Flugzeugladung-nach-Italien-article21638730.html

30 »Haushaltspläne 2019«, Amtsblatt der Europäischen Union, 07.03.2019, 1210 ff., https://eur-lex.europa.eu/legal-content/DE/TXT/PDF/?uri=CELEX:32019B0333&from=DE

KAPITEL 2: EIN DEMOKRATISCHES EUROPA

1 Denken wir an Polen, müssen wir dabei an ein Gespräch mit Stadtführer Antoni 2019 in Warschau denken. Wir sprachen darüber, wie die Demokratie in seinem Land unter Druck gerät. Dabei war ihm die Schwere der Situation durchaus bewusst. Er sagte aber auch: »Wir sind eine junge Demokratie, obwohl wir manch-

mal so behandelt werden, als seien wir schon ewig dabei gewesen. In Deutschland habt ihr auch länger gebraucht. Wir finden unseren Weg schon. Gebt uns etwas Zeit.« Der Gedanke hat uns bewegt und uns an das erinnert, was die EU so gut kann: einen Rahmen schaffen, in dem Länder und Gesellschaften das Beste aus sich herausholen können, und ihren eigenen Weg hin zu mehr Demokratie gehen. Dieser Weg braucht Zeit und Ausdauer.

2 Europäische Kommission, »Spring 2019« *Standard Eurobarometer*, 05.08.2019.

3 Habermas, *Zur Verfassung Europas*, 51.

4 Habermas, *Zur Verfassung Europas*, 9.

5 Ulrike Guérot, »Die Europäische Republik als Vision«, Alfred Herrhausen Gesellschaft, 24.10.2020, abgerufen am 29.03.2021, https://herrhausen-weiter-denken.de/artikel/die-vision-eine-europaeische-republik/

6 Ewald König, »EU-Wahl: Warum die Stimmen ungleichen Wert haben«, *Euractiv*, 17.04.2014. https://www.euractiv.de/section/europawahlen/news/eu-wahl-warum-die-stimmen-ungleichen-wert-haben/

7 Paul Schmidt, Johanna Edthofer, »Wählen ab 16 in Österreich – ein Erfolgsmodell für ganz Europa?«, Österreichische Gesellschaft für Europapolitik, 16.04.2018, abgerufen am 26.03.2021, https://oegfe.at/2018/04/waehlen-ab-16/

8 Moritz Wichmann »Deutsche überschätzen Einfluss der EU, teilweise deutlich«, YouGov, 28.12.2016, abgerufen am 26.03.2021, https://yougov.de/news/2016/12/28/deutsche-uberschatzen-einfluss-der-eu-teilweise-de/

9 »Umwelt im Unterricht: Die Europäische Union und die Umwelt«, Bundesministerium für Umwelt, Naturschutz und nukleare Sicherheit, 02.07.2020, abgerufen am 26.03.2021, https://www.umwelt-im-unterricht.de/hintergrund/die-europaeische-union-und-die-umwelt/

10 Your Europe, »Europawahlen«, abgerufen am 26.03.2021, https://europa.eu/youreurope/citizens/residence/elections-abroad/european-elections/index_de.htm

11 »Wahl-O-Mat Archiv: Nutzung des Wahl-O-Mat«, Bundeszentrale für politische Bildung, abgerufen am 02.02.2021, https://www.bpb.de/politik/wahlen/wahl-o-mat/45484/archiv

12 Democracy International, »Reforms for the Improvement of the ECI Regulation«, abgerufen am 26.03.2021, https://www.democracy-international.org/sites/democracy-international.org/files/PDF/eci_revision_recommendations_democracy_international_short.pdf

13 Ralf-Uwe Beck, Nicola Quarz, »Europäische Bürgerinitiative: Zu kurz gesprungen«, CICERO, 14.03.2019, https://www.cicero.de/aussenpolitik/europaischeburgerinitiative-eu-fridaysforfuture-buergerbewegung

14 Niklaus Nuspliger: *Europa zwischen Populisten-Diktatur und Bürokraten-Herrschaft.* NZZ Libro: Basel 2019, 143 ff.

15 Niklaus Nuspliger, »Europas Angst vor Volksabstimmungen«, Goethe Institut, abgerufen am 26.03.2021, https://www.goethe.de/prj/fre/de/denk/ess/21561861.html

16 Vergleiche dazu: David van Reybrouck, *Gegen Wahlen: Warum Abstimmen nicht demokratisch ist*, Wallstein Verlag, Göttingen, 2016. Sowie: »Wahlen sind nicht demokratisch«, DER SPIEGEL 31/2016, https://magazin.spiegel.de/EpubDelivery/spiegel/pdf/146047999

17 »The World's first National Participatory Budget«, *Politics Reinvented*, abgerufen am 26.03.2021, https://politicsreinvented.eu/model/portugal-the-worlds-first-national-participatory-budget/

KAPITEL 3: EIN WELTVERBUNDENES EUROPA

1 World Bank, »World Development Indicator Database, GDP 2019«, eigene Auswertung, abgerufen am 27.03.2020, https://data.worldbank.org/indicator/NY.GDP.MKTP.CD

2 ORF, »Patentanmeldungen auf hohem Niveau«, *Science* ORF, 16.03.2021, https://science.orf.at/stories/3205344/

3 Basierend auf der Truppenstärke von 1,5 Millionen, genannt von Hans-Peter Bartels in einem Artikel in der *Welt*, und nach Abzug der rund 140–150 000 britischen Soldatinnen und Soldaten, die seitdem nicht mehr Teil der EU sind. Siehe dazu: »Ein Europa, eine Armee«, *Welt*, 12.11.2019, https://www.welt.de/debatte/kommentare/article203442328/Wehrbeauftragter-Hans-Peter-Bartels-Die-Europa-Armee-kommt.html

4 Albrecht Meier, »Europa muss die Sprache der Macht lernen«, *Der Tagesspiegel*, 08.11.2019, https://www.tagesspiegel.de/politik/von-der-leyen-haelt-europa-rede-europa-muss-die-sprache-der-macht-lernen/25206838.html

5 Cain Burdeau, »New Foreign Policy Boss Says EU Must Use ›Language of Power‹«, *Courthouse News Service*, 08.10.2019. https://www.courthousenews.com/new-foreign-policy-boss-says-eu-must-use-language-of-power/

6 »Permanent Strucutured Cooperation (PESCO)«, European Defence Agency, abgerufen am 10.12.2020, https://www.eda.europa.eu/what-we-do/our-current-priorities/permanent-structured-cooperation-(PESCO)

7 »Deutschland, Frankreich und Spanien bauen neuen Kampfjet«, *Der Tagesspiegel*, 17.06.2019, https://www.tagesspiegel.de/politik/modernisierung-der-bundeswehr-deutschland-frankreich-und-spanien-bauen-neuen-kampfjet/24464950.html

8 Angela Merkel, »Rede von Bundeskanzlerin Dr. Angela Merkel beim Jahresempfang des Diplomatischen Corps am 06. Juli 2018 in Meseberg«, Die Bundesregierung, 09.07.2018, https://www.bundesregierung.de/breg-de/service/bulletin/rede-von-bundeskanzlerin-dr-angela-merkel-1512834

9 Dominic Vogel, René Schulz, »Zur Diskussion über eine 28. Armee für die Euro-

päische Union,« SWP-*Aktuell*, Nr. 19, März 2020. https://www.swp-berlin.org/fileadmin/contents/products/aktuell/2020A19_EU-Armee.pdf

10 Bundesregierung, »Videokonferenz der EU-Verteidigungsministerinnen und -minister: Bedrohungsanalyse und Strategischer Kompass unter den erreichten Meilensteinen«, EU2020, Pressemitteilung, 20.11.2020, https://www.eu2020.de/eu2020-de/aktuelles/pressemitteilungen/akk-strategischer-kompass-videokonferenz-bedrohungsanalyse/2418888

11 »Holland verlangt Aufklärung über BND-Abhöraffäre«, *Frankfurter Allgemeine Zeitung*, 12.11.2015, https://www.faz.net/aktuell/politik/francois-hollande-verlangt-aufklaerung-in-bnd-abhoeraffaere-13908534.html

12 »Belgien ordnet Untersuchung gegen BND an«, ZEIT *Online*, 29.05.2015, https://www.zeit.de/politik/ausland/2015-05/bnd-spionage-untersuchung-belgien

13 Hans-Jürgen Schlamp, »Briten betrieben Wirtschaftsspionage in Italien«, DER SPIEGEL, 25.10.2013, https://www.spiegel.de/politik/ausland/briten-geheimdienst-gchq-betrieb-wirtschaftsspionage-in-italien-a-929995.html

14 Bundesministerium der Justiz und für Verbraucherschutz, »Gesetz über den Bundesnachrichtendienst (BND-Gesetz – BNDG); § 6 Voraussetzung für die Verarbeitung von Daten«, abgerufen am 26.03.2021, https://www.gesetze-im-internet.de/bndg/__6.html

15 https://www.dw.com/de/merkel-ausspähen-unter-freunden-das-geht-gar-nicht/a-37580819

16 Auf Nachfrage für dieses Buch beim Bundeskanzleramt und dem Bundesnachrichtendienst wurde explizit keine Stellung zum Sachverhalt genommen. Letzte öffentliche Informationen zum möglichen Abkommen gibt es u. a. hier: »BND verhandelt über Anti-Spionage-Pakt für Europa«, *Süddeutsche Zeitung*, 15.01.2014, https://www.sueddeutsche.de/politik/no-spy-abkommen-mit-eu-staaten-bnd-verhandelt-ueber-anti-spionage-pakt-fuer-europa-1.1863940

17 Christopher Nehring, »Europas Geheimdienste vernetzen sich«, *Deutsche Welle*, 08.04.2020, https://www.dw.com/de/europas-geheimdienste-vernetzen-sich/a-53061004

18 Eigene Auswertung auf Basis: »Importer/Exporter TIV Tables, 2019«, Stockholm International Peace Research Institute, abgerufen am 02.01.2021, https://armstrade.sipri.org/armstrade/page/values.php

19 Nina Bernarding, Kristina Lunz, »A Feminist Foreign Policy for the European Union«, The Greens/EFA and CFFP, 2020.

20 Laura Schiemichen, »Madam Ambassador: A Statistical Comparison of Female Ambassadors across the U.S., German, and EU Foreign Services«, College of Europe, 03/2019.

21 Eigene Auswertung unter: »Military and civilian missions and operations«, European External Action Service, abgerufen am 26.03.2021, https://eeas.europa.eu/headquarters/headquarters-homepage/430/military-and-civilian-missions-and-operations_en

22 Hannah Arendt, »Die menschliche Natur steht auf dem Spiel: Hannah Arendts ›Vorwort‹ und ›Abschließende Bemerkungen‹ zur ersten Auflage von The Origins of Totalitarianism (1951),« in *Über den Totalitarismus. Texte Hannah Arendts aus den Jahren 1951 und 1953*, Hrsg. Hannah-Arendt-Institut für Totalitarismusforschung e. V. an der Technischen Universität Dresden (Dresden: 1998), 14. http://www.hait.tu-dresden.de/dok/bst/heft_17_ludz.pdf

23 Aline Sierp, »EU Memory Policy and Europe's forgotten Colonial past«, *International Journal of Postcolonial Studies*, Volume 22, 2020, 692.

24 Daniel Pelz, »Völkermord: Namibia wartet weiter auf deutsche Entschuldigung«, *Deutsche Welle*, 13.09.2019, https://www.dw.com/de/völkermord-namibia-wartet-weiter-auf-deutsche-entschuldigung/a-50402887

25 Bert Hofman, »China's One Belt Road Initiative: What we know thus far«, *World Bank Blogs*, 04.12.2015, https://blogs.worldbank.org/eastasiapacific/china-one-belt-one-road-initiative-what-we-know-thus-far

26 Mario Holzner, Philipp Heimberger, Artem Kochnev, »Die Europäische Seidenstraße«, *Forschungsbericht*, 11, Juli 2018, Wiener Institut für Internationale Wirtschaftsvergleiche, https://wiiw.ac.at/die-europaeische-seidenstrasse-dlp-4598.pdf

27 Auswärtiges Amt, »Reform des Sicherheitsrats der Vereinten Nationen«, 22.09.2020, abgerufen am 26.03.2021, https://www.auswaertiges-amt.de/de/aussenpolitik/internationale-organisationen/uno/05-reform-sicherheitsrat/205630

28 United Nations High Commissioner for Refugees, »Figures at a Glance«, 18.06.2020, abgerufen am 26. 03. 2021, https://www.unhcr.org/figures-at-a-glance.html

29 UNO Flüchtlingshilfe, »Zahlen & Fakten zu Menschen auf der Flucht«, abgerufen am 26.03.2021, https://www.uno-fluechtlingshilfe.de/informieren/fluechtlingszahlen/

30 Amnesty International, »Griechenland muss Genfer Flüchtlingskonvention und Europäisches Recht achten«, Pressemitteilung, 12.03.2020, https://www.amnesty.de/allgemein/pressemitteilung/griechenland-griechenland-muss-genfer-fluechtlingskonvention-und

31 Anna Gauto, »Internierungslager für Flüchtlinge: Europas Schandfleck in Libyen«, *Handelsblatt*, 02.05.2019, https://www.handelsblatt.com/politik/international/gewalt-und-missbrauch-internierungslager-fuer-fluechtlinge-europas-schandfleck-liegt-in-libyen/24269420.html

32 Volkmar Kabisch, Katrin Kampling, Elena Kuch, Amir Musawy und Sebastian Pittelkow, »Eine vermeidbare Katastrophe«, *Tagesschau*, 23.10.2019, https://www.tagesschau.de/ausland/erstickte-fluechtlinge-101.html

33 Nico Schmidt, »Wie Europa geflüchtete Kinder einsperrt«, *Der Tagesspiegel*, 12.01.2020, https://www.tagesspiegel.de/gesellschaft/ich-wusste-nicht-mehr-welcher-wochentag-war-wie-europa-gefluechtete-kinder-einsperrt/25406306.html

34 Die Grünen/EFA, »Grüner Vorschlag für ein gerechtes und effizientes Asylsystem

in Europa«, 27.03.2020, https://www.greens-efa.eu/files/assets/docs/migration_paper_de__final_1.pdf

35 Europäisches Parlament, »Frontex: 10000 Grenzbeamte zur Stärkung der Außengrenzen«, 18.04.2019, abgerufen am 26.03.2021, https://www.europarl.europa.eu/news/de/headlines/security/20190404STO35073/frontex-10-000-grenzbeamte-zur-starkung-der-aussengrenzen

36 Raphael Bossong, »Der Ausbau von Frontex«, SWP-*Aktuell*, Nr. 66, November 2019, https://www.swp-berlin.org/fileadmin/contents/products/aktuell/2019 A66_bsg.pdf

37 »Spahn fordert 100000 Mann für EU-Grenzschutz«, *ntv*, 04.04.2018, https://www.n-tv.de/der_tag/Spahn-fordert-100-000-Mann-fuer-EU-Grenzschutz-article20367125.html

38 International Organization for Migration (IOM), »World Migration Report 2020«, 2019, https://www.un.org/sites/un2.un.org/files/wmr_2020.pdf

39 Jakob von Weizsäcker, »A European Blue Card Proposal«, *Horizons Stratégiques*, 1, Juli 2006, Bruegel, https://www.bruegel.org/2006/06/a-european-blue-card-proposal/

40 »Residence permits: statistics on authorisations to reside and work«, Eurostat, Dezember 2020, https://ec.europa.eu/eurostat/statistics-explained/pdfscache/70280.pdf

41 Die damalige Website findet sich heute noch im »Wayback Machine« Internet-Archiv, abgerufen am 26.03.2021, https://web.archive.org/web/20100411074917/http://www.esa.int/SPECIALS/Aurora/index.html

KAPITEL 4: EIN GERECHTES EUROPA

1 World Justice Project, »Rule of Law Index 2020«, 2020, 16.

2 »Das Manifest von Ventotene«, Junge Europäische Föderalisten Deutschland, abgerufen am 26.03.2021, https://www.jef.de/ueber-uns/geschichte/manifest-von-ventotene/

3 Paul Ribeyre, »Exposé de Paul Ribeyre sur la creation d'une Communauté européenne de la Santé, (septembre 1952)«, CVCE, https://www.cvce.eu/obj/expose_de_paul_ribeyre_sur_la_creation_d_une_communaute_europeenne_de_la_sante_septembre_1952-fr-5350cea3-b096-47f5-9d4b-062dd139d934.html

4 Kolja Möller, »Die Europäische Sozialunion – Ideen, Hindernisse und Fragmente«, *Interdisziplinäre Europastudien*, Springer, 29.11.2014, 291 ff.

5 Europäische Kommission, »Beschäftigung, Soziales und Integration«, eigene Auswertung, abgerufen am 27.03.2021, https://ec.europa.eu/social/main.jsp?catId=858&langId=de

6 Sandra Stalinski, »Wie Mutterschutz und Elterngeld geregelt sind«, *Tagesschau*, 18.07.2019, https://www.tagesschau.de/ausland/mutterschutz-elternzeit-eu-101.html

7 »Abwärtstrend beim Anteil der von Armut oder sozialer Ausgrenzung bedrohten Personen in der EU«, Eurostat, Pressemitteilung, 16.10.2019, https://ec.europa.eu/eurostat/documents/2995521/10163472/3-16102019-CP-DE.pdf/a978ac50-fde2-f7ff-0dec-9c2e85561795

8 Bundesregierung, »Europäischer Rat: Auf die Zukunft Europas ausgerichtet«, 27.07.2020, abgerufen am 26.03.2021, https://www.bundesregierung.de/breg-de/aktuelles/europaeischer-rat-1769398

9 Ulrike Guérot, Robert Menasse, »Europas Wahl«, *taz, die Tageszeitung*, 16.05.2014.

10 »Europäische Arbeitslosenversicherung«, Deutsches Institut für Wirtschaftsforschung, abgerufen am 26.03.2021, https://www.diw.de/de/diw_01.c.496193.de/presse/glossar/europaeische_arbeitslosenversicherung.html

11 Eric Thode, Katharina Bilaine, »Bürger sehen die Europäische Union als Garant des Sozialstaats«, Bertelsmann Stiftung, 10.11.2015, https://www.bertelsmann-stiftung.de/de/themen/aktuelle-meldungen/2015/november/buerger-sehen-die-europaeische-union-als-garant-des-sozialstaats

12 »Gender Pay Gap Statistics«, Eurostat, abgerufen am 26.03.2021, https://ec.europa.eu/eurostat/statistics-explained/index.php/Gender_pay_gap_statistics

13 Bundesministerium für Familie, Senioren, Frauen und Jugend, »Was der Gender Care Gap über Geld, die Gesellschaft und Gerechtigkeit aussagt: Einflussfaktoren auf den Gender Care Gap und Instrumente für seine Reduzierung«, 2020, 24, https://www.bmfsfj.de/blob/154696/bb7b75a0b9090bb4d194c2faf63eb6aa/gender-care-gap-forschungsbericht-data.pdf

14 Europäische Kommission, »Kommission schlägt Maßnahmen zur Lohntransparanz vor«, 04.03.2021, abgerufen am 26.03.2021, https://ec.europa.eu/commission/presscorner/detail/de/QANDA_21_961

15 Marc Röhlig, »Das erste Land der Welt will endlich durchsetzen, dass Frauen so viel verdienen wie Männer, DER SPIEGEL / *bento*, 09.03.2017, https://www.bento.de/politik/island-fuehrt-gesetz-zur-lohngerechtigkeit-zwischen-frau-und-mann-ein-a-00000000-0003-0001-0000-000001235228

16 Europäisches Parlament, »Women in parliaments: at a glance, INFOGRAPHIC«, Februar 2020, https://www.europarl.europa.eu/RegData/etudes/ATAG/2020/646189/EPRS_ATA(2020)646189_EN.pdf

17 Milena Hassenkamp, Marcel Pauly, »Frauen an der Macht«, DER SPIEGEL, 08.03.2019, https://www.spiegel.de/politik/ausland/internationaler-frauentag-paritaet-in-der-eu-frauen-an-der-macht-a-1256576.html

18 Margot Wallström, »Speech by Margot Wallström at Tunis Forum for Gender Equality«, 24.02.2019, https://www.government.se/speeches/20192/04/speech-by-margot-wallstrom-at-tunis-forum-on-gender-equality

19 Sara Sušanj, »Making the Youth Council work in rural areas – thinks I have learned«, Council of Europe, 30.11.2020, https://pjp-eu.coe.int/en/web/coyote-magazine/issue-30/-/asset_publisher/YeysNXiYpScA/content/making-the-youth-council-work-in-a-rural-area-things-i-have-learned

20 Sušanj, »Making the Youth Countil work in rural areas«

21 EU Agency for Fundamental Rights, »A long way to go for LGBTI equality«, EU-LGBTI II, 2020, https://fra.europa.eu/en/publication/2020/eu-lgbti-survey-results

22 Fred Deveaux, »Counting the LGBT population: 6 % of Europeans identify as LGBT«, *Dalia Research*, 18.10.2016, https://daliaresearch.com/blog/counting-the-lgbt-population-6-of-europeans-identify-as-lgbt/

23 Claudia Ciobanu, »A third of Poland declared LGBT free zone«, *Balkan Insight*, 25.02.2020 https://balkaninsight.com/2020/02/25/a-third-of-poland-declared-lgbt-free-zone/

24 In Anlehnung an Johann W. v. Goethes bekannter Gretchenfragen aus Faust I: »Nun sag, wie hast du's mit der Religion? Du bist ein herzlich guter Mann, allein ich glaub, du hältst nicht viel davon.«

25 Europäische Kommission, »The Commission presents its first-ever strategy on LGBTQI equality in the EU«, Pressemitteilung, 12.11.2020, https://ec.europa.eu/commission/presscorner/detail/en/ip_20_2068

26 Vincent-Immanuel Herr, Martin Speer, »Es ist Zeit!«, *Der Spiegel*, 01.06.2015, https://www.spiegel.de/politik/deutschland/offener-brief-merkel-forderung-gleichstellung-der-homo-ehe-a-1036545.html

27 Europäische Kommission, »Perception of minorities in the EU: LGBTI people«, *Special Eurobarometer 493: Discrimination in the European Union*, Mai 2019, https://ec.europa.eu/info/sites/info/files/infographics_2019_lgbti_final.pdf

28 Simon Rosner, Petra Tempfer, »Kommt die ›Ehe light‹?«, *Wiener Zeitung*, 12.01.2020, https://www.wienerzeitung.at/nachrichten/politik/oesterreich/2045567-Kommt-die-Ehe-light.html

29 Europäische Kommission, »Discrimination in the European Union«, *Special Eurobarometer 493*, 2019, 154 ff.

30 European Union Agency for Fundamental Rights, »Als Schwarzer in der EU leben: Zweite Erhebung der Europäischen Union zu Minderheiten und Diskriminierung. Zusammenfassung«, EU-MIDIS II, 15.11.2019, https://fra.europa.eu/de/publication/2019/als-schwarzer-der-eu-leben-zusammenfassung

31 European Union Agency for Fundamental Rights, »Second European Union Minorities and Discrimination Survey. Main Results«, EU-MIDIS II, 2017, https://fra.europa.eu/sites/default/files/fra_uploads/fra-2017-eu-midis-ii-main-results_en.pdf

32 Europäische Kommission, »Rede von Kommissionspräsidentin von der Leyen vor dem Plenum des Europäischen Parlaments – ›Wir müssen über Rassismus re-

den – offen und ehrlich‹«, 17.06.2020, https://ec.europa.eu/commission/presscorner/detail/de/SPEECH_20_1114

33 European Network Against Racism, »A Roadmap for EU Institutions to Address Structural Racism: Towards Racial Equality and Justice«, Juni 2020, https://www.enar-eu.org/IMG/pdf/roadmap_structural_racism_-_eu_-_long_final.pdf

34 Europäische Kommission, »Menschen mit Behinderung«, November 2020, abgerufen am 26.03.2021, https://ec.europa.eu/social/main.jsp?catId=1137&langId=de

35 Europäische Kommission, »European Accessibility Act«, abgerufen am 26.03.2021, https://ec.europa.eu/social/main.jsp?catId=1202&langId=en

36 Bundesministerium für Soziales, Gesundheit, Pflege und Konsumentenschutz, »Behindertengleichstellung«, abgerufen am 28.03.2021, https://www.sozialministerium.at/Themen/Soziales/Menschen-mit-Behinderungen/Behindertengleichstellung.html

KAPITEL 5: EIN VERNETZTES EUROPA

1 Europäische Kommission, »2.3 Crossing borders« in »People on the move: statistics on mobility in Europe. 2020 Edition«, Eurostat, 2020, abgerufen am 28.03.2021, https://ec.europa.eu/eurostat/cache/digpub/eumove/index.html?lang=en

2 Europäische Kommission, »Passenger transport statistic«, Eurostat, 2020, abgerufen am 26.03.2021, https://ec.europa.eu/eurostat/statistics-explained/index.php/Passenger_transport_statistics

3 Europäische Kommission, »2.1 Studying abroad« in »People on the move: statistics on mobility in Europe. 2020 Edition«, Eurostat, 2020, abgerufen am 27.03.2021, https://ec.europa.eu/eurostat/cache/digpub/eumove/index.html?lang=en

4 Claudia Huber, Cornelius Abedahr, »Wird Europa die dritte Technosphäre?«, *Frankfurter Allgemeine Zeitung*, 15.12.2020, https://www.faz.net/aktuell/politik/inland/gastbeitrag-zum-internet-zwischen-amerika-und-china-wird-europa-die-dritte-technosphaere-17102982.html

5 Statista, »Europäische Union & Euro-Zone: Urbanisierungsgrad von 2009 bis 2019«, 2021, abgerufen am 26.03.2021, https://de.statista.com/statistik/daten/studie/249028/umfrage/urbanisierung-in-der-europaeischen-union-eu/

6 Caroline Criado-Perez, »The deadly truth about a world built for men – from stab vests to car crashes«, *The Guardian*, 23.02.2019, https://www.theguardian.com/lifeandstyle/2019/feb/23/truth-world-built-for-men-car-crashes

7 Caroline Criado-Perez, *Unsichtbare Frauen. Wie eine von Daten beherrschte Welt die Hälfte der Bevölkerung ignoriert* (München: btb Verlag, 2020), 419.

8 Sally Kneeshaw, »Gender Equal Cities: Inspiration from Vienna«, *Urbact*, 24.06.2019, https://urbact.eu/gender-equal-cities-inspiration-vienna

9 Thilo Jahn im Gespräch mit Eva Kail, »Eva Kail zu Gender planning: Stadtplanung, die Frauen gerecht wird«, *Deutschlandfunk Nova*, 10.11.2019, https://www.deutschlandfunknova.de/beitrag/leben-in-der-stadt-planerin-eva-kail-zu-einer-stadtplanung-die-frauen-in-der-city-gerecht-wird

10 Europäische Kommission, »European strategies: White paper 2011«, 2011, abgerufen am 26.03.2021, https://ec.europa.eu/transport/themes/strategies/2011_white_paper_en

11 David Briginshaw, »Will ERTMS ever reach critical mass in Europe?«, *International Railway Journal*, 06.02.2020, https://www.railjournal.com/in_depth/will-ertms-reach-critical-mass-europe

12 Europäische Kommission, »Comprehensive analysis of the existing cross-border rail transport connections and missing links on the internal EU borders«, 30.03.2018, https://ec.europa.eu/regional_policy/en/information/publications/reports/2018/comprehensive-analysis-of-the-existing-cross-border-rail-transport-connections-and-missing-links-on-the-internal-eu-borders

13 Allianz pro Schiene, »Deutschland investiert zu wenig in Schieneninfrastruktur«, abgerufen am 27.03.2021, https://www.allianz-pro-schiene.de/themen/infrastruktur/investitionen/

14 Jerôme Creel, Mario Holzner, Francesco Saraceno, Andrew Watt und Jerôme Wittwer, »How to spend it: A proposal for a European Covid-19 recovery programme«, *Policy Notes and Reports*, 38, Juni 2020, Wiener Institut für internationale Wirtschaftsvergleiche, https://wiiw.ac.at/how-to-spend-it-a-proposal-for-a-european-covid-19-recovery-programme-dlp-5352.pdf

15 Cordula Eubel, »Europaabgeordnete wollen nur noch einen Bruchteil CO_2 ausstoßen«, *Der Tagesspiegel*, 23.10.2019, https://www.tagesspiegel.de/politik/nachtzug-zwischen-berlin-und-bruessel-europaabgeordnete-wollen-nur-noch-einen-bruchteil-co2-ausstossen/25143202.html

16 Caspar Schwietering, Thomas Wüpper, »Wie Deutschland die Nachtzüge ausbremst«, *Der Tagesspiegel*, 24.02.2021, https://www.tagesspiegel.de/wirtschaft/hohe-schienenmaut-keine-schlafwagen-wie-deutschland-die-nachtzuege-ausbremst/26946546.html

17 Jon Worth, »How could the EU solve the night train conundrum? Procure a massive fleet of night train carriages and lease them to operators«, John Worth Euroblog, 16.09.2020, abgerufen am 27.03.2020, https://jonworth.eu/how-could-the-eu-solve-the-night-train-conundrum-procure-a-massive-fleet-of-night-train-carriages-and-lease-them-to-operators/

18 Ulli Kulke, »Trockenlegen des Mittelmeers brächte den Frieden«, *Welt*, 14.10.2013, https://www.welt.de/geschichte/article120890068/Trockenlegen-des-Mittelmeers-braechte-den-Frieden.html

19 Laurence Dollimore, »Project to build € 8 billion underwater tunnel connecting Spain and Africa is back on«, *The Olive Press*, 29.05.2018, https://www.theolive-

press.es/spain-news/2018/05/29/project-to-build-e8-billion-underwater-tunnel-connecting-spain-and-africa-is-back-on/

20 Lasse Hinrichs, »Die zehn Länder mit der höchsten PKW-Dichte«, DER SPIEGEL, 29.03.2010, https://www.spiegel.de/auto/aktuell/ranking-die-zehn-laender-mit-der-hoechsten-pkw-dichte-a-684947.html

21 TomTom, »Traffic Index 2020«, abgerufen am 27.03.2021, https://www.tomtom.com/en_gb/traffic-index/ranking/

22 Europäische Kommission, »3. 1 Using road and rail« in »People on the move: statistics on mobility in Europe. 2020 Edition«, Eurostat, 2020, abgerufen am 27.03.2021, https://ec.europa.eu/eurostat/cache/digpub/eumove/index.html?lang=en

23 Lars von Törne, »Warum dieser Mann den kostenlosen Nahverkehr eingeführt hat«, *Der Tagesspiegel*, 15.03.2020, https://www.tagesspiegel.de/themen/reportage/luxemburg-als-vorbild-fuer-deutschland-warum-dieser-mann-den-kostenlosen-nahverkehr-eingefuehrt-hat/25618766.html

24 Linas Jegelevicius, »Is free public transport everything it is cracked up to be?«, *Euronews*, 10.03.2020, https://www.euronews.com/2020/03/10/is-free-public-transport-everything-it-is-cracked-up-to-be

25 Enrique Dans, »Is free public transport in cities the way forward?«, *Forbes*, 15.09.2019, https://www.forbes.com/sites/enriquedans/2019/09/15/is-free-public-transport-in-cities-the-wayforward/#3d897ae3a00e

26 »Kostenloser Nahverkehr startet in Augsburg«, *Süddeutsche Zeitung*, 02.02.2020, https://www.sueddeutsche.de/bayern/pilotprojekt-kostenloser-nahverkehr-startet-in-augsburg-1.4742878

27 »Wird der Nahverkehr jetzt überall kostenlos?«, *Redaktionsnetzwerk Deutschland*, 29.12.2019, https://www.rnd.de/panorama/experimente-in-mehreren-stadten-wird-der-nahverkehr-jetzt-uberall-kostenlos-BH4JJ2XNC25I3V5H3RZB-4PUTG4.html

28 Der Satz ist abgeleitet von Loriots Ausspruch, »Das Leben ohne Mops ist möglich, aber sinnlos.« Wir grüßen an dieser Stelle alle Freundinnen und Freunde des deutschen Humoristen. Siehe dazu: Loriot, *Gesammelte Prosa* (Diogenes, Zürich 2006).

29 Europäische Kommission, »Households with broadband access«, Eurostat, 2020, https://ec.europa.eu/eurostat/databrowser/view/tin00073/default/table?lang=en

30 Europäischer Rechnungshof, »Der Breitbandausbau in den EU Mitgliedsstaaten: Trotz Forschritten werden nicht alle Ziele der Strategie Europa 2020 erreicht«, Sonderbericht Nr. 12, Dezember 2018, https://op.europa.eu/webpub/eca/special-reports/broadband-12-2018/de/

31 Oliver Bilger, »Digitalisierung: Wo Estland Deutschland voraus ist«, *Frankfurter Rundschau*, 13.01.2020, https://www.fr.de/politik/digitalisierung-estland-ist-deutschland-um-einiges-voraus-13434697.html

32 Republic of Estonia, »Riigikogu elections 2019«, 08.03.2019, https://rk2019.valimised.ee/en/voting-result/voting-result-main.html

33 »Breitband-Zugang als Bürgerrecht«, *Süddeutsche Zeitung*, 17.05.2020, https://www.sueddeutsche.de/digital/finnland-breitband-zugang-als-buergerrecht-1.44159

34 »Kanzleramt: Rechtsanspruch auf schnelles Internet bis 2025«, ZEIT *Online*, 14.11.2018, https://www.zeit.de/news/2018-11/14/kanzleramt-rechtsanspruch-auf-schnelles-internet-ab-2025-181114-99-805810

35 Europäische Kommission, »Rights and principles applicable when you access and use online service«, abgerufen am 05.02.2021, https://ec.europa.eu/digital-single-market/en/rights-principles-applicable-when-you-access-and-use-online-services

36 Mike Robuck, »Report: Amazon and Microsoft reign supreme in European cloud market«, *Fierce Telecom*, 07.05.2020, https://www.fiercetelecom.com/operators/report-amazon-and-microsoft-reign-supreme-european-cloud-market

37 Ankita Bhutani, Preeti Wadhwani, »European Cloud Computing Market – Industry Trends«, *Global Market Insights*, November 2019, https://www.gminsights.com/industry-analysis/europe-cloud-computing-market

38 Bundesministerium für Wirtschaft und Energie, »Das Project GAIA-X«, Oktober 2019, https://www.bmwi.de/Redaktion/DE/Publikationen/Digitale-Welt/das-projekt-gaia-x.pdf?__blob=publicationFile=22

39 Europäische Kommission, »Do you protect the personal data on your smartphone«, Eurostat, 28.01.2019, https://ec.europa.eu/eurostat/web/products-eurostat-news/-/EDN-20190128-1

40 Statcounter, »Mobile Operating System Market Share Europe«, Februar 2021, https://gs.statcounter.com/os-market-share/mobile/europe

41 Dennis Horn, »Corona-Warn-App: Warten auf das iPhone Update«, *Westdeutscher Rundfunk*, 30.06.2020, https://blog.wdr.de/digitalistan/corona-warn-app-warten-auf-das-iphone-update/

42 »Huawei stellt eigenes Betriebssystem vor«, ZEIT *Online*, 09.08.2019, https://www.zeit.de/digital/mobil/2019-08/huawei-betriebssystem-smartphone-us-sanktionen

43 Armin St., »Huawei: Europa soll ein eigenes Betriebssystem entwickeln«, Windows United, 04.09.2019, abgerufen am 27.03.2021, https://windowsunited.de/huawei-europa-soll-ein-eigenes-betriebssystem-entwickeln/

44 Carla Hustedt im Gespräch mit Barbara Wimmer, »Wenn Computer Vorurteile haben«, Future Zone, 23.09.2019, https://futurezone.at/science/wenn-computer-vorurteile-haben/400610966

45 Georgina Varley, »Women in tech by country«, European Women in Tech, November 2019, abgerufen am 05.01.2021, https://www.europeanwomenintech.com/blog/women-in-tech-by-country

46 Tim Smith, »How can we really make European startups more diverse?«, *sifted*, 14.07.2020, https://sifted.eu/articles/european-startups-racial-diversity/

47 Statcounter, »Search Engine Market Share Europe«, betrachteter Zeitraum Januar 2020 – Dezember 2020, abgerufen am 26.03.2021, https://gs.statcounter.com/search-engine-market-share/all/europe/#monthly-202001-202012

48 Europäische Kommission, »Kommission verhängt Geldbuße von 4,34 Milliarden gegen Google wegen illegaler Praktiken bei Android-Mobilgeräten zur Stärkung der beherrschenden Stellung der Suchmaschine«, Pressemitteilung, 18.07.2018, https://ec.europa.eu/commission/presscorner/detail/de/IP_18_4581

49 Europäische Kommission, »Kommission verhängt dritte Milliardenstrafe gegen Google – dieses Mal wegen Missbrauchs der Markmacht bei Suchmaschinen-Werbung«, Pressemitteilung, 20.03.2019, https://ec.europa.eu/germany/news/20190320-milliardenstrafe-google_de

KAPITEL 6: EIN ÖKOLOGISCHES EUROPA

1 Marie Jamet, Sandrine Amiel, »EU still among top 3 world CO_2 emitters, new data shows«, *Euronews*, 05.12.2019. https://www.euronews.com/2019/12/05/eu-still-among-top-3-world-co2-emitters-new-data-shows

2 Jamet, Amiel, »EU still among top 3 world COS emitters«, Euronews.

3 Jamet, Amiel, »EU still among top 3 world COS emitters«, Euronews.

4 Umweltbundesamt, »Treibhausgas-Emission in der Europäischen Union«, 25.08.2020, abgerufen am 27.03.2021, https://www.umweltbundesamt.de/daten/klima/treibhausgas-emissionen-in-der-europaeischen-union#grosste-emittenten

5 Europäische Kommission, »Greenhouse Gas Emission Statistics – emission inventories«, Eurostat, 18.06.2020, https://ec.europa.eu/eurostat/statistics-explained/pdfscache/1180.pdf

6 Anna-Zoë Herr, Nachhaltigkeitsforscherin, schreibt uns dazu: »Die Auswirkung des Agrarsektors ist in manchen Kreisen etwas umstritten, im Besonderen, weil er für fast 55 % des Methan-Ausstoßes verantwortlich ist. Methan ist 25-mal so schädlich für den Klimawandel wie CO_2. In der Diskussion um Treibhausgas-Emissionen reden wir über CO_2, weil es viel länger in der Atmosphäre bleibt als Methan. Aber in der Wissenschaftsgemeinschaft ist es noch nicht ganz geklärt, wie stark sich der Einfluss von Methan auf Gesundheit, Klimawandel und die permanente Einlagerung von CO_2 in der Atmosphäre auswirkt.«

7 Europäische Kommission, »Climate Action – How will web e affected?«, abgerufen am 26.03.2021, https://ec.europa.eu/clima/policies/adaptation/how_en

8 Europäische Kommission, »Frans Timmermans, Mission Letter«, abgerufen am 26.03.2021, https://ec.europa.eu/commission/commissioners/2019-2024/timmermans_en

9 Marcia Rocha, Fabio Sferra und weitere, »A stress test for coal in Europe under the

Paris Climate Agreement«, Februar 2017, https://climateanalytics.org/media/eu_coal_stress_test_report_2017.pdf
10 »Coal phase out in the European Union«, Climate Analytics, abgerufen am 27.03.2021, https://climateanalytics.org/briefings/eu-coal-phase-out/
11 »Das Kohleland Polen steigt aus der Kohle aus«, *Frankfurter Allgemeine Zeitung*, 28.09.2020, https://zeitung.faz.net/faz/wirtschaft/2020-09-28/3b36a688624b5ebb11bc8aef7926e119/?GEPC=s3
12 Winfried Zacher, »Gefahr aus Kohlekraftwerken«, *Deutsches Ärzteblatt*, 2015, 112(26), https://www.aerzteblatt.de/archiv/171122/Umwelt-und-Gesundheit-Gefahr-aus-Kohlekraftwerken
13 Kathiann M. Kowalski, »In Poland, efforts to rescue coal industry will likely come up short«, *Energy News Network*, 12.07.2016, https://energynews.us/2016/07/12/midwest/in-poland-efforts-to-rescue-coal-industry-will-likely-come-up-short/
14 Kenfo, »Über den Kenfo«, Fonds zur Finanzierung der kerntechnischen Entsorgung, abgerufen am 25.03.2021, https://www.kenfo.de/der-fonds/ueber-den-kenfo
15 »Altmaier: Privates Kapital für mehr Klimaschutz mobilisieren«, ZEIT *Online*, 09.09.2019, https://www.zeit.de/news/2019-09/09/altmaier-privates-kapital-fuer-mehr-klimaschutz-mobilisieren
16 Bill Schlesinger, »How green is your milk?«, *Translational Ecology*, 28.02.2019, https://blogs.nicholas.duke.edu/citizenscientist/how-green-is-your-milk/
17 »Hey Bundestag«, Oatly, abgerufen am 26.03.2021, https://www.oatly.com/de/hey-bundestag
18 Infos unter https://www.carboncloud.com/
19 Deutscher Bundestag, »Drucksache 12/8600«, 13.10.1994, https://dip21.bundestag.de/dip21/btd/12/086/1208600.pdf
20 Sohad Khaldi, »Zahlen für das Klima – Vorbild Schweden?«, ZDF *heute*, 18.12.2019, https://www.zdf.de/nachrichten/heute/umgang-mit-co2-steuer-in-schweden-100.html
21 »EU-Kommissarin warnt vor Stromverbrauch im Internet«, ZEIT *Online*, 15.12.2019, https://www.zeit.de/digital/internet/2019-12/klimawandel-stromverbrauch-internet-margrethe-vestager
22 Dietmar Klumpp, »Die Ökobilanz eines Mausklicks«, *Südwest Rundfunk*, 13.07.2018, https://www.swr.de/odysso/oekobilanz-des-internets/-/id=1046894/did=21791748/nid=1046894/1jsu4be/index.html
23 Vgl. »EU Kommissarin warnt vor Stromverbrauch im Internet«
24 Verkehrsclub Deutschland e. V., »Kerosinsteuer: Notwendig und machbar«, abgerufen am 26.03.2021, https://www.vcd.org/themen/flugverkehr/kerosinsteuer/
25 Stefan Eiselin, »7 Euro für jeden abfliegenden Passagier«, *Aero Telegraph*, 15.05.2019, https://www.aerotelegraph.com/neue-luftfahrtsteuer-niederlande-7-euro-fuer-jeden-abfliegenden-passagier

26 »EU kappt Flughafen-Subventionen«, *Tagesschau*, 20.02.2014, https://www.tagesschau.de/wirtschaft/eu-flughafen100.html

27 Europäische Kommission, »Statistik des Personenverkehrs«, Eurostat, abgerufen am 26.03.2021, https://ec.europa.eu/eurostat/statistics-explained/index.php?title=Passenger_transport_statistics/de#Eisenbahnpersonenverkehr

28 Ein ähnlicher Vorschlag zur Einstellung von Kurzstreckenflügen unter 1000 km bzw. im Inland wurde 2019 vom Jugendrat der Generationenstiftung im Buch *Ihr habt keinen Plan. Darum machen wir einen.* (München: Blessing, 2019) gemacht.

29 Europäische Kommission, »42 % der Landfläche der EU27 ist von Wäldern bedeckt«, Pressemitteilung, 20.10.2008, https://ec.europa.eu/commission/presscorner/detail/de/STAT_08_146

30 Bayerische Staatsforsten, »Was leisten eigentlich unsere Wälder?«, abgerufen am 25.03.2021, https://www.baysf.de/de/wald-verstehen/was-leisten-eigentlich-unsere-waelder.html

31 ETH-Zürich, »Wie Bäume helfen könnten, das Klima zu retten* «, Pressemitteilung, 04.07.2019, abgerufen am 27. 03. 2021, https://ethz.ch/de/news-und-veranstaltungen/eth-news/news/2019/07/wie-baeume-das-klima-retten-koennten.html

32 »Heftige Kritik an Schweizer Aufforstungsstudie«, *Mitteldeutscher Rundfunk*, 22.10.2019, https://www.mdr.de/wissen/kritik-an-studie-zur-wiederaufforstung-100.html

33 Susanne Winter, »Mehr Wald geht durch Corona verloren«, WWF Blog, 21.05.2020, abgerufen am 27.03.2021, https://blog.wwf.de/wald-corona/

34 Cordula Eubel, »Dem Wald in Deutschland geht es so schlecht wie nie«, *Der Tagesspiegel*, 24.02.2021, https://www.tagesspiegel.de/politik/natur-im-dauerstress-dem-wald-in-deutschland-geht-es-so-schlecht-wie-noch-nie/26948352.html

35 Europäische Kommission, »EU-Bevölkerung im Jahr 2020 bei fast 448 Millionen«, Eurostat Pressemitteilung, 10.07.2020, https://ec.europa.eu/eurostat/de/web/products-euro-indicators/-/3-10072020-ap

36 Umweltbundesamt, »Treibhausgas-Emission in der Europäischen Union«, 25.08.2020, abgerufen am 27.03.2021, https://www.umweltbundesamt.de/daten/klima/treibhausgas-emissionen-in-der-europaeischen-union#grosste-emittenten

37 Europäische Kommission, »Eine Billion Euro für die Zukunft Europas – der Haushaltsrahmen der EU für 2014–2020«, Pressemitteilung, 19.11.2013, https://ec.europa.eu/commission/presscorner/detail/de/IP_13_1096

38 Europäischer Rat, »Multiannual financial framework for 2021–2027 adopted«, Pressemitteilung, 17.12.2020, https://www.consilium.europa.eu/en/press/press-releases/2020/12/17/multiannual-financial-framework-for-2021-2027-adopted/

39 Rebecca Freitag und Craig Morris haben auch einen Podcast zu diesem Thema: Community Renewables Podcast.

40 European Environment Agency, »The European Environment – State and Outlook 2020. Knowledge for transition to a sustainable Europe«, 2019, 75.

41 Nationale Naturlandschaften e. V., »Nationalparks in der Welt«, abgerufen am 26.03.2021, https://nationale-naturlandschaften.de/wissensbeitraege/nationalparks-in-der-welt

KAPITEL 7: EIN FREIES EUROPA

1 Vergleich z. B.: Annette Zimmer, »Die verschiedenen Dimensionen der Zivilgesellschaft«, Bundeszentrale für politische Bildung, 31.05.2012, https://www.bpb.de/politik/grundfragen/deutsche-verhaeltnisse-eine-sozialkunde/138713/dimensionen

2 Jürgen Habermas, *Faktizität und Geltung* (Frankfurt am Main: Suhrkamp, 2019), 435.

3 Vergleiche hierzu: Hannah Arendts Rede »Freiheit und Politik« von 1959.

4 Brot für die Welt, »Atlas der Zivilgesellschaft 2020: Report zur weltweiten Lage«, 2020, https://www.brot-fuer-die-welt.de/themen/atlas-der-zivilgesellschaft/2020/zusammenfassung-atlas-2020/

5 Verena Ringler, »Verena Ringler leads call for #EUCitizenCommissioner«, European Foundation Centre, 22.07.2019, https://www.efc.be/news-post/verena-ringler-leads-call-for-an-eucitizencommissioner/

6 Mounk, *Der Zerfall der Demokratie*, 278.

7 Susanne Zels, Sophie Pornschlegel, »Kämpft für mehr Gerechtigkeit!«, DIE ZEIT, 22.10.2020, https://www.zeit.de/2020/44/politische-bildung-europa-agentur-schueler-demokratie-rechtsstaatlichkeit

8 LobbyControl, »EU Lobbyreport 2019«, 2019, https://www.lobbycontrol.de/wp-content/uploads/EU-Lobbyreport2019.pdf

9 LobbyControl, »EU Lobbyreport 2019«, 2019.

10 Europäische Kommission, »Vorschlag für eine Verordnung des Rates über das Statut der Europäischen Stiftung (FE)«, EUR-Lex, 08.02.2012, https://eur-lex.europa.eu/LexUriServ/LexUriServ.do?uri=COM:2012:0035:FIN:DE:PDF

11 Deutscher Bundesrat, Drucksache 74/1/12, 19.03.2012.

12 Sergey Lagodinsky, »Europäer, vereinigt Euch!«, *Frankfurter Allgemeine Zeitung*, 29.08.2019, https://www.faz.net/einspruch/kommentar-es-ist-zeit-fuer-ein-europaeisches-vereinsrecht-16357796.html

13 Christian Buß, »Rundfunk in Europa: Generalangriff auf die Öffentlich-Rechtlichen«, DER SPIEGEL, 28.02.2018, https://www.spiegel.de/kultur/tv/oeffentlich-rechtlicher-rundfunk-abgabedebatte-in-europa-a-1195404.html

14 JEF Bundeskongress, »Für einen europäischen Rundfunk!«, Junge Europäische

Föderalisten Deutschland, 13.10.2019, abgerufen am 27.03.2021, https://www.jef.de/dokumente/fuer-einen-europaeischen-rundfunk/
15 Johannes Hillje, *Plattform Europa* (Bonn: Dietz, 2019).

KAPITEL 8:
EIN VEREINTES EUROPA

1 Bruce Stokes, »What it takes to truly be ›one of us‹«, *Global Attitudes & Trends*, Pew Research Center, 01.02.2017, https://www.pewresearch.org/global/2017/02/01/what-it-takes-to-truly-be-one-of-us/
2 Jacques Delors, »Rede von Jacques Delors vor dem Europäischen Parlament (17. Januar 1989)«, CVCE, abgerufen am 26.03.2021, https://www.cvce.eu/content/publication/2003/8/22/b9c06b95-db97–4774-a700-e8aea5172233/publishable_de.pdf
3 Hinweis: Wir beide arbeiten seit mehreren Jahren regelmäßig mit der Schwarzkopf-Stiftung zusammen, zuletzt am FreeInterrail-Projekt (2019–21), das von der Stiftung Mercator gefördert wurde und administrativ Teil des Portfolios der Schwarzkopf-Stiftung war.
4 Ariane Bemmer, »Weltrettung nach Stundenplan«, *Der Tagesspiegel*, 10.05.2019, https://www.tagesspiegel.de/berlin/schule/was-alles-schulfach-werden-soll-weltrettung-nach-stundenplan/24269498.html
5 Europäische Kommission, »Die Europäischen Bürger und ihre Sprachen«, *Spezial Eurobarometer*, 386, Juni 2012, 22, https://ec.europa.eu/commfrontoffice/publicopinion/archives/ebs/ebs_386_de.pdf
6 Jutta Limbach, Jürgen Gerhards, »Europäische Sprachenpolitik«, Bundezentrale für politische Bildung, 17.01.2012, https://www.bpb.de/apuz/59771/europaeische-sprachenpolitik?p=all
7 Priya Basil, »Hilfspaket für Europas Zivilgesellschaft«, ZEIT *Online*, 07.07.2017, https://www.zeit.de/kultur/2017–07/europaeische-union-symbole-flagge-kultur-10nach8
8 Benedikt Erenz, »Warum hat Europa keinen Nationalfeiertag?«, ZEIT *Online*, 12.07.2017, https://www.zeit.de/2017/29/europaeische-union-nationalfeiertag
9 Guillaume Klossa im Interview mit Claire Stam, »Die europäischen Bürger haben eine starke Bereitschaft gezeigt, Europa voranzubringen«, *Euractiv*, 24.04.2019, https://www.euractiv.de/section/europawahlen/interview/die-europaeischen-buerger-haben-eine-starke-bereitschaft-gezeigt-europa-voranzubringen-weeuropean-initiator-der-buergerbefragung/
10 Europäische Kommission, »Do you protect the personal date on your smartphone?«, Eurostat, 28.01.2019, abgerufen am 27.03.2021,https://ec.europa.eu/eurostat/de/web/products-eurostat-news/-/EDN-20190128-1

11 Peter Teffer, »No usage data kept for EU parliament's ›Citizens‹ app‹«, *euobserver*, 24.05.2019, https://euobserver.com/eu-election/144972

12 Christian Doherty, »World Cup final reached 163 m Viewers in Europe«, *Digital* TV *Europe*, 17.07.2018, https://www.digitaltveurope.com/2018/07/17/euroda-ta-world-cup-final-reached-163m-viewers-in-europe/

13 Robert Mitchell, »Discovery nets 212 Million European Viewers for Winter Olympics«, *Variety*, 14.02.2018, https://variety.com/2018/tv/news/discovery-212-million-european-viewers-winter-olympics-1202698477/

14 Europäische Kommission, »Statistics on sport participation«, Eurostat, abgerufen am 26.03.2021, https://ec.europa.eu/eurostat/statistics-explained/index.php?tit-le=Statistics_on_sport_participation&oldid=411345#Passive_participation_.E2.80.93_attending_live_sport_events

15 Verena Scheuble, Michael Wehner, »Fußball und nationale Identität«, *Fußball und Politik*, Landeszentrale für politische Bildung Baden-Württemberg, 2006, https://www.bisp-surf.de/Record/PU200905002725

16 Eigene Auswertung auf Basis des Medaillenspiegels der Olympischen Sommerspiele 2016, Auswertung aller EU-Staaten, ausgenommen des Vereinigten Königreiches, ARD Sportschau, »Rio de Janeiro 2016 – Medaillenspiegel«, abgerufen am 05.03.2021, https://rio.sportschau.de/rio2016/ergebnisse/medaillenspiegel/index.html

17 Lorenzo Ferrari, »190 Million Europeans have never been abroad«, *European Data Journalism Network*, 21.06.2018, https://www.europeandatajournalism.eu/eng/News/Data-news/190-million-Europeans-have-never-been-abroad

18 Jacopo Ottaviani, »Europe needs a bigger, more inclusive Erasmus programme«, *European Data Journalism Network*, 05.04.2019, https://www.europeandatajour-nalism.eu/eng/News/Data-news/Europe-needs-a-bigger-more-inclusive-Eras-mus-programme

19 Europäische Kommission, »Commission welcomes political agreement on Erasmus+ programme«, Pressemitteilung, 11.12.2020, https://ec.europa.eu/commissi-on/presscorner/detail/en/IP_20_2317

20 »Henley Passport Index 2021«, Henley & Partners, 2021, abgerufen am 28.03.2021, https://www.henleypassportindex.com/passport

21 Arthur Benz, Jörg Broschek, »Nationale Parlamente in der europäischen Politik«, Friedrich-Ebert-Stiftung, 03.2010, https://library.fes.de/pdf-files/id/ipa/07084.pdf

22 Alberto Alemanno, »We lived the European Dream. Will any politician stand up for open borders?«, *The Guardian*, 22.05.2020, https://www.theguardian.com/world/commentisfree/2020/may/22/european-dream-politician-stand-up-for-free-movement

23 Europäische Kommission, »Special Eurobarometer 493«, Eurostat, 229 ff., Mai 2019

24 EU Kommission, »Dialogue with churches, religious associations or communities and philosophical and non-confessional organisations«, 03.12.2020, abgerufen am 25.03.2020, https://ec.europa.eu/newsroom/just/item-detail.cfm?item_id=50189

25 »EU-Sondergesandter für Religionsfreiheit bleibt«, *Jüdische Allgemeine*, 08.07.2020, https://www.juedische-allgemeine.de/politik/eu-sondergesandter-fuer-religionsfreiheit-bleibt/

26 Berliner Forum der Religionen, »Verein«, abgerufen am 25.03.2021, https://www.berliner-forum-religionen.de/verein-fdbfr/

KAPITEL 9:
EIN LEBENSWERTES EUROPA

1 John F. Halliwell, Haifang Huang, Shun Wang, Max Norton. »Chapter 2: World Happiness, Trust and Deaths under Covid-19«, *Happiness Report 2021*, https://happiness-report.s3.amazonaws.com/2021/WHR+21_Ch2.pdf

2 »Best Healthcare in the world 2021«, World Population Review, 2021, abgerufen am 27.03.2021, https://worldpopulationreview.com/country-rankings/best-healthcare-in-the-world

3 Europäische Kommission, »Volkswirtschaftliche Gesamtrechnung und BIP«, Eurostat, abgerufen am 20.03.2021, https://ec.europa.eu/eurostat/de/web/national-accounts/data

4 Dirk Raith, »BIP: Kritik und Alternativen«, Impulszentrum Zukunftsfähiges Wirtschaften, Februar 2016, https://imzuwi.org/dokumente/rip_bip/dossier_bip_kritik_alternativen.pdf

5 Caroline Criado-Perez, *Unsichtbare Frauen. Wie eine von Daten beherrschte Welt die Hälfte der Bevölkerung ignoriert* (München: btb Verlag, 2020), 322

6 Europäische Kommission, »What is the ›Beyond GDP‹ initiative?«, abgerufen am 26.03.2021, https://ec.europa.eu/environment/beyond_gdp/index_en.html

7 Schlussbericht der Enquete-Kommission, »Wachstum, Wohlstand, Lebensqualität – Wege zu nachhaltigem Wirtschaften und gesellschaftlichem Fortschritt in der Sozialen Marktwirtschaft«, Deutscher Bundestag, Drucksache 17/13300, 03.05.2013.

8 Europäische Kommission, »Konsultation zur Sommerzeit: 84 Prozent der Teilnehmer sind für die Abschaffung der Zeitumstellung in der EU«, Pressemitteilung, 31.08.2018, https://ec.europa.eu/germany/news/20180831-konsultation-sommerzeit_de

9 Paul Ribeyre, »Exposé de Paul Ribeyre sur la creation d'une Communauté européenne de la Santé, (septembre 1952)«, CVCE, https://www.cvce.eu/content/publication/1999/1/1/5350cea3-b096-47f5-9d4b-062dd139d934/publishable_fr.pdf

10 Europäische Kommission, »Schaffung einer Europäischen Gesundheitsunion:

Stärkung der Krisenvorsorge- und -reaktion für Europa«, Pressemitteilung, 11.11.2020, https://ec.europa.eu/commission/presscorner/detail/de/ip_20_2041

11 »Subsidized student meals«, University of Maribor, abgerufen am 06.01.2021, https://www.um.si/en/international/erasmus/Pages/Subsidized-students-meals-(Students-coupons).aspx

12 »Student discounts and bonuses«, 2TM – Education in Europe, abgerufen am 26.03.2021, https://2tm.si/blog/student-discounts/?lang=en

13 Gerhard Bäcker, Ernst Kistler, »Altersgrenzen und Alterserwerbstätigkeit«, Bundeszentrale für politische Bildung, 30.01.2020, https://www.bpb.de/politik/innenpolitik/rentenpolitik/292781/altersgrenzen-und-alterserwerbstaetigkeit

14 D. Hoeren, O. Santen, »Warum zahlen wir den Griechen ihre Luxus-Renten?«, *Bild*, 27.04.2010, https://www.bild.de/politik/wirtschaft/wir-zahlen-luxus-rente-mit-milliarden-hilfe-12338430.bild.html

15 Sven Böll, David Böcking, »Mythos vom faulen Südeuropäer«, DER SPIEGEL, 18.05.2011, https://www.spiegel.de/wirtschaft/soziales/euro-krise-mythos-vom-faulen-suedeuropaeer-a-763366.html

16 Europäische Kommission, »Bevölkerungsstruktur und Bevölkerungsalterung«, Eurostat, abgerufen am 26.03.2021, https://ec.europa.eu/eurostat/statistics-explained/index.php?title=Population_structure_and_ageing/de

17 »Deutsche arbeiten kürzer als der EU-Durchschnitt«, ZEIT *Online*, 20.08.2018, https://www.zeit.de/wirtschaft/2018-08/wochenarbeitszeit-deutschland-vergleich-europa-arbeitsministerium

18 Vergleiche dazu, u. a.: John Pencavel, »The Productiviy of Working Hours«, *The Eocnomic Journal*, 03.06.2014, https://onlinelibrary.wiley.com/doi/abs/10.1111/ecoj.12166

19 Michaela Haas, »Acht Gründe für die Vier-Tage-Woche«, *Sueddeutsche Zeitung Magazin*, 21.06.2019, https://sz-magazin.sueddeutsche.de/die-loesung-fuer-alles/acht-gruende-fuer-die-vier-tage-woche-85798

20 Bundesanstalt für Arbeitsschutz und Arbeitsmedizin, »Flexiblere Arbeitszeitmodelle – Überblick und Umsetzung«, 2. Auflage, Dortmund, 2019, https://www.baua.de/DE/Angebote/Publikationen/Praxis/A49.html

21 Europäische Kommission, »A Union of Equality: Gender Equality Strategy 2020–25«, 05.03.2020, https://ec.europa.eu/info/sites/info/files/aid_development_cooperation_fundamental_rights/gender-equality-strategy-2020-2025_en.pdf

22 European Institute for Gender Equality, »Gender Equality Index 2019«, 71.

23 Bundesministerium für Familie, Senioren, Frauen und Jugend, »Väterreport: Vater sein heute«, 6. https://www.bmfsfj.de/blob/127268/2098ed4343ad836b2f0534146ce59028/vaeterreport-2018-data.pdf

24 Aamna Mohdin, »How Sweden's ›Daddy Quota‹ parental leave helps with equal parenting, *Quartz*, 06.01.2016, https://qz.com/587763/how-swedens-daddy-quota-parental-leave-helps-with-equal-parenting/

25 »Dads in Sweden are taking more parental leave then ever«, *The Local*, 10.11.2017, https://www.thelocal.se/20171110/dads-in-sweden-are-taking-more-parental-leave-than-ever

26 Clara Albrecht, Anita Fichtl und Peter Redler, »Fathers in Charge? Parental Leave Policies for Fathers in Europe,« *ifo* DICE *Report*, 1/2017, März, Volume 15, 50. https://www.ifo.de/publikationen/2017/aufsatz-zeitschrift/fathers-charge-parental-leave-policies-fathers-europe

27 Barbare Jante, Katherine Stewart, »Paternity and parental leave policies across the European Union: assessment of current provision«, Europäische Kommission, 2018, 4.

28 Lisa Seelig, »Die EU beschließt 10 Tage Vaterschaftsurlaub für alle – aber stimmt das wirklich?«, *Edition F*, 18.02.2019, https://editionf.com/europaeische-kommission-10-tage-vaterschaftsurlaub-maria-noichl/

29 »Lästige Centmünzen: Finnen werfen Kleingeld auf den Müll«, DER SPIEGEL, 02.07.2006, https://www.spiegel.de/wirtschaft/laestige-centmuenzen-finnen-werfen-kleingeld-auf-den-muell-a-424651.html

KAPITEL 10: EIN INNOVATIONSFREUDIGES EUROPA

1 World Bank, »World Development Indicator Database, GDP 2019«, 2020, abgerufen am 02.02.2021, https://data.worldbank.org/indicator/NY.GDP.MKTP.PP.KD

2 Europäische Zentralbank, »Zahlungsverkehrsstatistik für das Berichtsjahr 2019«, Pressemitteilung, 11.09.2020, https://www.bundesbank.de/resource/blob/843920/45c4d0ddaa55088e541d6d3979dd8887/mL/2020-09-11-zahlungsverkehrsstatistik-download.pdf

3 Europäische Zentralbank, »Report on a digital Euro«, Oktober 2020, https://www.ecb.europa.eu/pub/pdf/other/Report_on_a_digital_euro~4d7268b458.en.pdf

4 ING DiBa, »Econmic and Financial Analysis – Schauen, aber nicht anfassen«, Economic & Financial Analysis, 26.06.2018, https://ingwb.de/media/2410442/ing-dibaeconomicanalysis-iisschauenabernichtanfassen.pdf

5 FinTechRat beim Bundesministerium für Finanzen, »Der digitale, programmierbare Euro«, Stellungnahme, 01/2020, https://www.bundesfinanzministerium.de/Content/DE/Downloads/Finanzmarktpolitik/2020-07-08-fintechrat-digitaler-euro.pdf?__blob=publicationFile=3

6 Europäische Kommission, »Der Small Business Act für KMU in Europa«, EUR-Lex, 2008, https://eur-lex.europa.eu/legal-content/DE/TXT/?uri=LEGISSUM%3Aet0001

7 Europäische Kommission, »Vorschlag für eine Verordnung des Rates über das Statut der Europäischen Privatgesellschaft«, EUR-Lex, 2008, https://eur-lex.europa.eu/legal-content/DE/TXT/?uri=CELEX:52008PC0396

8 Europäisches Parlament, »Legislative Entschließung des Europäischen Parlaments vom 10. März 2009 zu dem Vorschlag für eine Verordnung des Rates über das Statut der Europäischen Privatgesellschaft«, 10.03.2009, https://www.europarl.europa.eu/sides/getDoc.do?pubRef=-//EP//TEXT+TA+P6-TA-2009-0094+0+DOC+XML+V0//DE&language=DE

9 Amtsblatt der Europäischen Union, »Rücknahme von Vorschlägen der Kommission (2018 / C 233/05), 04.07.2018, https://eur-lex.europa.eu/legal-content/DE/TXT/PDF/?uri=CELEX:52018XC0704(03)&from=DE

10 Grace Brennan, »Why Europe's startup ecosystem hasn't escaped the US' shadow«, *150Sec*, 13.01.2020, https://150sec.com/europes-startup-ecosystem-us-shadow/13405/

11 Alexandra Dimitropoulou, »World's most entrepreneurial countries, 2021«, *Ceoworld Magazine*, https://ceoworld.biz/2021/01/03/worlds-most-entrepreneurial-countries-2021/

12 Elizabeth Schulze, »93 % of funding for European tech start-ups goes to all male teams, new report finds«, CNBC, 07.12.2018, https://www.cnbc.com/2018/12/07/metoo-in-europe-93percent-of-tech-funding-goes-to-all-male-founders.html

13 Aimee Groth, »Entrepreneurs don't have a special gene for risk – they come from families with money«, *Quartz*, 17.07.2015, https://qz.com/455109/entrepreneurs-dont-have-a-special-gene-for-risk-they-come-from-families-with-money/

14 Achim Pollmeier, Niklas Schenk, »Corona-Hilfen für Steuervermeider?«, *Tagesschau*, 01.05.2020, https://www.tagesschau.de/investigativ/monitor/corona-steuerflucht-101.html

15 Andreas Macho, »Ikea hat Steuervermeidung perfektioniert«, *Wirtschaftswoche*, 24.11.2017, https://www.wiwo.de/finanzen/steuern-recht/steueroasen-ikea-hat-steuervermeidung-perfektioniert-/20625158.html

16 Europäische Kommission, »Europäische Kommission will Steuerzahlung von multinationalen Konzernen transparenter machen«, Pressemitteilung, 12.04.2016, https://ec.europa.eu/germany/news/europäische-kommission-will-steuerzahlungen-von-multinationalen-unternehmen-transparenter_de

17 Europäische Kommission, »Energy, transport and environmental statistics, 2019 edition«, Eurostat, https://ec.europa.eu/eurostat/documents/3217494/10165279/KS-DK-19-001-EN-N.pdf/76651a29-b817-eed4-f9f2-92bf692e1ed9

18 Europäische Kommission, »A hydrogen strategy for a climate-neutral Europe«, 08.07.2020, https://ec.europa.eu/energy/sites/ener/files/hydrogen_strategy.pdf

19 N. Sönnichsen, »Number of petrol stations in selected European countries at the end of 2019«, Statista, abgerufen am 26.03.2021, https://www.statista.com/statistics/525523/number-of-petrol-fuel-filling-station-in-europe-by-country/

20 Frank Dohmen, Alexander Jung, »Wird Desertec doch umgesetzt?«, DER SPIEGEL, 25.11.2020, https://www.spiegel.de/wirtschaft/wuestenstrom-aus-der-sahara-wird-desertec-doch-umgesetzt-a-00000000-0002-0001-0000-000173622015

21 »Rating-Agentur Fitch stuft Griechenland auf ›CCC‹ herab«, *Süddeutsche Zeitung*, 14.07.2011, https://www.sueddeutsche.de/geld/kreditwuerdigkeit-rating-agentur-fitch-stuft-griechenland-auf-ccc-herab-1.1119990

22 »Millionenstrafe für Moody's wegen geschönter Ratings«, ZEIT *Online*, 14.01.2017, https://www.zeit.de/wirtschaft/2017-01/ratingagentur-moodys-millionenstrafe-finanzkrise

23 »Neuer Vorschlag für unabhängige Rating-Agentur«, DER SPIEGEL, 17.04.2012, https://www.spiegel.de/wirtschaft/unternehmen/bertelsmann-stiftung-will-internationale-rating-agentur-a-827893.html

24 Michael Hedtstück, »Europäische Ratingagentur gescheitert«, *Finance*, 29.04.2013, https://www.finance-magazin.de/finanzierungen/kapitalmarkt/europaeische-ratingagentur-gescheitert-1256861/

25 Sabine Donner, »Bertelsmann Stiftung legt Konzept für eine Non-Profit-Ratingagentur vor«, Bertelsmann Stiftung, Pressemitteilung, 17.04.2012, https://www.bertelsmann-stiftung.de/de/presse/pressemitteilungen/pressemitteilung/pid/bertelsmann-stiftung-legt-konzept-fuer-eine-non-profit-ratingagentur-vor

26 Antonia Mannweiler, Philipp Krohn, »Schaut nach Norwegen«, *Frankfurter Allgemeine Zeitung*, 20.11.2019, https://www.faz.net/aktuell/wirtschaft/rentensicherung-staatsfonds-in-deutschland-16489910.html

27 »Norwegen muss Staatsfonds um Rekordbetrag anzapfen«, *Manager Magazin*, 12.05.2020, https://www.manager-magazin.de/politik/europa/staatsfonds-norwegen-holt-sich-wegen-coronavirus-38-milliarden-euro-a-1306914.html

28 Anja Ingenrieth, »Pensionen der EU-Beamten kosten 100 Milliarden Euro«, *Rheinische Post*, 24.09.2010, https://rp-online.de/politik/pensionen-der-eu-beamten-kosten-100-milliarden-euro_aid-12613965

29 Christoph Damm, »Norwegens Staatsfonds gilt als erfolgreichster der Welt – ihr könnt seine Strategie leicht und mit wenig Aufwand kopieren«, *Business Insider*, 05.11.2020, https://www.businessinsider.de/wirtschaft/finanzen/norwegens-staatsfonds-gilt-als-erfolgreichster-der-welt-ihr-koennt-strategie-leicht-und-mit-wenig-aufwand-kopieren-b/

30 Europäischer Ausschuss der Regionen, »Addressing brain drain: the local and regional dimension«, European Union, 2018, https://cor.europa.eu/en/engage/studies/Documents/addressing-brain-drain/addressing-brain-drain.pdf

31 Hans-Heinrich Nolte, »Zentrum und Peripherie in historischer Perspektive«, Bundeszentrale für politische Bildung, 01.02.2013, https://www.bpb.de/apuz/154386/zentrum-und-peripherie-in-europa-aus-historischer-perspektive?p=2

32 Startup Portugal, »Startup Portugal«, abgerufen am 01.01.2021, https://startupportugal.com/about

33 UNESCO, »StartUp Portugal – Portuguese Strategy for Entrepreneurship«, abgerufen am 01.01.2021, https://en.unesco.org/creativity/policy-monitoring-platform/startup-portugal-portuguese

34 Clara Armand-Delille, »Ein Insider-Bericht aus Portugals Tech-Hub Lissabon«, Deutsche Startups, 05.07.2019, https://www.deutsche-startups.de/2019/07/05/portugals-tech-hub-lissabon/

SCHLUSSGEDANKEN

1 Katja Sinko im Interview mit Almut Möller und André Hatting, »Europa: Lust oder Frust?«, *Deutschlandfunk Kultur*, 18.05.2019, https://www.deutschlandfunkkultur.de/europawahl-schicksalswahl-europa-lust-oder-frust.970.de.html?dram:article_id=449027

Alle im Text enthaltenen externen Links begründen keine inhaltliche Verantwortung des Verlages, sondern sind allein von dem jeweiligen Dienstanbieter zu verantworten. Der Verlag hat die verlinkten externen Seiten zum Zeitpunkt der Buchveröffentlichung sorgfältig überprüft, mögliche Rechtsverstöße waren zum Zeitpunkt der Verlinkung nicht erkennbar. Auf spätere Veränderungen besteht keinerlei Einfluss. Eine Haftung des Verlags ist daher ausgeschlossen.